BLOOM

240

Titolo originale:
The Good Girls. An Ordinary Killing

ISBN 978-88-545-2421-7

Il nostro indirizzo internet è: www.neripozza.it

SONIA FALEIRO

LE BRAVE RAGAZZE

Cronaca di una morte come tante

traduzione dall'inglese di
Federica Oddera

NERI POZZA EDITORE

UM
IFM e ZFM

Le donne devono essere protette in special modo dagli attaccamenti, anche se di poco conto, giacché (le donne) non protette possono portare dispiaceri a entrambe le famiglie.

da *Le leggi di Manu*[*]

[*] Capitolo 9, punto 5. Citiamo dall'edizione italiana a cura di Wendy Doniger, con la collaborazione di Brian K. Smith, nella traduzione di Tiziana Ripepi, Adelphi, Milano 1996, p. 282 (*N.d.T.*).

Personaggi

Villaggio di Katra

Padma Shakya, sedici anni

Suo padre Jeevan Lal, agricoltore, e la sua matrigna, Sunita Devi

Ram Sakhi, madre biologica di Padma, morta quando la figlia aveva due anni

Lalli Shakya, quattordici anni

Suo padre, Sohan Lal, patriarca della famiglia Shakya e fratello maggiore di Jeevan Lal e Ram Babu; la moglie di Sohan Lal, Siya Devi, e gli altri quattro figli della coppia: Phoolan, una femmina, e i tre fratelli Virender, Parvesh e Avnesh. Lalli è la piú giovane delle ragazze di casa

Ram Babu, zio paterno di Padma e Lalli, la moglie Guddo e i loro sette figli

Ramdevi, nonna paterna di Padma e Lalli, che vive insieme a Jeevan Lal e alla sua famiglia

Manju Shakya, cugina dodicenne delle due ragazze, andata a trascorrere le vacanze estive a casa di Lalli

Un cugino primo dei fratelli Shakya, Babu «Nazru» Ram, di ventisei anni. Abita con la famiglia in mezzo ai campi di Katra

Rajiv Kumar Yadav, il vicino che fa notare a Nazru la condotta delle due ragazze quando sono nei campi

Yogendra Singh Shakya, ricco cugino dei fratelli Shakya, al quale i tre si rivolgono spesso in caso di bisogno

Prem Singh Shakya, fratello di Yogendra. Ha visto Lalli parlare al telefono il giorno della sua scomparsa

Il padre di Prem e Yogendra, Neksu Lal

Frazione di Jati

Darvesh «Pappu» Yadav, diciannove anni, coltivatore di angurie
Suo padre, Veerpal «Veere» Yadav, sua madre Jhalla Devi, e i suoi fratelli Avdesh e Urvesh, entrambi poco piú che ventenni
La moglie di Avdesh, Basanta, e la loro figlioletta Shivani
Un cugino e intimo amico di Pappu, Raju, nella cui capanna Pappu passa spesso la notte

Villaggio di Nabiganj

Ram Chander, il piú anziano degli zii materni di Padma, fratello maggiore della madre morta
Suo figlio, Ram Avtar, diciotto anni
Il fratello minore di Ram Chander, Kanhaiya Lal, al quale qualcuno ha raccontato un sogno che profetizza il destino delle due ragazze
Gli altri tre fratelli di Ram Chander, che vivono tutti insieme con le rispettive famiglie: una trentina di persone in totale

Agenti di polizia

Il viceispettore Ram Vilas Yadav, cinquantasette anni, responsabile della stazione di polizia del villaggio di Katra
Chattrapal Singh Gangwar, cinquantasei anni, promosso di recente al ruolo di sergente di polizia
L'agente Sarvesh Yadav, trentanove anni, accusato d'inosservanza del dovere nei confronti della comunità Shakya del villaggio

L'agente Raghunandan Singh Yadav, che presta assistenza alla famiglia
L'agente Satinder Pal Singh Yadav, un uomo tranquillo, che ha sempre eseguito gli ordini
L'ispettore Ganga Singh Yadav, funzionario della stazione di polizia di Ushait, il primo ufficiale di polizia assegnato alle indagini sul caso
Mukesh Kumar Saxena, influente poliziotto del posto, a capo di una squadra investigativa speciale per indagare sul caso
Maan Singh Chauhan, questore di polizia, l'ufficiale di grado piú alto presente il giorno della scoperta dei corpi

Addetti all'autopsia

Lala Ram, l'ex incaricato delle pulizie che esegue l'autopsia
Il dottor Rajiv Gupta, medico generico presso l'ospedale distrettuale di Budaun, che supervisiona l'autopsia
La dottoressa Pushpa Pant Tripathi, ginecologa e ostetrica presso il settore femminile del medesimo ospedale
I tre sono affiancati dal dottor Avdhesh Kumar, chirurgo esperto impiegato presso l'ospedale distrettuale, e da A.K. Singh, farmacista dell'ospedale

Figure politiche

Narendra Modi, il nuovo primo ministro dell'India, insediatosi in carica il 26 maggio, appena due giorni prima del ritrovamento delle due ragazze
Akhilesh Yadav, primo ministro dell'Uttar Pradesh, al comando della polizia dello Stato

Mayawati Prabhu Das, leader Dalit e personaggio carismatico nello Stato dell'Uttar Pradesh
Bhagwan Singh Shakya, membro del Bharatiya Janata Party e leader della comunità Shakya
Sinod Kumar Shakya, membro del partito di Mayawati e deputato presso l'assemblea legislativa dello Stato. Eletto con i voti della famiglia Shakya, è il loro uomo di fiducia
Shareef Ahmed Ansari, assistente di Sinod e suo stretto collaboratore. Gli fa da portavoce, e presta alla famiglia Shakya tutta l'assistenza possibile

Ufficio investigativo centrale

Vijay Kumar Shukla, funzionario investigativo
Anil Girdhari Lal Kaul, funzionario addetto alla supervisione

Medici

Il dottor Adarsh Kumar, professore aggiunto presso il dipartimento di Medicina legale e tossicologia dell'All India Institute of Medical Sciences di New Delhi
È assistito da due colleghi, il dottor Manish Kumath e il dottor Sunil Kumar

Prologo
Presto arriveranno giorni buoni

Le chiamavano tutti Padma Lalli, come se fossero una persona sola*.

«Padma Lalli?»

«Padma Lalli!»

«Avete visto Padma Lalli?»

A sedici anni, Padma, la maggiore, ne aveva due piú della cugina. Era piccola di statura, appena un metro e cinquantadue, eppure superava Lalli di quasi otto centimetri. Aveva occhi ovali, pelle levigata e clavicole sporgenti. Sapeva come lisciarsi con l'acqua i lunghi capelli neri per poi intrecciarseli ben stretti, altrimenti la gente avrebbe parlato.

La *kameez* penzolava addosso a Lalli come il bucato dal filo. Spalle tonde e viso infantile, era un tipo taciturno e romantico, che leggeva poesie ad alta voce. Padma aveva lasciato la scuola, ma Lalli aveva detto al padre che voleva studiare e cercarsi un lavoro. E per quanto a lui piacesse condividere il ricordo di quella conversazione, sapevano entrambi che non sarebbe mai andata cosí. La scuola frequentata da Lalli aveva il tetto, ma non abbastanza aule: molte delle lezioni si svolgevano all'aperto, nella polvere, e c'erano solo sette insegnanti per quattrocento alunni. Del resto, anche se la situazione fosse stata diversa, il destino di una ragazza restava comunque nelle mani del marito.

L'anno scolastico si concluse in un rovente pome-

* I nomi delle ragazze sono stati cambiati in conformità alla legge indiana, che prescrive di rispettare la riservatezza sull'identità delle vittime di certi crimini (*N.d.A.*).

riggio di maggio*, e tutti i bambini si radunarono nel frutteto di Ramnath a strepitare, correre e arrampicarsi sugli alberi. Lalli si affrettò a raggiungere Padma. Mentre gli altri tempestavano il terreno di manghi acerbi, le due adolescenti si tenevano in disparte. Stavano sempre insieme, lontane da tutti.

A Katra Sadatganj vivevano circa tremila persone: un villaggio che si attraversava in un batter d'occhio, nel distretto di Budaun dell'Uttar Pradesh occidentale, stipato in un pezzetto di terra poco piú grande di un chilometro quadrato. Nelle mattine della stagione del raccolto, al momento di godere i frutti delle colture primaverili, tutti gli abitanti si recavano nei campi. Le donne si sollevavano i sari e gli uomini si rimboccavano l'orlo dei pantaloni. Entro le otto, il suolo era già tappezzato di steli di tabacco e le teste d'aglio appena divelte colmavano l'aria con il loro aroma pungente.

Persino i bambini piccoli davano una mano. Scacciavano i corvi che scendevano in picchiata sui campi come grandi reti da pesca nere, mettevano in fuga i macachi reso dagli arti allungati, attratti dalle *roti* e dalle *sabzi* nei fagotti per il pranzo.

Quell'estate la temperatura salí fino a quarantadue gradi. I cobra strisciavano fuori dalle tane in mezzo ai vortici di polvere, ma i ragazzini a piedi scalzi, maschi e femmine, non ci facevano caso. Il raccolto era l'unica, preziosa opportunità di guadagno delle loro famiglie.

La crescita economica del paese aveva portato a un aumento del reddito, e ogni cinque anni le elezioni promettevano altri vantaggi. La vigilia del raccolto, il 26 maggio, era entrato in carica un nuovo primo ministro, il carismatico Narendra Modi, con il suo slogan travol-

* Nell'India del Nord, la stagione calda inizia in aprile, e in maggio ci sono già temperature decisamente estive (*N.d.T.*).

gente: «*Achhe din aane waale hain*». Presto arriveranno giorni buoni.

In attesa di quel futuro migliore, la maggior parte delle famiglie di Katra viveva senza elettricità, senza gas, senza acqua corrente né servizi igienici. Compravano pannelli solari, calavano secchi nei pozzi. Usavano il letame come combustibile per cucinare. Per ingannare il tempo, si accovacciavano nei campi, le ginocchia al petto, a far scorrere le immagini sugli schermi dei cellulari.

Alcuni erano sarti e falegnami; altri intrallazzavano in politica, combinavano matrimoni, riparavano le gomme delle biciclette o guidavano i *tonga*. Vendevano verdure, polli e liquori di campagna. Infrangevano la legge estraendo sabbia dalle sponde dei fiumi. Poche famiglie ricche possedevano trattori che cedevano in affitto a chi ne aveva bisogno. Circa un terzo degli uomini possedeva terreni. Solo pochi *bigha*, mai sufficienti a raggiungere un acro, ma per quanto piccolo, quel pezzo di terra era loro.

La terra significava sicurezza e procurava ogni cosa: il *dal* per riempire le *katori*, i vestiti da mettersi addosso. La terra conferiva potere. Attirava spose di prima qualità, che avrebbero portato una dote* abbondante, in grado di garantire un futuro piú tranquillo e di migliorare la posizione sociale. E soprattutto, la terra dava un'identità. Rendeva coltivatori. Senza di essa, gli uomini si riducevano a braccianti privi di beni, costretti a spostarsi dovunque ci fosse lavoro, ad accettare qualsiasi incarico si vedessero offrire. Diventavano simili ai mandriani Yadav della frazione vicina al villaggio, che, si diceva, non avevano radici e non erano legati a nessuno.

* Secondo la tradizione indiana, è sempre la famiglia della ragazza a offrire la dote (in beni e denaro) ai genitori del futuro sposo (*N.d.T.*).

Gli uomini di Katra trascorrevano quasi tutta la giornata nei campi. I bambini studiavano nelle vicinanze, dato che la scuola buona, quella che insegnava l'inglese, si trovava accanto al frutteto. Alla sera, quando i confini delle nubi si ammorbidivano e si sfuocavano e la brezza fresca increspava le messi, le donne scendevano dal villaggio per attingere l'acqua e socializzare. I ragazzini stuzzicavano i cani zoppicanti, e i cani zoppicanti davano la caccia ai topi. Le ragazze si stringevano insieme. C'era odore di caldo, di pula, di sterco di bufalo.

Dopo che la notte aveva incappucciato la campagna, gli uomini trascinavano fuori le *charpoy* e si rannicchiavano sotto le coperte, i bastoni di bambú a portata di mano, come tutti i contadini del distretto in quella stagione. Proteggevano il raccolto, a costo di rimetterci la vita, se necessario: che fosse dai banditi armati di pistola venuti a rubare motociclette o dai branchi di nilgai in cerca di semi e steli da brucare.

Là c'era tutto. Là accadeva tutto. Perciò ovviamente fu là, nei campi, che cominciò a diffondersi la voce.

Rabi

Primavera 2014

Qualcuno muove un'accusa

Rajiv Kumar aveva un secondo lavoro come insegnante nella scuola pubblica, ma la sua vera occupazione era l'agricoltura. Coltivando la terra, osservava Padma e Lalli. Erano simili quanto due chicchi di riso, e passavano l'intera giornata nei campi. Adesso una di loro (non avrebbe saputo dire quale) teneva un telefonino accostato all'orecchio. La cosa non gli piacque.

In alcuni villaggi dell'Uttar Pradesh si proibiva alle donne nubili di usare certi apparecchi[1]. Un cellulare era la chiave di una porta che conduceva fuori dal villaggio, attraverso le chiamate e le app per scambiarsi messaggi. La gente aveva paura di ciò che poteva succedere se le donne oltrepassavano quella soglia. Potevano farsi venire strane idee: su chi sposare, per esempio.

Le statistiche mostravano che nel novantacinque per cento dei casi gli indiani continuavano a unirsi in matrimonio con membri della loro stessa casta[2], e chiunque contravvenisse alla regola attirava l'attenzione. Nel 2013 una giovane donna di Katra era fuggita con un uomo di una casta diversa. Il padre se ne vergognava al punto da non aver piú il coraggio di mostrare la faccia, diceva la gente. La figlia aveva deciso di sposarsi contro la volontà della famiglia, di scegliere quella che veniva definita un'unione d'amore invece di lasciare che fosse il padre a trovarle marito. Aveva violato il codice dell'onore e non avrebbe mai piú rivisto i genitori: per la loro sicurezza, e certamente per la sua. Pochi mesi dopo era toccato a una ragazza della vicina frazione di Jati.

Le notizie di quelle fughe volavano come uno sciame di insetti ronzanti, posandosi qua e là finché tutti i villaggi della zona non furono avvertiti: le cose stanno cambiando, siate vigili, pronti a reagire.

Nel 2014, il National Crime Records Bureau, che pubblica il numero dei casi criminali segnalati, divulgò per la prima volta i dati relativi ai delitti d'onore. Nel paese ne erano stati registrati ventotto[3], ma tutti sapevano che la cifra reale era assai piú alta, nell'ordine delle centinaia, se non delle migliaia. Si uccidevano le ragazze colpevoli di essersi sposate al di fuori della loro casta o della loro religione, e a volte persino i rapporti prematrimoniali venivano considerati un motivo sufficiente a giustificare l'assassinio.

Tali misure estreme consentivano il recupero dell'onore, o per lo meno mostravano agli altri abitanti del villaggio che la famiglia aveva preso sul serio la condotta riprovevole facendo del suo meglio per raddrizzare il torto. La Costituzione indiana esisteva solo da qualche decennio, mentre i precetti dell'induismo risalivano a migliaia di anni addietro, aveva sostenuto un padre messo sotto accusa per aver ammazzato la figlia[4].

A Katra si rispettava questa regola: i maschi potevano possedere un telefono, ma le ragazze dovevano ottenere il permesso se volevano usarlo.

Ciò nonostante, Padma e Lalli sapevano cavarsela meglio delle rispettive madri, incapaci di distinguere lettere e numeri. Padma chiamava spesso gli zii materni, per contraccambiare i loro sforzi di mantenersi in contatto dopo la morte dell'unica sorella, la madre biologica di Padma. Lalli mandava messaggi al fratello maggiore, che lavorava lontano, in una fabbrica di pezzi di ricambio per automobili. Entrambe usavano la torcia per illuminarsi il cammino nel buio della notte.

Rajiv Kumar non ne sapeva nulla, perché non le conosceva. Non conosceva nemmeno i loro genitori, al di là del consueto «*Sab theek?*» – tutto bene? – quando li incontrava. Ma la vita di una ragazza riguardava l'intera comunità. E lui era ben deciso a fare il proprio dovere. Il suo pezzo di terra si trovava poco lontano da quello di un parente stretto delle due cugine, un certo Babu «Nazru» Ram. Con il suo taglio a scodella, i denti chiazzati dal *paan* e il sorriso sdolcinato, Nazru era un tipo affabile. Ventiseienne, non era molto piú vecchio delle due ragazze.

«Non dovrebbero girare in pubblico con un cellulare» gli disse Rajiv Kumar parlando in braj bhasha, la lingua di quelle parti. «Chi può sapere a chi stanno telefonando?» Sebbene i campi fossero attigui al villaggio, ci voleva una decina di minuti abbondanti per arrivare al frutteto partendo dalla casa degli Shakya. Dall'edificio, nascosto in un dedalo di stradine, il frutteto non si vedeva nemmeno. L'insinuazione di Rajiv Kumar era chiara. Le ragazze sceglievano quella particolare ora della giornata per essere sole; sceglievano quel posto per il suo isolamento. Per fugare qualsiasi dubbio, l'uomo usò la parola «*chakkar*», in modo da sottolineare che c'era qualcosa di losco nella faccenda, qualcosa che non quadrava. «Le ragazze della tua famiglia stanno amoreggiando con qualcuno» disse.

Nazru concordò sul fatto che la loro condotta aveva un'aria sospetta.

«Dovresti avvertire i genitori» fu la conclusione di Rajiv Kumar.

Passarono alcuni giorni, e l'uomo vide di nuovo le due ragazze che parlavano al telefono. Tornò a cercare Nazru, il quale gli spiegò che se avesse denunciato la situazione, la cosa rischiava di ritorcersi contro di lui. I genitori delle due cugine potevano incolparlo di calunnia. Le dicerie sono come farfalle, avrebbero potuto ribattere. Se si fosse sparsa la voce, chi avrebbe sposato Padma? Chi si sarebbe preso Lalli?

Che Rajiv Kumar facesse certe affermazioni era un conto, Nazru lo capiva. Ma che fosse un parente, un cugino primo, nientemeno, a muovere un'accusa di tale gravità era tutt'altra faccenda. E poi c'era da considerare un altro aspetto della questione: Nazru dipendeva dalla famiglia. Tutti nel villaggio lottavano per tirare avanti, ma lui aveva un padre asmatico di cui prendersi cura e un fratello che la gente definiva pazzo. A volte gli Shakya lo pagavano per lavorare la loro terra. E in caso di gravi difficoltà, Nazru poteva fare affidamento su di loro per ottenere un po' di denaro.

Perciò non disse nulla: ma, consapevole del proprio dovere, cominciò a tenere d'occhio le ragazze.

Il suo comportamento non passò inosservato.

«Ci guarda in un modo indecente» confidò Padma a un'amica con aria disgustata.

Fu durante la sua vigilanza che Nazru s'imbatté nel ragazzo pelle e ossa dalla grossa testa malferma. Katra era un piccolo centro e Nazru conosceva tutti, ma non aveva mai visto quel ragazzo. Stava portando al pascolo i suoi bufali, perciò non doveva vivere molto lontano. Veniva naturale presumere che fosse uno Yadav della frazione vicina.

«Come ti chiami?» gli gridò Nazru.

«Pappu».

In realtà il vero nome del giovane era Darvesh Yadav. Darvesh aveva il naso affilato e una zazzera di capelli nerissimi. Lo chiamavano Pappu* perché era piccolo come un bambino. Portava un cerchietto all'orecchio, camicia e pantaloni troppo grandi per lui e ciabatte di gomma ai piedi.

Benché avesse l'inquietudine stampata in faccia, Pappu godeva di una sicurezza invidiabile rispetto agli altri abitanti di Jati. Il padre, coltivatore di angurie, era riuscito a risparmiare abbastanza denaro per costruirsi una delle poche case in muratura tra le baracche dei vicini. La madre stravedeva per lui, il suo ultimogenito. E nonostante le vite dei genitori ruotassero intorno ai

* La parola significa appunto «bambino» (*N.d.T.*).

terreni sabbiosi lungo il fiume in cui crescevano i cocomeri, nessuno dei due impediva ai figli di cercare lavoro altrove durante la stagione morta, recuperando rifiuti riciclabili dall'immondizia o spostando mattoni nei cantieri edili, persino in luoghi lontani come Delhi.

Grazie a ciò, Pappu aveva visto un mondo molto diverso da quello della sua famiglia: un mondo dove le strade erano gremite di automezzi invece che di bestiame e animali da cortile, dove gli edifici svettavano verso il cielo, e uomini e donne ambiziosi non si limitavano a fare sempre nello stesso modo l'unica cosa che si era sempre fatta; aveva visto un'India moderna, nella quale si potevano spazzare via e dimenticare i fardelli e i vincoli che avevano costretto la sua famiglia a raccogliere sterco di vacca generazione dopo generazione. E per quanto Pappu non conoscesse nessuno che se ne fosse andato dal villaggio per sempre, quel mondo nuovo gli sembrava pieno di promesse. La libertà non era lontana.

Ma pur avendo quasi vent'anni, sapeva scrivere solo il suo nome. E la famiglia si aspettava aiuto per tirare avanti. C'era un accordo tra padre e figlio: finché Pappu contribuiva all'economia domestica, poteva fare ciò che voleva nel suo tempo libero.

Nazru però non voleva saperne di lui.

«Se i tuoi animali brucano tutta la mia erba» gli gridò, «cosa mangeranno i miei? Non farti piú vedere qui!»

Il padre di Lalli compra un telefono

La cugina Manju, ossuta dodicenne, aveva il sorriso radioso e le maniere spicce di tutte le donne Shakya. Viveva con la famiglia a Noida, sobborgo industriale altamente inquinato a qualche ora di tragitto da Katra, in un palazzone sovraffollato con i bagni in comune. Le pareti dell'edificio vibravano al rombo dei camion di passaggio.

Quando il padre di Lalli, Sohan Lal, telefonò per invitare Manju a trascorrere le vacanze da loro, lei ne fu entusiasta. Era la stagione dei manghi. E avrebbe rivisto la cugina, che Manju chiamava affettuosamente «*meri wali didi*», mia sorella. Lui e la moglie, disse lo zio, intendevano partire per un pellegrinaggio insieme al figlio minore. «Lalli resterà sola».

Era sottinteso che Manju, sebbene fosse piú piccola, avrebbe badato alla cugina.

Prima della partenza, Sohan Lal andò a comprare un telefono nuovo alla Keshav Communications: il negozio si trovava nel bazar, lungo la strada, oltre il chiosco dell'uomo che riparava le gomme delle biciclette e di fronte alla bottega che serviva bottigliette di Coca-Cola tirate fuori da una ghiacciaia. Ad attenderlo sulla soglia, la faccia imperlata di sudore, c'era Yogendra Singh, cugino di Sohan Lal, un giovanotto franco dalla barba ispida, vestito come tutti gli uomini del villaggio: camicia col colletto e robusti pantaloni di tessuto chiaro, piú adatto a proteggere dal caldo.

Per tutto il giorno i clienti affluivano nel negozio di Keshav. Passavano in rassegna il suo assortimento di apparecchi economici made in China, alcuni dei quali avevano caratteristiche raramente disponibili persino nei cellulari di marca. Poi, privi di accesso a Internet com'erano, chiedevano al proprietario di usare un cavo usb per scaricare sul telefonino le ultime canzoni di Bollywood dal suo desktop. Molti non avevano neppure l'elettricità, perciò pagavano poche rupie per ricaricare i cellulari.

Mentre aspettavano, i visitatori si godevano il soffio fresco del ventilatore contemplando gli scaffali ordinati carichi di prodotti avvolti nel cellophane. Keshav era un imprenditore moderno, ammirato dai giovani del villaggio.

Quel pomeriggio non c'erano molti clienti a contendersi la sua attenzione, ma anche in caso contrario, Keshav avrebbe servito per primi i nuovi arrivati. Yogendra, il cugino di Sohan Lal, era figlio del padrone di casa di Keshav, e in base alle gerarchie sociali del villaggio questo faceva di lui l'equivalente del figlio del suo capo.

Sohan Lal voleva un telefonino con una batteria di una lunga durata. Stava per andare in pellegrinaggio, spiegò. Era arrivato il momento di far tagliare ritualmente i capelli al figlio piú piccolo e di rendere omaggio alla dea madre.

Keshav tirò fuori alcuni degli apparecchi esposti sotto il bancone di vetro. Sohan Lal li studiò accuratamente, ma fu soprattutto il cugino a parlare e a fare domande sulle caratteristiche di ciascuno. Alla fine scelsero un lucido cellulare nero con la tastiera nera e oro. Poi Sohan Lal disse che voleva acquistare una sim. Ma quando si sentí chiedere di esibire un documento d'identità, come prescritto dalla legge, rispose che non l'aveva. Yogendra guardò il negoziante con un'espressione interrogativa.

Keshav, vent'anni, fece una serie di rapide valutazioni mentali. Poteva permettersi di gestire un'attività solo a Katra. Pagava appena cinquecento rupie al mese di affitto, una cifra piú che ragionevole. Era in debito con suo zio, che l'aveva aiutato ad avviare il negozio, e si sentiva in dovere di tenere in piedi la sua impresa per il bene della madre vedova.

Nessun problema, garantí ai due uomini. Tirò fuori la copia della carta d'identità di un altro cliente e compilò con quei dati la ricevuta di vendita per Sohan Lal. Poi, dato che quest'ultimo non sapeva scrivere, firmò al suo posto. Cos'era piú probabile, pensò, che la polizia si presentasse alla sua porta o che il figlio del suo padrone di casa si arrabbiasse con lui perché non l'aveva assecondato?

Keshav sapeva che gli abitanti del villaggio avevano carte d'identità utili per comprare provviste a prezzo agevolato e per votare, ma sapeva anche che tenevano quei preziosi documenti al sicuro nelle rispettive case. Faceva spesso simili favori e non era mai stato colto in fallo. Non aveva motivo di credere che stavolta sarebbe stato diverso.

Sohan Lal non portò in viaggio con sé il nuovo cellulare. Lo diede invece alla nipote Padma. Anche se allora era improbabile che lei lo sapesse, l'apparecchio aveva una caratteristica che lo rendeva particolarmente apprezzato dai genitori ficcanaso. Poteva registrare le chiamate e salvarle sul telefono.

La cugina Manju nota un fatto strano

Alcuni anni prima, nella famiglia Shakya aveva smesso di regnare l'armonia. Gli uomini incolpavano le donne: le accusavano di abbassarsi a meschini litigi. L'edificio in comune, che sorgeva su una superficie di un quarto di acro, era ormai suddiviso in tre parti, le zone esterne separate da bassi muretti di argilla.

Pertanto, ciascun nucleo familiare preparava i pasti nella propria cucina, aveva una pompa personale per l'acqua e una stalla esclusiva in cui ricoverare i bufali dal ventre scuro e le capre bianche che possedeva. Se gli Shakya avessero usato i servizi igienici, ne avrebbero costruiti tre. Ma andavano ad accovacciarsi nei campi come tutti gli altri, perché spendere soldi per un'esigenza che si poteva soddisfare gratis era uno spreco.

Continuavano comunque a essere una famiglia estesa, insistevano. Il cortile era a disposizione di tutti e diciotto i membri, cani compresi. I genitori di un bambino si sentivano genitori anche degli altri. Padma chiamava Siya Devi *badi ma*, madre anziana, e per la donna la nipote era *hamari bachchi*, nostra figlia. Sohan Lal, quarantasette anni, il primogenito, era il capo della casa. I due fratelli piú giovani, ancora sotto la quarantina, si rimettevano a lui per le decisioni importanti. Essendo uomini, trascorrevano le giornate fuori dalle mura domestiche. Le donne restavano per lo piú all'interno. Cucinavano per gli uomini, mangiavano dopo di loro e si sedevano piú in basso. Se i mariti si piazzavano sulle *charpoy*, le mogli si adattavano a sistemarsi sul pavimento.

Ma un minimo di spazio e un po' di autonomia migliorano la qualità della vita, sostenevano gli Shakya, e lo stesso valeva per un certo livello di istruzione. Gli adulti erano analfabeti, eppure mandavano i figli, maschi e femmine, a frequentare la scuola vicino al frutteto. Di solito le bambine lasciavano gli studi dopo la terza media, quando l'istruzione cessava di essere gratuita e obbligatoria. Poi venivano fatte sposare. Per la loro sicurezza, diceva la famiglia, per rispetto delle convenzioni sociali. Quando una donna sapeva leggere e scrivere brillava di luce propria, e attirava mariti migliori.

Ogni mattina, nella stagione del raccolto, Jeevan Lal e la moglie Sunita Devi andavano nel loro campo di menta. Affidavano Padma alla nonna, con la quale condividevano una stanzetta buia divisa in due da un lenzuolo agganciato a qualche chiodo. L'anziana donna era tutta sussurri e ossa in un sari bianco da vedova. Benché fosse profondamente legata alla nipote e responsabile in larga misura del suo benessere, non poteva evitare che Padma si allontanasse da lei per raggiungere la cugina nella stanza attigua.

Lalli aveva una sorella e un fratello piú grandi, Phoolan Devi e Virender, che però non vivevano piú in famiglia. In assenza dei genitori – Sohan Lal e Siya Devi, partiti in pellegrinaggio insieme al figlioletto Avnesh – l'adolescente badava a sé stessa, al fratello Parvesh, agli animali domestici e alla casa.

All'altra estremità del cortile, il terzo Shakya adulto, il panciuto Ram Babu, e la moglie Guddo dalla voce tonante imbrancavano parecchi dei propri rampolli per condurli nel campo di taro di loro proprietà. Non tornavano fino all'ora delle preghiere serali, che recitavano davanti a un altare allestito in casa.

Gli altri figli rimanevano senza sorveglianza. Spuntava il giorno. I bambini andavano e venivano in continuazione.

Quando molto piú tardi il padre di Manju scoprí tutto questo, ne fu scandalizzato. «*Ghar pe koi nahin tha*» disse. Non c'era nessuno a casa con loro. «Ed erano piccoli!»

E poi c'era un'altra questione spinosa: le due ragazze piú grandi non volevano avere tra i piedi la cugina piú giovane. «Noi andiamo a tagliare la menta!» le gridava Lalli precipitandosi fuori con Padma. «Tu che ci vieni a fare?»

Padma, la maggiore, la ignorava completamente. «Non mi rivolgeva mai la parola» avrebbe spiegato Manju in seguito. «Se cercavo di attaccare discorso, ribatteva: "A te cosa importa?"»

Al rientro, le due ragazze erano ancora meno inclini a parlare con lei. Abituate a sbrigare molte faccende faticose, non poteva essere la stanchezza a renderle taciturne. E mentre si comportavano come se Manju fosse invisibile, chiacchieravano tra loro senza interruzione. «Fate quello che vi pare» brontolava Manju.

Aveva notato che nemmeno al padre di Padma piaceva la loro condotta. Quando tornava dai campi e vedeva le due adolescenti sedute una accanto all'altra, reagiva con aria seccata. «Sí, sí» borbottava, «continuate pure a perdere tempo».

In realtà, però, Padma e Lalli non facevano che sfacchinare.

All'alba, si sedevano davanti ai focolari delle rispettive famiglie ad accendere il fuoco con il letame essiccato. Scaldavano l'olio e impastavano la farina per il pane. Andavano nei campi a portare *roti* e *sabzi* ai familiari ancora al lavoro. Scarpinavano fino a casa, dove lavavano i piatti usando cenere di legna al posto del sapone. Tornavano a uscire con le capre. Rientravano per mungere le bufale. Spazzavano il cortile. Facevano il bucato. Azionavano la pesante leva d'acciaio zincato della pompa, su e giú, su e giú, per riempire il secchio e potersi lavare. Cucinavano la cena. Spazzavano di nuovo il cortile. Facevano questo. Facevano quello.

I corvi lanciavano i loro richiami penetranti e il sole

irradiava la sua luce infuocata. Nella calura opprimente, i mucchi di spazzatura colmavano l'aria con il lezzo della putrefazione. La polvere si posava sugli abiti, sulla faccia, sulla lingua e sui piedi. Le giovani Shakya continuavano a sgobbare.

Anche la cugina Manju era abituata a sbrigare le faccende. Pur non essendo ancora adolescente, ogni sera toccava a lei preparare la cena. Il padre le aveva comprato uno sgabello perché potesse arrivare all'altezza dei fornelli. Ma una volta finito il lavoro, accendeva il cooler*. Ascoltava la musica con il cellulare. Poteva persino uscire, purché non si allontanasse dai gradini dell'ingresso. Le donne la salutavano. I bambini le sorridevano. Le sue amiche, a passeggio con le sorelle maggiori, si fermavano a chiacchierare dei compiti troppo difficili e dei temuti insegnanti.

Nei fine settimana il padre portava lei e il resto della famiglia a mangiare il gelato. Guardavano le vetrine dei negozi. Chiacchieravano, ridevano, e a volte battibeccavano come i piccioni quando si contendono una manciata di grano, ma andava bene cosí.

Cosa facevano le sue cugine tra un impegno e l'altro? Non c'erano divertimenti al villaggio. Ogni giorno durava mille anni.

Padma restava seduta in casa. Ben presto l'avrebbero depositata sulla porta di un'altra famiglia per darla in sposa a un uomo che non aveva mai visto. Nel giro di due anni, a Lalli sarebbe toccata la stessa sorte.

La differenza tra le loro vite, aveva l'impressione Manju, consisteva nel fatto che lei veniva costretta a lavorare duro per diventare un giorno una brava moglie. Le sue cugine piú grandi, invece, faticavano come se fossero già mogli e madri. Il fardello che reggevano sul-

* Apparecchio che rinfresca l'aria facendola passare, grazie a una ventola, attraverso uno strato di materiale bagnato (*N.d.T.*).

le spalle le sembrava immane. Manju era convinta «che non avessero nemmeno il tempo di pensare».

Mentre se ne stava in casa a scacciare le mosche, decise che ne aveva avuto abbastanza. Un pomeriggio, quando le cugine uscirono per andare nei campi, le seguí. Quel giorno e il successivo notò un comportamento che le parve strano.

Le due adolescenti avevano il compito di tagliare la menta coltivata nei tre terreni della famiglia, la cui superficie ammontava a circa un acro. Ma l'unico appezzamento che frequentassero era quello del padre di Padma, attiguo al frutteto.

«Venite sempre e soltanto qui» osservò. «*Kyun?*» Perché?

«Sta' zitta» scattò Lalli.

Piú tardi, Manju vide Lalli che scriveva poesie su un diario. E Padma che, di nascosto, si metteva il rossetto.

Ogni sera dopo cena, le ragazze uscivano un'ultima volta ad accovacciarsi nei campi. Padma e Lalli aspettavano che la cugina scegliesse un posto e poi se la svignavano da un'altra parte. Manju ci rimaneva male. C'erano serpenti che strisciavano tra le piante. E sciacalli. E se un ragazzo le avesse acceso la torcia del telefono in faccia? «Andiamo via!» piagnucolava, guardandosi intorno circospetta mentre si allacciava il cordoncino dei *salwar*.

Padma e Lalli non erano mai pronte.

«Che fretta c'è?» dicevano quasi in coro, e le loro risate squillavano nel buio. «Abbiamo tutto il tempo».

Se ne accorge anche Nazru

Nazru viveva nei pressi del frutteto, in un campo di taro dalle grandi foglie a forma d'orecchio d'elefante. Dentro la stanzetta in muratura della famiglia, il padre sedeva eretto sulla *charpoy*, inspirando con sonori fischi per riempirsi d'aria i polmoni avvizziti. Certe notti, quando s'iniettava i farmaci per liberare le vie respiratorie, il vecchio asmatico crollava privo di sensi. Il fratello adolescente di Nazru, battezzato con il nome di un divo di Bollywood del passato, era «debole di cervello», secondo la diagnosi del padre, e veniva incoraggiato a starsene per conto suo. Un terzo fratello, piú grande, se l'era filata in un altro Stato, dove aveva finito per fabbricare mattoni nell'ambiente ancora piú ostile delle fornaci di laterizi, con la moglie al fianco e i cinque figli che scorrazzavano sotto il sole a picco. La madre cercava di impedire che la famiglia si sfasciasse, ma Nazru si cacciava sempre nei guai.

Una notte aveva sentito dei malviventi rovistare in una casa poco lontana e invece di tenersi alla larga, come facevano gli altri in circostanze simili, era andato ad affrontarli, beccandosi una pallottola in un braccio. Un'altra volta aveva ammazzato la capra di un vicino. Non c'era logica nella sua condotta, o per lo meno non c'era una logica che lui riuscisse a spiegare in modo comprensibile. Di fronte a una domanda semplice e diretta, reagiva con una risata simile a un raglio, *ih oh, ih oh*. Gli abitanti del villaggio l'avevano costretto a scusarsi con il proprietario dell'animale morto e a rifondergli il danno. «*Apne kaam se kaam rakho*», fatti gli affari tuoi, lo esortavano.

Ma come poteva?

Il villaggio non offriva nulla ai giovani. Ogni tanto Nazru incontrava gli amici per bere o fumare erba. Era salito in macchina in un'unica occasione, ma non ricordava granché, perché lo stavano portando di corsa all'ospedale dopo che gli avevano sparato al braccio. Ormai troppo vecchio per ciondolare insieme agli adolescenti dagli occhi sempre incollati al telefono, era ancora troppo immaturo per socializzare con i suoi coetanei, già ammogliati e con prole.

Alcuni pensavano di aver trovato la giusta definizione per lui. «*Dar naam ka cheez usko nahin hai*». Non ha paura di niente, quello. Altri, nel vederlo armeggiare in uno dei suoi giri serali, avevano capito che era solo un ficcanaso.

A poco piú di vent'anni, i giovani di Katra si ritrovavano incasellati nella fase della vita che l'induismo chiama *grihastha*, quando si diventa capifamiglia, si mantiene una casa e si allevano figli. Nazru era considerato un tipo strano, ma lavorava sodo. Con un fratello lontano, un altro malato e il padre costretto a letto, il compito di procurare cibo per tutti – occupandosi dell'unico bufalo della famiglia e dell'intero raccolto del tabacco – gravava completamente sulle sue spalle. E lui faceva il necessario. Dunque perché non aveva ancora preso moglie?

Il celibato del ventiseienne Nazru ricorreva spesso nei discorsi degli abitanti del villaggio, che vedevano in lui un seccatore. C'era chi sosteneva che avesse una relazione con la moglie di un vicino. In assenza del marito, dicevano i fautori di questa teoria, Nazru s'infilava nel letto coniugale. Altri lo accusavano di essere l'amante delle mogli di parecchi uomini. Altri ancora insinuavano che tenesse nel portafogli fotografie di ragazzine minorenni, cosa che lo faceva sembrare un pervertito.

I parenti stretti confutavano tali voci. Quel povero ragazzo non è un pervertito, ma un *hijra*, affermavano. Erano giunti a questa conclusione dopo averlo visto accovacciarsi per urinare. I pettegolezzi continuarono a crescere, finché non si arrivò a interpellare il padre in merito. «Mio figlio» disse il vecchio incartapecorito «non è né uomo né donna».

E cosí Nazru fu lasciato libero di fare come gli pareva. Ogni sera, dopo cena, usciva. Animali, donne intente a svuotarsi le viscere, adolescenti impegnati nelle tipiche occupazioni della loro età: nessuno si salvava dal fascio di luce della torcia made in China di Nazru.

«Ho visto Padma e Pappu» dichiarò in seguito il giovane. Erano nel suo campo di grano. «Si stavano scambiando segnali».

Nazru li vide insieme una seconda e poi una terza volta. «La cosa non mi piace» commentò. «Questo genere di condotta potrebbe distruggere la reputazione dell'intera famiglia».

Esseri inqualificabili

La reputazione era come la pelle. E gli abitanti della vicina frazione di Jati non potevano proteggersela. La loro fama non derivava tanto da ciò che facevano o dicevano, quanto dagli stereotipi sulla loro casta, quella degli Yadav.

Come gli Shakya, gli Yadav rientravano in una categoria piú ampia nota sotto il nome di «Other Backward Classes», altre classi arretrate. Le Obc comprendevano le caste basse, che quelle alte avevano sistematicamente mantenuto in posizione subalterna. Un tempo costretti a occupazioni di tipo rurale, gli Yadav dell'Uttar Pradesh non potevano neppure sedersi su una *charpoy* occupata da un bramino, cioè un membro della casta piú alta. In teoria, dopo l'indipendenza dell'India, le caste svantaggiate beneficiavano di misure intese a limitare le discriminazioni.

Shakya e Yadav avrebbero dovuto fare causa comune: negli ultimi tempi, però, gli Yadav avevano acquisito un notevole potere politico. La loro comunità, che secondo le stime ammontava al nove per cento dell'intera popolazione dell'Uttar Pradesh, votava sempre strategicamente in blocco. I leader Yadav stringevano alleanze con quelli di altre caste basse. E il Samajwadi Party, gestito dagli Yadav, ricorreva a sistemi clientelari: i suoi quadri erano accusati di distribuire in omaggio ai potenziali elettori abiti, pentole e persino denaro[1]. Nel 2014 il partito controllava il governo dello Stato, ed esercitava una considerevole influenza sull'amministrazione locale e sulla polizia.

L'Uttar Pradesh era lo Stato piú grande e potente dell'India, con oltre duecento milioni di abitanti. Aveva ben ottanta rappresentanti al parlamento centrale di

Delhi. «La strada per Delhi» si diceva «passa per Lucknow», la capitale dell'UP. E in effetti, otto dei quattordici premier indiani provenivano da quello Stato assai rilevante sul piano politico. Persino il primo ministro appena eletto, originario del Gujarat, aveva presentato proprio in Uttar Pradesh la sua candidatura alle elezioni del 2014.

Ma le condizioni di vita degli abitanti non riflettevano affatto tale preminenza. Secondo un rapporto della Banca mondiale, in UP ben sessanta milioni di persone vivevano sotto la soglia della povertà[2]. Il tasso di mortalità infantile sfiorava quello dei paesi in guerra. Nei periodi di siccità, la gente si riduceva a mangiare erba per sopravvivere[3]. E in questa situazione, un capo del governo statale, una donna, aveva impiegato il denaro dei contribuenti per finanziare una serie di statue con la sua effigie da distribuire nei parchi pubblici[4].

Un burocrate locale cercò di spiegare perché il sistema fosse cosí corrotto: «Se un uomo avesse una vacca che produce venti litri di latte due volte al giorno e sapesse che sarà sua solo per un periodo limitato, cosa farebbe?»

Risposta: la mungerebbe fino all'ultima goccia.

Due anni prima, nel 2012, Akhilesh Yadav era divenuto capo del governo dello Stato. Laureato in Ingegneria ambientale presso l'università di Sydney, in Australia, il quarantunenne veniva spesso fotografato mentre parlava al cellulare o batteva sui tasti del laptop. I media lo definivano «esperto di tecnologia», un'espressione concisa per dire che con ogni probabilità era un uomo intelligente. Il padre, Mulayam Singh, ex atleta di lotta indiana nonché fondatore del Samajwadi Party, non aveva una grande opinione di suo figlio, ma un consulente scafato gli aveva fatto notare i vantaggi che si potevano ottenere promuovendo la carriera del giovane. «Qualcuno di voi sa chi è Hannah Montana?»

aveva detto. «Chiedetelo ad Akhilesh. Lui lo sa. Ecco perché abbiamo bisogno di mettere i giovani alla guida del partito»[5].

Akhilesh ebbe alcune buone idee per lo sviluppo dello Stato: piú energia, strade migliori e uno schema pensionistico. Ma i ministri del suo gabinetto erano criminali della vecchia scuola. La Association for Democratic Reforms, organizzazione indiana che persegue il progresso del sistema governativo, rilevò che circa un terzo dei parlamentari eletti nel 2014 in rappresentanza dei cittadini avevano precedenti penali[6]. Piú di metà dei membri del gabinetto di Akhilesh erano coinvolti in processi per reati penali[7]. L'opposizione era convinta che non sarebbe cambiato niente.

Ben presto il governo di Akhilesh, come quelli a maggioranza Yadav che l'avevano preceduto, si vide affibbiare l'etichetta di «*goonda raj*», governo dei delinquenti[8]. Nel clima di paura e di insicurezza che ne derivò, ricominciò a circolare piú spesso che mai la frase «*raat gayi baat gayi*» (finita la notte, chiuso l'incidente), per alludere al fatto che le vittime di violenze di matrice Yadav potevano scordarsi di ottenere giustizia. La pessima fama della *dabbang* (criminale) amministrazione Yadav contaminava tutti i componenti della casta.

Gli Yadav di Jati, la frazione poco lontana dal villaggio di Katra, occupavano l'estremità opposta di questo spettro di potere. Erano fuggiaschi scampati ai disastri climatici, costretti dalle inondazioni del Gange a lasciare le loro dimore sulle rive del fiume. *Ganga-kateves*, li chiamava la gente, padroni delle terre divorate dal Gange. Avendo perduto la casa e quasi tutto ciò che possedevano, vivevano in baracche tenute in piedi da pali di bambú. Erano sempre scalzi. I loro bambini giravano nudi. Nei giorni piú caldi dormivano all'aperto lungo la strada.

Ma poiché erano Yadav, alcuni abitanti di Katra non

si sentivano sicuri in loro compagnia, specialmente dopo il calar del buio. «Cosa facciamo se vengono qui armati?» si domandava qualcuno.

Uno degli uomini di Jati, Veerpal Yadav, aveva una reputazione spaventosa.

Veerpal, noto con il soprannome di Veere, si era trasferito a Jati quattro anni prima, quando la sua casa natale nel villaggio sabbioso di Badam Nagla era stata spazzata via insieme ai campi dove da cinquant'anni coltivava grano, granturco e radici di taro. Gli rimaneva solo la bracciata di cocomeri che ricavava dal terreno alluvionale sulla riva del fiume.

Non che Badam Nagla fosse un posto di cui avere nostalgia. Era cosí isolato che un famoso bandito sotto accusa per l'omicidio di undici agenti aveva scelto di rintanarsi proprio laggiú quando gli occorreva un rifugio. Non c'era neppure un sistema fognario. E nei giorni piú piovosi, gli uomini uscivano senza pantaloni: portavano gli abiti con sé, protetti in un sacchetto di plastica sorretto in equilibrio sulla testa, e tornavano a indossarli soltanto una volta rientrati al coperto. Secondo un ex abitante di Badam Nagla, stare laggiú significava «vivere come animali».

La frazione di Jati giaceva acquattata all'imboccatura del villaggio di Katra, che poteva vantare negozi e ben due scuole, e si trovava ad appena venti minuti di distanza dalla città piú vicina. E cosí come a Katra predominavano gli Shakya, Jati, in ottemperanza a una regola non scritta dello stesso genere, era appannaggio degli Yadav. Quasi tutte le centottantasette famiglie residenti appartenevano a quella casta; alcune erano imparentate con Veere.

Tra i suoi consanguinei c'era il fratello.

All'inizio quest'ultimo, non ammogliato, era sempre in giro. Poi, all'improvviso, scomparve. Nel villaggio di Katra si diffuse una voce raccapricciante. Si diceva che

Veere avesse sparato al fratello. Che ne avesse bruciato il cadavere e seppellito i resti in una fossa scavata nella vicina foresta per potersi impadronire delle proprietà della vittima: e cosí aveva fatto, sussurrava la gente, trasferendosi là insieme ai familiari.

Chi poteva sapere da dove fosse venuta fuori quella storia? Nessuno se ne assunse la responsabilità e nessuno informò la polizia. Nessuno dichiarò di aver assistito al presunto omicidio, né di aver parlato con qualche testimone del delitto. Ma ogni abitante di Katra o quasi ne aveva sentito parlare. Ben presto la vicenda entrò a far parte della mitologia spaventosa che affliggeva gli Yadav della frazione attigua al villaggio.

Erano esseri inqualificabili, sosteneva la gente, pronti a succhiare il sangue persino ad amici e parenti.

Il ragazzaccio

In realtà il fratello di Veere era morto in seguito a complicazioni provocate dal diabete. E Veere si era costruito la casa da zero, su un pezzo di terra acquistato anni prima. Ma anche se conosceva le voci false che circolavano nel villaggio vicino, cosa poteva farci?

Ogni mattina, Veere e i tre figli, Avdesh, Urvesh e Pappu, attraversavano la strada e s'inoltravano tra le risaie in direzione del Gange. Dopo essersi rimboccati i pantaloni, entravano nell'acqua fredda che scorreva veloce. Da quella parte del fiume, coltivavano angurie e cetrioli su un terreno demaniale. Inoltre lavoravano nei campi di uomini piú ricchi in cambio di una quota del raccolto. In un'annata buona, i quattro Yadav ricavavano fino a duecentomila rupie vendendo nei mercati delle città vicine la loro porzione di grano, aglio e tabacco. A questo introito si aggiungeva l'affitto della bottega che avevano sistemato accanto alla casa.

Ciascuna rupia risparmiata sulle spese per il vitto o per i piccoli lussi come le sigarette veniva accantonata per portare a termine i lavori di costruzione dell'edificio. Per il momento aveva una robusta porta d'ingresso, tre camere e un tetto a terrazza. Gli uomini avevano installato una pompa a mano nel cortile, sistemato un filo per stendere il bucato e dipinto una svastica verde vivo per attirare la buona sorte. Alla moglie di Veere, Jhalla Devi, sarebbe piaciuto avere una cucina: ma cosa c'era di male nel preparare il cibo all'aperto?, ribatteva il marito. Mancava ancora la vernice sulle pareti, aggiungeva in tono di rimprovero.

Alla sera, Veere si piazzava sulla *charpoy* appena fuori dalla casa ad arrotolarsi una *beedi* sorseggiando il suo *chai*. Spesso la densa panna del latte gli rimaneva appiccicata ai baffi, che portava lunghi e ricurvi come manubri.

«*Jai Ram ji ki!*» esclamava rivolto agli Yadav di passaggio, godendosi l'aria del crepuscolo. Salute al dio Ram. «Venite, venite a sedervi qui» li invitava, indicando con un cenno del capo brizzolato una seconda *charpoy*.

I passanti posavano gli ombrelli. Tiravano fuori le *beedi*. Veere offriva loro la scatoletta dei fiammiferi.

«Allora?» chiedeva mentre i visitatori ne prendevano uno.

Discorrevano sempre a lungo di ciò che succedeva a Lucknow: Tizio ridotto a una semplice marionetta nelle mani di Caio; i prezzi della verdura e della frutta che tutti coltivavano. Poi invariabilmente uno del gruppo alzava gli occhi verso la vasta distesa del cielo senza nubi e lamentava il fatto che il monsone fosse come una donna, non si poteva contare sulla sua puntualità. Quando sarebbe arrivato?

A volte Veere si ricordava dei figli.

«*Arre!*» gridava.

Li trattava alla stregua di bambini, anche se il maggiore era già padre. Non permetteva loro di parlare. Del resto, i figli non avevano niente da dirgli.

Si trascinavano fuori di casa con aria imbronciata, a passi pesanti, quasi avessero i piedi di cemento.

I due piú grandi erano bravi ragazzi, dichiararono in seguito i vicini. Non si allontanavano dalla casa. Uno amava la moglie, l'altro adorava i libri. Il piú giovane, invece, era «un ragazzaccio»: lo ammetteva persino il padre di fronte a terzi. «Gli piaceva vagabondare» puntualizzò uno degli Yadav.

Ma cosa poteva significare una frase del genere a Jati?

Pappu non aveva denaro, né una bicicletta o un posto dove andare. Al villaggio vicino quelli della sua casta non erano graditi. Gli Yadav che vivevano nei dintorni erano ancora piú poveri di lui. Non c'era nemmeno un chiosco di stuzzichini dove sedersi a ordinare una manciata di ceci arrostiti piccanti. La sponda del fiume offriva un po' di sollievo a molti, un rifugio per allontanarsi dalle chiacchiere domestiche, ma per Pappu era un luogo di lavoro. C'era la fiera, sí: però arrivava solo una volta l'anno.

Anche un ragazzaccio come lui cosa avrebbe mai potuto combinare?

Donne invisibili

Le donne potevano fare ancora meno. Se la moglie di Veere, Jhalla Devi, si affacciava alla porta, non se ne accorgeva nessuno. Se si fermava sulla soglia, sapeva che avrebbe fatto meglio a tenere la bocca chiusa.

Quella donna invisibile preferiva comunque restare sola con sé stessa, di solito nel fosso di fronte alla casa. Si sedeva là a impastare e modellare le formelle di letame che servivano da fertilizzante, antisettico e combustibile da cucina, con l'unico sari che indossava giorno e notte avvolto intorno al corpo come un sacco, il *pallu* sollevato sulla testa a mo' di cappuccio. I braccialetti di vetro che portava intorno ai polsi tintinnavano e gli anelli sugli alluci scintillavano, ma il volto ribolliva di rancore.

Le altre donne Yadav non avevano neppure quelle piccole libertà. L'unica nuora di Veere viveva un'esistenza sottoposta a regole cosí severe che i vicini non sapevano bene che aspetto avesse. Occhi grandi e labbra carnose, Basanta era un'adolescente esausta con una gracile bimbetta di un anno. Cucinava e puliva per l'intera famiglia. Si era persino offerta di aiutare la suocera con le formelle di letame, ma Jhalla Devi aveva sollevato il viso tirato per incenerirla con lo sguardo.

Una volta sbrigate tutte le possibili faccende nella casa semivuota, Basanta si lasciava cadere a terra. Le mosche le si posavano addosso, attirate dal sudore che trapelava attraverso la stoffa sottile del corpetto sudicio. Si ammassavano intorno al sederino sgocciolante della figlioletta, atterravano sui lobi delle minuscole orecchie, di un rosa dorato. Nel tardo pomeriggio, quando si alzava la brezza, Basanta si riscuoteva e portava la bambina sul retro dell'edificio. Il terreno della famiglia sconfinava nei campi di Katra, senza nemmeno una recinzione a segnalare il limite della proprietà. Lí l'annoiata neomamma poteva intrattenere la piccola Shivani senza sentirsi accusare dalla suocera e dagli uomini di casa di mettersi in mostra di fronte agli estranei.

«Guarda, un contadino! Vedi là? Capre al pascolo. E lassú un aquilone. Li senti gli uccellini? Lo vedi il pozzo? Muu, bee, bau-bau».

Direttamente davanti a lei, a pochi minuti di cammino, si trovava il frutteto di Ramnath. Quell'estate ciascuno dei suoi tredici alberi era carico di frutti. C'erano manghi e un fico dalle foglie profumate.

Lalli chiede un souvenir

I genitori di Lalli tornarono dal pellegrinaggio portando in dono amuleti e collanine. La situazione rimase tranquilla per un po'.

Poi, in un magico pomeriggio, capitò che tutti gli adulti fossero fuori casa. Padma e Lalli chiesero alla cugina di aprire la valigia. Esaminarono con attenzione i suoi vestiti. C'erano camicette dai colori vivaci, di una stoffa morbidissima, che scivolava via dalle dita delle ragazze come acqua. I jeans erano molto, molto stretti. Manju se li metteva veramente? E riusciva a sedersi quando li aveva addosso? Lí al villaggio aveva scelto uno stile noioso quanto il loro, limitandosi ad ampi *salwar-kameez*.

Decisero di provarsi gli abiti della cugina. S'infilarono jeans e camicette e poi si girarono a guardarsi. Stessi visi a forma di cuore, stessi capelli lunghi. Occhi seri. Ma quegli strani pantaloni che stringevano sul sedere strapparono loro una serie di risatine.

«Sei elegante» si complimentarono a vicenda una volta recuperata la padronanza di sé.

«Sí, certo!» gridò Siya Devi entrando dalla porta. «Mostrate le cosce!» In realtà i jeans non facevano risaltare le cosce, rivelavano soltanto che le due ragazze le avevano. Ma questo andava già oltre ciò che Siya Devi era disposta a permettere. Parlò con disprezzo di «abiti succinti», troppo provocanti per poterli indossare, e ordinò alla figlia e alla nipote di rimettersi i *salwar-kameez*.

Piú tardi, forse per esprimerle la sua gratitudine, Lalli prese da parte la cugina piú giovane. «*Yaar*» le disse. «Tra un po' te ne andrai. Dovremmo farci fotografare insieme al bazar». Manju accennò alla cosa durante una telefonata alla madre a Noida. La donna non ne fu entusiasta, probabilmente perché i soldi scarseggiavano. «Che fretta c'è?» protestò. «State per morire?»

Manju però si sentiva compiaciuta dall'interessamento delle cugine. Ed era stato bello condividere con loro i suoi vestiti. Nessuna delle tre aveva il permesso di frequentare il bazar, ma non erano sempre guardate a vista. «Ci siamo andate!» confessò in seguito Manju. «*Chori chupke!*» Di nascosto.

Fuori dalla porta, lungo il vicolo. Eccolo là, poco oltre. Si tenevano per mano: intensificarono la stretta e si precipitarono avanti.

La strada era gremita da due file di minuscole botteg ucce che sporgevano come gli occhi di una libellula. I negozianti di Katra sedevano in canottiera, circondati dai sacchi di riso e foraggio e dai fusti di olio per cucinare. Chiacchieravano al telefonino e leggevano il giornale, alzando gli occhi solo all'arrivo di un acquirente. Alcuni dei clienti erano giovanotti che si scattavano selfie sullo sfondo di automobili di lusso parcheggiate lí per caso, ma nella maggior parte somigliavano ai padri delle tre cugine. C'era qualcosa di molto familiare nel modo in cui si estraevano dal taschino della camicia i sottili rotoli di banconote, quasi al rallentatore, e nell'attenzione con la quale contavano il resto. Anche la loro aria apprensiva non era una novità per le ragazze. Tante spese, pochi soldi in arrivo, un fragile equilibrio.

C'erano in giro troppi uomini, si resero conto all'improvviso Manju e le sue compagne. Uomini che sbraitavano e ridevano. Che passavano rombando, *vrum vrum vrum*, sulle loro moto. Meglio sbrigarsi a entrare nel negozio.

Il flash scattò con uno schiocco.

Le ragazze batterono le palpebre.

Al villaggio arriva la fiera

Tutti sapevano che era arrivata, perché si sentiva musica ovunque, persino nei campi. Solo musica religiosa, dato che a organizzare quell'evento annuale era il comitato del tempio locale, ma le giovani Shakya ne furono elettrizzate. Non avevano mai messo piede in un *mela*. Il clou della festa sarebbe stato la recita della *Ramlila*, la vita del dio indú Ram rappresentata sulla scena: la vicenda culminava con la battaglia tra la divinità e la sua nemesi, Ravana, il demone a dieci teste sovrano di Lanka.

Quella mattina del 27 maggio, a casa c'erano soltanto le ragazze con le rispettive madri. Padma friggeva fette di zucca-bottiglia condite con sale e peperoncino in polvere. Fuori, Siya Devi e Lalli si occupavano di nutrire i bufali, spazzare il cortile e cucinare il pranzo a base di *roti* e curry sul fumoso focolare all'aperto. Siya Devi rammentò alla figlia di coprire il cibo. «Se potessero, quelle scimmie sfrontate ci ruberebbero le *roti* dalla prima all'ultima; offri loro la minima opportunità e se la fileranno con l'intero *aate ka dabba*».

Quando Lalli prese il falcetto ben affilato per dare una mano ai suoi familiari con il raccolto, Padma insistette per accompagnarla. Manju, oppressa dalla calura, si era assopita su una *charpoy*.

Nei campi, gli uomini coperti di sudore portavano turbanti legati intorno alla testa. Le donne calzavano ciabatte di gomma. A causa del gran caldo, il terreno sembrava fatto di migliaia di pezzi di vetro. Padma si allontanò con le capre.

Era stato un anno buono per la menta, e Sohan Lal aveva stipato in un fagotto pronto da portar via piú di trenta chili di foglie fragranti. Avrebbe venduto l'olio a un grossista del bazar, e questi, a sua volta, l'avrebbe offerto alle fabbriche di dentifricio, tabacco, medicinali e collutori. Dal villaggio di Katra, la menta di Sohan Lal avrebbe raggiunto città e metropoli indiane, e forse sarebbe arrivata persino all'estero.

Prima però bisognava consegnarla alla distilleria lontana sedici chilometri. Un cugino provvisto di trattore aveva accettato di mettere il mezzo a disposizione, e tuttavia restavano parecchie incombenze da sbrigare. Impegnato a infilare una serie di cose in un sacchetto di plastica, Sohan Lal chiese aiuto alla figlia Lalli. Poteva fare una telefonata per lui? le domandò, porgendole il cellulare. L'uomo aveva anche due figli maschi, ma erano ancora troppo piccoli. Per il momento toccava a Lalli il ruolo di braccio destro sia della madre sia del padre.

Ormai Manju si era riavuta a sufficienza per raggiungere le cugine all'aperto sotto il sole. Anche se Padma e Lalli non l'avevano mai considerata molto, adesso la invitarono sorridendo a sedersi accanto a loro all'ombra di un mango. «Chiedi alla mamma di lasciarci andare alla fiera» la pregò Lalli. «Ti ascolterà, se glielo dici tu».

Nessuna delle tre si sorprese del netto rifiuto di Siya Devi.

«*Ladkiyan bahar nahin ghoomti*» dichiarò la donna in tono di rimprovero. Le ragazze non devono gironzolare fuori di casa.

Manju, giunta alla soglia dell'adolescenza, era già esperta nell'arte di vincere l'opposizione di un genitore intransigente. «Perché, perché, perché?» blandí la zia. Per quale ragione era venuta in visita, se non per andare alla fiera? Il padre le aveva dato cinquecento rupie da spendere.

Siya Devi tollerava poco certi capricci, ma si sentiva combattuta. Il marito ripeteva sempre che le ragazze dovevano tenersi alla larga dal bazar: cosa ci andavano a fare? D'altronde Lalli era l'unica figlia femmina rimasta in famiglia. Ed era cosí brava… Faceva tutto ciò che le veniva chiesto, prontamente e con dedizione. Senza di lei, Siya Devi non avrebbe avuto nessuno con cui parlare.

Presto Lalli l'avrebbe lasciata per trasferirsi a casa del marito, e a quel punto alla donna non sarebbe piú rimasta alcuna possibilità di viziare un po' la sua bambina. Che male c'era in una piccola uscita dopo le faccende della giornata?

Siya Devi, però, non rinunciò alla sua maschera di rigore, e Lalli non avrebbe mai saputo nulla dei pensieri affettuosi che avevano attraversato la mente della madre.

«Non mangiate né bevete niente» raccomandò Siya Devi in tono severo, perché non stava bene che delle ragazze si facessero vedere a divertirsi in pubblico. «Se volete qualcosa, ve lo comprerà vostro padre e ve lo porterà a casa».

In preda all'entusiasmo, le tre cugine ascoltarono il consiglio con un orecchio e lo lasciarono uscire dall'altro. Chiusero a chiave le porte che davano accesso al cortile e usarono la pompa dell'acqua a turno. Si lavarono faccia e piedi. Padma si spazzolò i capelli e si mise il *salwar-kameez* verde, dono assai apprezzato degli zii materni. Quello viola e rosso di Lalli le penzolava addosso senza grazia.

Tra le quattro e le quattro e mezzo le tre ragazze attraversarono il bazar e si unirono alla folla di persone dirette verso lo spiazzo costellato di rifiuti dove si svolgeva la fiera. In lontananza, il Gange brillava come una distesa di diamanti. Al riparo di tettoie di tela cerata, gli ambulanti mettevano in mostra camicie e sari, reggiseni e mutandine, braccialetti di vetro e *bindi*. Morbidi orsacchiotti, telefonini di plastica e pistole giocattolo. Foulard per proteggersi dal caldo, anellini da naso d'oro da sfoggiare in qualche occasione speciale. Uno dei venditori gridava: «Cocomeri! Cocomeri!» Un altro tentava gli acquirenti con i suoi *jalebi* ancora caldi. Un uomo scalzo in canottiera mescolava in una pentola l'acqua aromatizzata per i *golgappa*. I bambini strillavano di gioia dalla sommità malferma di una cigolante ruota panoramica.

Le cugine individuarono subito alcune facce familiari. Ecco là Somwati, il cui padre aveva allestito per l'occasione una bancarella di verdure. Somwati aveva portato con sé la figlioletta della sorella. Con loro c'era una vicina, Rekha, una vera santa. Ormai quattordicenne, aveva appena sei anni quando, dopo la morte della madre uccisa dal cancro, era stata tolta dalla scuola e messa a pulire e cucinare per le quattro persone della sua famiglia. Uno dei fratelli, disabile, non poteva camminare, e toccava a lei occuparsene. Per quanto immane potesse sembrare il fardello che si portava sulle spalle, Rekha non si lamentava mai con le amiche. La durata dell'infanzia era nelle mani del destino.

Di lí a poco, Padma prese da parte Manju e le intimò di rimanere dov'era, senza spostarsi di un millimetro. Lei e Lalli sarebbero tornate prestissimo, le assicurò. Invece ci misero tanto di quel tempo – almeno un quarto d'ora, rammentò in seguito la ragazzina – che Manju decise di andarle a cercare.

Benché fosse concentrata in una piccola zona, la fiera brulicava di gente. Un gruppetto di agricoltori stava issando una pesatrice sull'argine del fiume per avvicinarla al raccolto del taro, e la folla si fece avanti a guardare la scena a bocca aperta. C'era il rischio che gli uomini scivolassero e finissero schiacciati sotto il macchinario. Sulle prime Manju si aggirò tra quegli spettatori che prorompevano in esclamazioni, ma ben presto cambiò idea. Non scorgeva altro che un mare di teste e di schiene.

«Se Padma e Lalli non si fanno vedere» disse tra sé, «io me ne torno a casa».

Pappu arrivò alla fiera verso le cinque e tre quarti.

Come capitava spesso, era l'unico dei fratelli Yadav ad avere un po' di tempo libero per divertirsi. Finito il lavoro, Avdesh rientrava direttamente dalla moglie e dalla figlioletta. In quel momento stava tagliando il tabacco nel campo di un vicino, per raggranellare qualche rupia in piú. Per la verità il lavoro era molto e lui aveva portato con sé anche Basanta. L'altro fratello di Pappu, Urvesh, era al di là del Gange con il padre. Esauriti i suoi compiti, il pacato giovanotto avrebbe tirato fuori l'eserciziario della seconda superiore. Urvesh aveva ventun anni, un'età in cui i suoi coetanei piú agiati stavano per laurearsi: lui, invece, si ritrovava senza piú forze dopo la dura fatica nel campo di cocomeri. Studiava quando poteva.

Pappu, diciannove anni, non progettava di sposarsi. E non aveva la minima idea di cosa volesse dire studiare. Qualcuno si era offerto di insegnargli a scrivere il suo nome, ma lui aveva trovato «Darvesh» troppo difficile, per cui conosceva solo le lettere di «Pappu».

Quella sera, insieme all'amico Sannu Pandit, di due anni piú giovane, si sedette a terra, pronto ad assistere alla *Ramlila*.

Manju trovò le cugine accanto alle bancarelle; stavano esaminando i loro acquisti: smalto per le unghie per Somwati e Rekha, un tubetto di crema per Padma. Ma il clima era teso e pesante. Lalli sembrava contrariata, «come se avesse appena litigato con qualcuno», ricordò Manju in seguito.

Padma imprecava tra sé.

Manju ne fu sorpresa.

«Ve la siete presa comoda» osservò in tono leggero.

«Sta' zitta!» scattò Padma. «Andiamo».

Quel momento spiacevole passò, e Manju si divertí a fare un giro sulla ruota panoramica mentre le altre la guardavano da sotto. «Tu vai pure» le avevano detto. «A noi quell'affare fa venire il mal di testa». Ignorando i consigli della zia, Manju regalò a ciascuna delle cugine una porzione di *pakoda* alle verdure caldi e unti, e tutte e tre si avviarono verso il luogo della rappresentazione.

Arrivarono al momento culminante di quella che per loro era la piú straordinaria storia d'amore mai raccontata. Il Signore Ram, sollevando l'arco divino per tenderlo (la prova cui veniva sottoposto ogni pretendente alla mano della bellissima principessa Sita), finiva per spezzarlo. Un'impresa che dimostrava la sua forza e il suo valore fuori dal comune.

Come tuono echeggiò lo spaventoso clangore,
La terra vacillò e fremette, i monti rimbombarono.
Comandanti e monarchi caddero svenuti dal terrore
E uomini di molte nazioni all'orrido boato tremarono.

Sbigottiti si riscossero i sovrani pallidi e bianchi
E al sapiente con regale grazia e cortesia Janak si rivolse:
«Di Rama la mirabile impresa han visto gli occhi miei stanchi,
piú ardita d'ogni pensiero o fantasia che di Dasaratha il figlio colse.

E l'incomparabil vanto di questa magione, la fiera principessa Sita,
maritando sí divino eroe mi largirà nuovo splendore;
fedele al voto, offro mia figlia, a me piú cara della vita,
in sposa a Rama, cui spetta per virtú e magnifico valore.

Le tre ragazze non riuscivano a distogliere gli occhi dalla scena.

Padma Lalli, scomparse

Il cielo sbiadí, segnalando che era ora di tornare a casa, e le ragazze si alzarono in piedi. Piú o meno nello stesso momento, anche Pappu e il suo amico si spazzolarono via la polvere dagli abiti. I due gruppetti seguirono un tragitto simile: si allontanarono dalla fiera, passarono davanti alla *chowki* – la stazione della polizia – ed entrarono nel bazar. Ma mentre le tre cugine lo attraversarono e raggiunsero Katra, Pappu e Sannu continuarono a camminare per altri cinque minuti fino alla frazione di Jati.

Lungo il tragitto, Padma e Lalli si accordarono per suddividersi le faccende della giornata rimaste da sbrigare. Come al solito, spedirono Manju da un'altra parte. «Tu pensa a spazzare il cortile» le ordinarono. Poi si diressero nei campi con le sette capre della famiglia.

Passò un secolo, o almeno fu questa l'impressione di Manju; poi la ragazzina, vinta dalla noia, si decise ad andare a cercare le cugine. Percorse il sentiero in pendenza che conduceva nel vicolo. Eccole là, di ritorno dai campi. Avevano un'ultima cosa da fare prima di rientrare, le dissero. Giustificandosi con una spiegazione perfettamente ragionevole – dovevano legare le capre nei loro ricoveri – le intimarono: «Tu fila a casa, adesso». Le assicurarono che l'avrebbero seguita di lí a poco.

Manju capí chiaramente che Padma e Lalli non avevano voglia di rientrare. La fiera si era rivelata una delusione per quanto la concerneva: non offriva nulla di piú interessante delle mercanzie vendute dagli ambulanti di Noida. Ma sapeva che per le cugine quello era stato un giorno memorabile.

Per l'intera serata il caldo aveva continuato a defluire dal villaggio, e adesso l'aria della notte era fresca e fragrante. I profumi del taro e della soia messi a bollire sui falò di legna, il cigolio delle porte che si chiudevano, la voce di una madre che esortava i figli a rincasare: tutto segnalava la conclusione della giornata.

Una falce di luna si levò nel cielo.

Infine Padma e Lalli comparvero nel cortile. Le due amiche per la pelle, che facevano ogni cosa insieme, si separarono. Padma raggiunse in cucina la matrigna Sunita Devi e cominciò a spianare le *roti*, per poi abbrustolire accuratamente sul fuoco ciascun disco di pane servendosi di un paio di pinze. Mentre Lalli andava da Siya Devi, i piccoli pannelli solari illuminarono il fondo del cortile con un'acquosa luce grigia.

Attraverso il muro che le divideva, Padma e Lalli si misero a parlare degli eventi di quella sera. Com'era meraviglioso un *mela*!

Fu troppo per Sunita Devi, convinta com'era che per la figlia e la nipote fosse stato indecoroso andarci. «Silenzio!» esplose. «Occupatevi del cibo».

Nell'ora successiva, le donne della famiglia sudarono davanti al fuoco e si tennero occupate sbrigando piccole incombenze. Le figlie impugnarono le scope di fibre vegetali per spazzare via dal cortile la polvere della giornata. C'era un bottone da attaccare, una ciabatta rotta da aggiustare con un nodo, le uova dei pidocchi da eliminare con il pettine, i ventagli di paglia da pulire. Gli uomini erano fuori a fumare *beedi* e chiacchierare tra loro.

Sunita Devi stava governando gli animali nel suo angolo di cortile quando il marito Jeevan Lal tornò per cena. Padma gli offrí una pila di *roti* insieme alla zucca avanzata da mezzogiorno. Nella porzione attigua della casa, l'ospite venuta dalla città, la cugina Manju, si era arresa una volta di piú alla calura e dormiva pacificamente su una delle *charpoy*.

Dopo cena, il padre di Padma si sciacquò la bocca e

si diresse verso la stalla dove teneva gli animali, relegata al margine dei campi. La costruzione aveva alti muri e una robusta porta di legno per proteggere la bufala e il vitello. «Dove c'è bestiame» ripeteva sempre l'uomo, «ci sono ladri». All'interno c'era anche una *charpoy*, in modo che lui e la moglie potessero tener d'occhio la situazione e nel contempo avere un po' d'intimità.

Sunita Devi era alla pompa a strofinare con la cenere una pila di piatti sporchi. Assicurò al marito che l'avrebbe raggiunto di lí a poco. Padma percorse i pochi metri che la separavano dall'estremità del cortile per andare dai cugini, che si erano persi la fiera per mungere le bufale.

Nel frattempo, a Jati, gli uomini della famiglia Yadav divoravano il *dal* che Basanta aveva piazzato loro davanti. Poi il padre di Pappu si avviò verso il campo di cocomeri lungo il fiume: doveva fare la guardia al raccolto. I figli presero le stuoie per dormire e si diressero verso le rispettive *charpoy*. Il maggiore salí sul tetto a terrazza ad aspettare la moglie e la figlioletta. Il secondogenito amava sistemarsi all'aperto, sulla strada principale: non ci passava praticamente nessuno dopo il tramonto, e le fronde degli alti alberi creavano dolci brezze.

Mentre Jhalla Devi armeggiava per casa, la nuora si sedette finalmente a mangiare. Quando Pappu uscí, le due donne pensarono che stesse andando a trovare il cugino, nella sua baracca poco lontana, affacciata sulla strada.

Alla stessa ora, a Katra, Padma si stava lamentando a gran voce di un forte mal di pancia. «Devo andare di corpo» disse. «Anch'io!» saltò su Lalli dal centro del cortile. «Vengo con te».

Le madri le degnarono appena di un'occhiata. Non era molto tardi: in mezzo ai campi avrebbero trovato altre persone uscite a svuotarsi le viscere un'ultima volta prima di coricarsi. E comunque Padma aveva il cellulare.

Si sapeva che non sarebbero ricomparse prima di mezz'ora, perché di solito si recavano nei terreni della famiglia, vicino al frutteto. Ma trenta minuti dopo non erano ancora tornate. «Dove saranno finite?» brontolò Sunita Devi.

La suocera, particolarmente sollecita verso la nipote, zoppicò fino alla porta. «Padma!» chiamò con voce stridula l'anziana donna. «Lalli!»

Intorno alle nove e mezzo, Pappu arrivò nella baracca del cugino. I due erano buoni amici e spesso restavano svegli a chiacchierare fino a tarda notte. A volte Pappu usava il telefono di Raju per fare chiamate e mandare messaggi alle ragazze che gli piacevano. Poi si addormentavano fianco a fianco.

Veniva dal frutteto, spiegò Pappu al cugino, dove era «andato di corpo». Aveva la pancia sottosopra, con ogni probabilità per aver mangiato troppi stuzzichini piccanti alla fiera.

Raju gli disse qualche parola di conforto. Aveva voglia di una fetta di cocomero? Il raccolto era stato eccezionale, e l'avrebbero portato a Delhi con un camion per venderlo. Nel frattempo, però, potevano tranquillamente servirsi dal mucchio alto due metri: non se ne sarebbe accorto nessuno. Pappu accettò, e i due giovani divorarono il frutto dalla polpa rossa e succosa.

«Com'era la fiera?» volle sapere Raju.

«Ho visto le ragazze» gli rispose Pappu masticando rumorosamente. «Ma c'erano altre persone con loro e cosí non abbiamo potuto parlare».

Ladri nel campo di tabacco

Jeevan Lal se ne stava coricato sulla *charpoy* ad aspettare con aria sognante l'arrivo della moglie, quando colpi concitati alla porta lo fecero scattare in piedi. Era il cugino impiccione, quello che vagabondava continuamente. «*Khet mein admi hai!*» gridò Nazru. Ci sono dei ladri nel tuo campo!

Il fratello maggiore di Jeevan Lal, Sohan Lal, aveva finito di raccogliere la menta quel mattino stesso. Anche il tabacco era stato già tagliato. C'era ben poco che valesse la pena di rubare. Ciò nonostante, Jeevan Lal afferrò un bastone di bambú. Con Nazru a fianco, svoltò a destra partendo dalla stalla per imboccare una scorciatoia che conduceva direttamente in campagna. Mentre avanzava con rapidità, tirò fuori il cellulare per chiedere rinforzi. Il suo primo istinto fu chiamare Sohan Lal, ma il fratello maggiore non era ancora rientrato dalla lontana distilleria, perciò compose il numero del minore.

Erano le 21:29.

Ram Babu si trovava a casa, e comunicò rapidamente alla moglie quello che stava succedendo. Poi prese una torcia elettrica e una *lathi* e uscí. Dove il fratello aveva svoltato a destra, però, lui girò a sinistra, scegliendo senza pensarci una strada piú lunga. Avanzò velocemente e si slanciò nel varco tra due edifici di mattoni. I campi gli ondeggiavano davanti, immersi nelle tenebre. Dalla fiera echeggiava una melodia malinconica. «E se ci sparassero addosso?» pensò Ram Babu.

Erano talmente tanti a possedere un'arma nell'Uttar Pradesh occidentale che la regione era nota sotto il nome di Terra dei *Tamancha*. E sebbene qualcuno portasse orgogliosamente a tracolla un fucile Lee Enfield a carica manuale, nella maggior parte dei casi a finire infilati nei pantaloni per simulare una pistola a canna lunga erano pezzi di tubo o leve del cambio di qualche automezzo. Si trattava quasi sempre di «*dabbang dikhane ke liye*», ostentazione di spavalderia, ma certe gradassate avevano conseguenze tragiche. Tra il 2010 e il 2014, il quaranta per cento di tutte le morti causate da armi da fuoco nell'intero paese aveva avuto luogo in UP[1]. E in effetti c'era stata un'incursione di rapinatori armati nei campi solo pochi giorni prima, per cui i timori di Ram Babu erano pienamente giustificati.

Ram Babu si guardò intorno e vide una figura adagiata su una *charpoy*. «Ladri nel campo di tabacco!» urlò. «Ladri in mezzo al tabacco!» L'uomo coricato balzò in piedi per unirsi alla ricerca. Ben presto altri tre s'incamminarono al loro fianco. Che motivo c'era di aver paura? pensò Ram Babu. Se avessero trovato i ladri, li avrebbero catturati!

Il fratello e il cugino erano già nell'appezzamento di famiglia, e allungavano il collo scrutando in ogni direzione. Poco piú avanti si allargava il frutteto, a meno di trenta metri di distanza. Il terreno era per lo piú spoglio, per cui non c'erano ostacoli a impedire la visuale. Ma nelle tenebre sembrava di guardare dentro un pozzo nella speranza di scorgere una serpe in fondo al baratro.

Gli uomini sentivano una profonda affinità con i loro campi. Significava tutto per loro, quella terra ancestrale, culla di genitori, nonni e bisnonni. L'avevano lavorata fin da bambini, seguendo l'esempio degli adulti come facevano ora i loro figli; avevano imparato a prendersene cura, a metterla a frutto, a difenderla da parassiti e animali nocivi quali vacche inselvatichite, a proteggerla da ladri di ogni sorta, usurai compresi. Là avevano trascorso i momenti piú felici della vita e affrontato le paure piú grandi. Sentivano di conoscerli cosí bene, quei campi, che malgrado la scarsa visibilità erano convinti di poter registrare qualcosa che non andava con la stessa facilità con cui si avverte un mutamento sulla pelle del proprio palmo.

Ma quella notte fu diverso. Non riuscirono a individuare alcun segno rivelatore della presenza di intrusi.

Gli uomini si dispersero, e anche Nazru si allontanò.

I due fratelli si erano messi sotto un albero a discutere della faccenda quando alcune delle donne Shakya sbucarono dal villaggio e corsero nella loro direzione.

«Le ragazze non sono tornate!» gridò Siya Devi.

Inorriditi, gli uomini si diressero verso casa per decidere il da farsi. Le donne li seguirono, tranne Siya Devi.

La madre di Lalli aveva visto Katra per la prima volta lo stesso giorno in cui aveva conosciuto l'uomo che stava per sposare, del quale portava il nome scritto sulla mano a segnalare che ormai gli apparteneva. Siya Devi era bellissima: naso dritto, zigomi regali, pelle dorata. Sohan Lal era gracile e chiassoso. Continuava a dirle di tacere: «*Chup kar, chup kar, tu chup kar!*» Eppure, per quanto fosse appena adolescente all'epoca, Siya Devi non era un tipo troppo arrendevole. Quando si arrabbiava, voltava le spalle al marito. Inveiva contro qualcun altro, ma il vero bersaglio era lui. Qualunque sistema scegliesse per comunicargli il suo disappunto, il messaggio andava sempre a segno. Siya Devi sapeva di essere una donna decisa, e gli altri evitavano di provocarla.

Le stagioni si alternavano a non finire: *rabi, kharif, rabi, kharif, rabi, kharif*. Siya Devi mise al mondo sei bambini. I figli prendono molto. Gli uomini prendono tutto. E lei passava gran parte della giornata in piedi. Rifiutava ogni sentimentalismo. Non dava un nome ai cani, perché non c'era motivo di fare quello sforzo per creature che se ne sarebbero andate senza neppure girarsi indietro.

E adesso eccola là, ancora appena sulla quarantina, ma già con i capelli che le cadevano, insieme a qualche dente. Il volto dalla carnagione dorata appariva segnato dalla tristezza. Eppure lei non aveva smesso di essere bella e determinata, a maggior ragione ora che era madre di una giovane donna. «*Maine control mein rakha tha*» dichiarò poi in tono tetro. Sono stata severa con mia figlia.

Perciò, anche se non riusciva a immaginare cosa fosse successo, non pensò al peggio.

Avanzando adagio nella notte d'indaco, s'imbatté nel cugino del marito, Nazru. Il giovane si stava svuotando la vescica nei campi attigui a casa sua.

«Hai visto davvero dei ladri o qualcosa di diverso?»

In seguito Siya Devi non spiegò a cosa volesse alludere con le parole «qualcosa di diverso». Era ben noto che Nazru si confondeva con facilità: diceva una cosa e ne intendeva un'altra.

«Qualcosa di diverso» rispose il cugino del marito allacciandosi i pantaloni.

«Le ragazze non sono ancora tornate».

«Le ha prese Pappu» dichiarò Nazru. «Pappu Yadav».

Siya Devi corse a casa cosí in fretta che i piedi sembravano divorare il terreno.

Nello scompiglio che inghiottí la famiglia, nessuno s'interrogò esplicitamente sul motivo per cui Nazru non aveva detto subito la verità. Perché aveva parlato di ladri quando in realtà aveva visto Pappu che portava via le due ragazze?

Dove sono?

Il telefono che Padma aveva con sé era spento.

Manju venne riscossa dal sonno.

«È successo qualcosa alla fiera?»

«No» rispose lei con voce impastata. Poi le tornò in mente un dettaglio strano. «Padma *didi* stava imprecando contro qualcuno, ma non so con chi era arrabbiata».

Jeevan Lal si rivolse alla madre: «Sei tu che le hai lasciate andare alla fiera!»

Non era vero, naturalmente; era stata la cognata Siya Devi a dare loro il permesso.

«Ti ucciderò!» sbraitò l'uomo.

A quel punto, poiché la situazione era assai piú grave della presunta comparsa di un ladro nei campi, assai piú grave di quanto lui riuscisse a concepire, compose il numero di suo fratello Sohan Lal, ancora molto lontano da Katra.

Si scoprí che il macchinario per estrarre l'olio dalla menta si era guastato, per cui Sohan Lal non aveva potuto far lavorare subito il suo raccolto. Una volta risolto il problema, con dodici litri d'olio al sicuro nelle latte, le tenebre avevano ormai inghiottito il villaggio sconosciuto. Un parente che abitava nelle vicinanze, un certo Harbans, aveva esortato Sohan Lal a trascorrere la notte da lui invece di tornare direttamente a Katra. E cosí, dopo cena, i due erano saliti a dormire sul tetto a terrazza.

«*Bhai!*»

«Pronto?»

«Fratello, le nostre figlie sono scomparse. Torna a casa appena puoi!»

«Pronto?»

«Pronto?»

Sohan Lal guardò il cellulare. Si era spento.

Da Katra, Jeevan Lal provò piú volte a richiamare il fratello. Poi telefonò a Harbans. A quella distanza, la comunicazione era pessima e continuava a cadere la linea: solo alle dieci passate il padre di Lalli riuscí a sentire l'intera vicenda.

Come capitava spesso, le necessità pratiche avevano la precedenza. Sohan Lal aveva bisogno di rientrare subito, ma chi si alza presto si corica altrettanto presto, e quasi tutti intorno a lui stavano già dormendo. Perciò decise di rivolgersi al cugino che a Katra l'aveva assistito nell'acquisto del nuovo cellulare.

«Ho bisogno di tornare subito a casa» disse a Yogendra Singh, la cui famiglia benestante possedeva diversi mezzi di trasporto.

«È un'emergenza?»

Il suv bianco di Yogendra, un Mahindra Bolero, aveva lo sterzo malfunzionante. Il giovane era anche proprietario di una motocicletta, ma con Sohan Lal e Harbans c'erano altre due persone, e non sarebbe stato possibile viaggiare in cinque su una due ruote. Poi Yogendra si ricordò che la moto aveva un problema alla catena, per cui non avrebbe potuto usarla comunque.

«Non ho intenzione di avventurarmi fuori di notte» dichiarò infine.

Nella zona mancava l'illuminazione stradale. C'era chi risolveva il problema accendendo gli abbaglianti, nonostante il rischio di accecare i conducenti che procedevano in senso contrario. A parte questo, però, esisteva il pericolo reale di essere aggrediti, derubati e uccisi. Quella che altrove sarebbe stata una manifestazione di eccessivo allarmismo, là costituiva una preoccupazione legittima. In India, l'Uttar Pradesh era in testa alle classifiche quanto a numero di omicidi[1].

Inoltre, coricate accanto a Yogendra c'erano la moglie e la loro bambina appena nata, avvolta in uno scampolo di sari, che succhiava soddisfatta il latte della madre.

«Non verrò da solo» ripeté Yogendra con fermezza.

Sohan Lal chiuse la comunicazione.

Poi la curiosità ebbe la meglio sul giovane. Perché il cugino si sarebbe arrischiato a uscire nelle tenebre?

Yogendra prese con sé il padre, Neksu Lal, e due fratelli, e andò a vedere. Gli uomini alti e robusti impugnavano torce elettriche con cui illuminare la notte d'inchiostro nella quale si stavano inoltrando. Le strade non asfaltate erano deserte in entrambe le direzioni. Tutte le porte erano chiuse. Persino i cani randagi, che animavano anche le giornate piú torride con i loro latrati incessanti, respiravano a un ritmo regolare, immersi nel sonno.

Nel cortile degli Shakya si aggiravano diverse persone. Le due ragazze della famiglia si erano allontanate per svuotarsi le viscere, fu spiegato ai nuovi arrivati. Dopodiché non erano piú tornate.

Gli Shakya non dissero che qualcuno se le era portate via.

Malgrado le notizie incomplete, l'estrema gravità della situazione appariva chiara. Non si può svanire nel nulla. Eppure, non uno dei presenti propose di recarsi alla *chowki* della polizia, a meno di cinque minuti di distanza. Se i familiari delle due cugine sapevano che c'era un numero da poter chiamare per chiedere aiuto, nessuno lo compose.

Ogni otto minuti

Agli occhi degli Shakya, la soglia di una stazione di polizia poteva apparire insormontabile quanto le mura di una fortezza. La polizia indiana era famigerata per il suo atteggiamento poco sollecito verso i poveri. Gli agenti avrebbero dovuto rendersi utili e proteggere, e invece era altrettanto probabile che uccidessero[1]. Tra tutte le forze dell'ordine dell'Unione indiana, gli uomini della pubblica sicurezza locale, barba lunga e divisa kaki, avevano la reputazione piú spaventosa. «*UP police ka koi bharosa nahin*» si diceva. Non si può mai sapere con la polizia dell'Uttar Pradesh.

C'era molto di vero in quella frase. Intorno al 2005, avevano iniziato a verificarsi strane sparizioni di bambini da una baraccopoli di Noida. Gli abitanti dello slum, impiegati presso i ricchi condòmini degli altissimi palazzi del quartiere, si erano rivolti a piú riprese alla polizia, implorando un intervento. «Perché mettete al mondo tanti figli se poi non potete occuparvene?» si era sentita dire da un funzionario una madre sconvolta[2]. Scrutando la foto della ventenne scomparsa, l'uomo aveva osservato: «È cosí bella. Probabilmente è fuggita per amore»[3].

Gli uomini delle forze dell'ordine avevano continuato a registrare denunce di persone misteriosamente sparite, ma secondo molti testimoni si erano rifiutati di prenderle sul serio.

Poi, nel 2006, gli agenti avevano trovato diciassette cadaveri fatti a pezzi, tra cui quelli di parecchi minori, nel canale di scolo dietro la casa di un facoltoso uomo d'affari che abitava nei pressi della baraccopoli. Tra i resti, c'erano anche gli abiti della giovane donna scomparsa. I macabri particolari della vicenda erano stati pubblicati sulle prime pagine dei giornali, e solo per questo avevano avuto inizio le indagini[4]. Gli assassini – l'uomo d'affari e il suo domestico – avevano agito indisturbati per anni, con ogni probabilità grazie al fatto di aver scelto le proprie vittime tra i poveri della città.

Dato che l'efficienza di una stazione di polizia viene valutata in base al numero di casi risolti, i funzionari sono incentivati ad aprire solo quelli per i quali ci sono buone probabilità di successo. Per chiarire il mistero di un minore sparito occorrono tempo e risorse umane e materiali, cose di cui la pubblica sicurezza indiana generalmente non dispone in abbondanza. Tra il 2012 e il 2014, le forze dell'ordine hanno registrato meno del sessanta per cento delle denunce di scomparsa, dette First Information Reports (Firs) secondo il termine tecnico[5]. Tale negligenza ha contribuito a una proliferazione epidemica del numero di minori smarriti e abusati, molti dei quali finiscono vittime dei traffici di esseri umani all'interno e all'esterno del paese[6].

Nell'anno della scomparsa di Padma e Lalli, in Uttar Pradesh sono state rapite 12.361 persone[7], il sedici per cento di tutti i crimini dello stesso genere perpetrati in India. Nella nazione spariva un minore ogni otto minuti, affermò Kailash Satyarthi, che poi avrebbe vinto il premio Nobel per la pace insieme a Malala Yousafzai[8]. E questa cifra contemplava solo i casi registrati ufficialmente.

L'economista Abhijit Banerjee, anche lui vincitore di un Nobel (condiviso con due collaboratori) per i suoi studi nell'ambito della lotta alla povertà globale, spiegò che «i genitori tendono a dimostrarsi restii a denunciare la fuga dei figli abusati sessualmente o in altro modo». Aggiunse che questo fenomeno rischiava di diventare «dilagante»[9]. Di fatto esistevano casi di minori venduti dalla famiglia o di figlie non volute abbandonate a vagare nei mercati piú affollati. Nessuno ne denunciava la scomparsa, per cui nessuno li cercava.

Persino in un villaggio minuscolo come Katra, dove tutti appartenevano alla medesima classe sociale, la famiglia Shakya era convinta che i poliziotti non si sarebbero comportati in modo imparziale. Avrebbero favorito i membri della propria casta. E nel sentirsi dire che il colpevole era uno Yadav, avrebbero minimizzato la situazione, essendo loro stessi degli Yadav. «*Raat gayi toh baat gayi*» avrebbero dichiarato, prima di rimettersi a dormire brontolando. Finita la notte, chiuso l'incidente.

«Troppo facile domandare perché non siamo andati subito alla *chowki*» si sarebbe lamentato in seguito Jeevan Lal. C'era poco tempo, e l'uomo pensava fosse meglio non sprecarlo in tentativi inutili.

Ma c'era anche un'altra ragione che il padre di Padma non aveva rivelato.

Il segreto di Jeevan Lal

Entro le dieci e un quarto, nei campi degli Shakya si aggirava una dozzina di persone in cerca di Padma e Lalli. Qualcuno del gruppo aveva ipotizzato che le due ragazze fossero ferite e non riuscissero a chiedere aiuto. Intorno agli uomini in perlustrazione brulicavano termiti, ronzavano zanzare, svolazzavano falene. Man mano che la calura si attenuava, tra le piante si sentivano frusciare serpenti diretti alle rispettive tane. Nazru si allontanò con la scusa di non avere ancora cenato.

Gli altri continuarono ad arrancare tra le zolle rivoltate dei terreni di Jeevan Lal. Sconfinarono nel frutteto. Arrivarono al boschetto di eucalipti dalle foglie lanceolate. Si spinsero fino al pozzo artesiano attiguo alla frazione degli Yadav. Si spostavano rapidamente e, su esplicita richiesta del padre di Padma, non chiamavano le due ragazze per nome. Restavano il piú possibile in silenzio.

Un contadino che viveva a un centinaio di metri dalla proprietà degli Shakya andò piú volte nei campi a svuotarsi la vescica quella notte, eppure, quando in seguito venne interrogato, dichiarò di non aver visto né sentito niente. In effetti nulla faceva pensare che un drappello di uomini armati di torce e lunghi bastoni robusti fosse alla ricerca di due ragazze scomparse.

Jeevan Lal non avrebbe avuto bisogno di spiegare cosa ci fosse in gioco, ma lo fece ugualmente. «Le nostre figlie sono ancora nubili» disse. «Perché distruggere le loro opportunità di trovare un buon marito?» Se il gruppo in perlustrazione avesse svegliato il resto del villaggio, gli abitanti di Katra avrebbero potuto domandarsi perché alle ragazze era stato permesso di uscire col buio, portando con sé il cellulare e senza sorveglianza. «Non serve piangere sul latte versato» sarebbe stato il loro commento.

A rapire le ragazze, però, era stato Pappu. Cosí aveva dichiarato Nazru, e Jeevan Lal lo sapeva, anche se gli altri lo ignoravano. «In un posto come questo la gente scatena un putiferio persino per una capra smarrita» osservò in seguito un negoziante locale. «Se Pappu si era portato via le due ragazze, come aveva affermato Nazru, per quale ragione gli Shakya hanno evitato di far rumore e non hanno chiesto aiuto a nessuno?»

Si erano comportati cosí perché era in gioco non solo l'onore delle due ragazze, ma anche quello dell'intera famiglia. E la famiglia doveva continuare a vivere nel villaggio.

Perciò, quasi immediatamente, meno di un'ora dopo la loro sparizione, le caratteristiche individuali di Padma e Lalli avevano cominciato a perdere importanza. Non era piú rilevante che Padma avesse un'indole impulsiva o che Lalli si prestasse a farle da fidata complice. La personalità di ciascuna e ciò che entrambe avevano affrontato erano già meno significativi dell'effetto della loro scomparsa sulla reputazione di quanti le circondavano.

Adrenalina nei campi, lacrime a casa

Erano le undici e un quarto quando arrivò a Katra il padre di Lalli. Tutti coloro ai quali aveva chiesto aiuto quella notte gli avevano detto di no, rifiutandosi di avventurarsi fuori con il buio. Alla fine Harbans, il suo parente, era riuscito a convincere un amico a tirar fuori la motocicletta.

Mentre si affollavano intorno a Sohan Lal, gli abitanti del villaggio videro una luce sul sentiero che passava lungo i campi. La guardarono con interesse, finché non capirono che era solo un'altra motocicletta. Ce n'erano molte nella zona. La maggior parte dei presenti non diede importanza alla cosa. Non sapevano ancora che Pappu aveva preso le ragazze. I due fratelli Shakya piú giovani, invece, al corrente della verità, ne furono turbati. La moto stava uscendo da Jati, la frazione degli Yadav, diretta verso una strada che conduceva fuori dal distretto. Essendoci una minima possibilità che su quel veicolo ci fossero Padma e Lalli, bisognava agire subito. «Andiamo!» gridarono.

Alcuni degli uomini scattarono via, inoltrandosi tra le coltivazioni con un grugnito. I fratelli Shakya pensarono di procurarsi un'automobile, ma dove trovarla? Ripiegarono ben presto su una due ruote, piú facilmente reperibile. Tuttavia impiegarono un quarto d'ora a tornare nei campi, e a quel punto la moto era sparita. Ram Babu, promotore dell'iniziativa, si guardò intorno con aria inerme.

Alle undici e mezzo, Sohan Lal ebbe uno scambio verbale con Rajiv Kumar, l'uomo che, dopo aver visto Padma e Lalli parlare al telefono, aveva denunciato la cosa.

«Che succede?» domandò Rajiv, scrutando con curiosità il gruppo. Tutti tacquero.

«Niente» rispose Sohan Lal. Non voleva che venissero coinvolte altre persone. Consapevole di non essere gradito, Rajiv Kumar tornò a casa.

Le ricerche continuarono, e ad alcuni parvero accurate. Ma sebbene i terreni coltivati non fossero molto grandi, la campagna era vasta, disordinata e piena di nascondigli: ciuffi di alberi, fossati, cumuli di formelle di letame. Pagliai e piante di taro alte piú di mezzo metro. Perlustrarla sarebbe stata un'impresa difficile anche con il doppio degli uomini e il vantaggio della luce del giorno. Di notte, solo un colpo di fortuna avrebbe rivelato la presenza di qualcuno intenzionato a non farsi trovare.

Le due ragazze, piccole e minute, potevano essere dovunque.

In seguito un agricoltore dichiarò che nessuno del gruppo si era spinto fino a certi edifici in costruzione in mezzo ai campi. «Se all'interno ci fossero stati degli uomini, anche in gran numero, noi non ce ne saremmo accorti» disse. Parecchi tratti di terreno vennero tralasciati solo perché erano pieni di mucchi di sterco. E la squadra di ricerca non arrivò neppure in fondo al frutteto.

A mezzanotte e mezzo (era ormai il 28 maggio), cominciarono le scuse per allontanarsi. Un amico disse che doveva proprio sorvegliare il suo raccolto. Un altro si premette le mani sulle tempie lamentandosi del mal di testa. Harbans si addormentò su una *charpoy* davanti alla casa.

All'interno, le donne della famiglia si erano radunate in gruppetti agitati. Non avevano certezze, ma in qualche modo sapevano. In assenza degli uomini, si rivolsero alle amiche perché chiamassero i parenti e li avvertissero.

Quella che telefonò al fratello piú grande di Lalli per comunicargli la notizia era cosí sconvolta che non riuscí a spiegarsi. A Noida, Virender si trovava a varie ore di tragitto da Katra e non aveva modo di rendersi utile nell'immediato. Fece il numero della sorella maggiore, che abitava col marito in un villaggio piú vicino a casa. «È successo qualcosa» la avvisò. «Chiama e cerca di capire la situazione».

Nemmeno Phoolan Devi era in grado di aiutare i familiari. Il marito possedeva una motocicletta, ma avventurarsi per strada in piena notte era fuori questione. «Auguriamoci che le trovino quanto prima» pensò la giovane. «Cosí il nostro onore sarà salvo».

A Katra, Parvesh, il fratellino di dieci anni, corse a casa di un vicino e lo pregò di provare a comporre il numero di Padma. L'uomo tentò due volte, ma l'apparecchio era sempre spento.

Essendo Padma uscita di casa lamentandosi del mal di ventre, la nonna delle due cugine era convinta che la ragazza avesse semplicemente dei problemi a svuotarsi le viscere. «Succede» borbottava l'anziana donna, «quando si aspetta troppo tempo».

Le altre la sapevano piú lunga.

«Piangevamo senza riuscire a frenarci» ricordò piú tardi la matrigna di Padma.

Nazru cambia di nuovo versione

Fuori, nei campi, regnava lo sconcerto. A parte l'insistente canto dei grilli, non c'era alcun segno di vita. Dov'erano finite Padma e Lalli?

La situazione sembrava cosí surreale che uno degli uomini impegnati nelle ricerche credeva di stare sognando. Fu a questo punto che iniziarono le domande agli Shakya per scoprire qualche particolare in piú. Qual era esattamente la meta delle due ragazze? Qualcuno le aveva viste? C'erano altri dettagli di cui i familiari potessero ricordarsi?

Infine – e forse soltanto perché non stavano arrivando da nessuna parte – Ram Babu si decise a confessare la verità. Le ragazze non erano semplicemente scomparse. Un vicino Yadav se l'era portate via. Cosí sosteneva il cugino Nazru.

La notizia ebbe l'effetto di un fulmine a ciel sereno. Si trattava di un rapimento, i familiari conoscevano il responsabile, eppure perdevano tempo a vagare inefficacemente con i bastoni in pugno?

La famiglia non intendeva prendere iniziative. E se gli Yadav fossero stati armati? Affrontando Pappu, gli Shakya avrebbero messo a repentaglio la sicurezza del loro clan, affermarono. Meglio lasciare che fossero le ragazze a farsi vive. Cosí la faccenda si sarebbe chiusa senza bisogno di tornarci sopra.

Gli abitanti del villaggio si guardarono con aria incredula, come per dire: ma li sentite? I fratelli Shakya facevano discorsi insensati. Chi sequestra una ragazza non la restituisce illesa.

I due gruppi cominciarono a discutere: bisogna agire! no! bisogna agire! no! Battibeccarono e brontolarono nel buio. Poi, con la stessa subitaneità con la quale se n'era andato, Nazru ricomparve e raggiunse i cugini. Sohan Lal gli circondò le spalle con un braccio. Il maggiore dei fratelli Shakya era arrivato tardi sulla scena e voleva sapere tutto fin dal principio.

«Racconta» disse a Nazru.

«Stavo facendo uno spuntino con un po' di granturco» iniziò lui, «mentre ero di guardia per tenere lontani gli animali selvatici, quando ho sentito delle voci provenire dalla parte dei terreni di Jeevan Lal. Ho pensato fossero donne che chiacchieravano tra loro» continuò rivolto agli astanti. Ma ascoltando con piú attenzione, si era reso conto che quelle voci erano grida di aiuto. Si era avvicinato in fretta, scrutando da un lato e dall'altro e fendendo l'oscurità con il fascio luminoso della torcia. In quella luce fioca, aveva colto un sobbalzo. «Ma cos'era? Quattro uomini che si azzuffavano. Con Padma e Lalli!» Ne aveva riconosciuto uno: era quel piantagrane di Pappu. E stava costringendo le ragazze a seguirlo! «"*Mujhe bacha do!*" gridavano loro. Salvatemi!» Nazru si era scagliato su Pappu e l'aveva gettato a terra. Poi uno dei suoi amici aveva estratto una pistola.

«Se avessi saputo che avevano un *tamancha*» disse Nazru agli abitanti del villaggio, «avrei cercato di impadronirmene subito e poi avrei soccorso le ragazze».

Ma a quel punto doveva pur salvarsi la vita, no? Si era ritrovato costretto a darsela a gambe.

Jeevan Lal e Ram Babu furono colti di sorpresa. Quel resoconto non collimava affatto con le precedenti versioni del cugino. In un primo tempo Nazru aveva parlato di ladri. Poi, con orrore della famiglia, aveva dichiarato che Pappu si era portato via le due ragazze. Adesso aveva modificato di nuovo la sua testimonianza, aggiungendo quattro uomini e una pistola. Cosa gli passava per la testa?

I fratelli Shakya, però, evitarono di fare scenate. I fatti essenziali erano rimasti gli stessi. Le ragazze erano scomparse. E, cosa ancora piú importante, Nazru aveva ripreso il suo posto al fianco dei familiari. Per tutta la notte aveva continuato ad andare e venire, abbandonando la squadra di ricerca come se avesse qualcosa di meglio da fare.

«Se siete certi che sia stato Pappu, dovremmo andare a casa sua» disse Vijay Singh, un agricoltore dal viso affilato, incline a una sbrigativa franchezza. Senza lasciare agli Shakya il tempo di protestare, il trentaseienne afferrò la sua spranga e si rivolse a un amico perché lo accompagnasse. I due s'inoltrarono veloci nelle tenebre.

La casa degli Yadav baluginava al chiaro di luna.

Sopra la porta d'ingresso tremolava un'unica lampadina.

«Pappu!» chiamò Singh. «Pappu!»

Il fratello maggiore del ragazzo si riscosse.

«Che succede?» chiese Urvesh, sollevandosi dalla *charpoy* piazzata davanti all'edificio. «Perché cercate Pappu?»

«Una faccenda urgente».

«Pappu! *Ai*, Pappu!» gridò Urvesh con voce impastata in direzione della strada.

Il ragazzo emerse dalla baracca dello zio. Era in pantaloni e canottiera. Stando a quanto dichiarò poi suo cugino Raju, si erano assopiti entrambi su una *charpoy* dopo aver mangiato il cocomero preso dal mucchio di quelli appena raccolti.

«*Kya yahan par koi chalta purza hai?*» domandò Vijay Singh. C'è in giro qualche ficcanaso?

Usando il termine «ficcanaso», voleva sapere dal giovane Yadav se avesse visto dei tipi loschi. Ovviamente, era solo un pretesto per verificare se Pappu fosse rimasto a casa.

«Qui non c'è nessuno» rispose Pappu strofinandosi gli occhi.

Sua madre, Jhalla Devi, uscí dalla porta: per attingere acqua dalla pompa, avrebbe sostenuto in seguito.

«Che è successo?» s'informò con il volto coperto dal lembo del sari. Gli uomini di Katra liquidarono la domanda con un gesto. «Niente».

Avdesh, il maggiore dei fratelli Yadav, scese dal tetto a terrazza. Dopo aver passeggiato avanti e indietro ancora per un po' con aria poco convinta, i nuovi venuti se ne andarono.

«Cos'è questa storia?» chiese a Pappu uno dei fratelli.

«Ho avuto una specie di scontro con Nazru» spiegò Pappu in tono imbarazzato.

«Quando la smetterai di fare l'idiota?» lo sgridò il fratello.

Se fu aggiunto altro, nelle dichiarazioni successive la famiglia lo tenne per sé.

Pappu rientrò. Urvesh tornò a coricarsi, chiuse gli occhi e si avvicinò le ginocchia al petto assumendo la sua posizione preferita per dormire. Avdesh si avviò su per le scale. La madre sgattaiolò all'interno e si chiuse la porta alle spalle.

Gli uomini di Katra continuarono le ricerche.

«Nel frutteto» rammentò Singh in un secondo tempo, enumerando i posti che avevano perlustrato. «Nel boschetto di eucalipti». Ma altri membri del gruppo conservavano ricordi diversi. Dopo la visita agli Yadav, dissero, si erano limitati a esplorare i dintorni della loro casa. Non avevano visto né sentito nulla.

Piú tardi decisero di concedersi una pausa sotto un enorme melo cotogno. Si pulirono faccia e mani e condivisero un po' d'acqua.

Poi un altro cugino degli Shakya prese la parola.

Quel mattino, poco prima delle sei, cominciò Prem Singh, aveva guidato il trattore fino al campo di Sohan Lal per caricare sul veicolo la menta appena raccolta.

La drogheria del trentaduenne era incredibilmente in perdita, e Prem Singh colmava il deficit affittando il trattore per il trasporto di cose e persone. Mentre chiacchierava con Nazru, anche lui da quelle parti, aveva visto Lalli, la figlia di Sohan Lal, che parlava al cellulare.

Gli uomini del gruppo si chinarono in avanti, interessati.

Quella novità intrigante prometteva di rinvigorire le loro energie. Forse era un indizio capace di indicare la pista giusta da seguire.

Ma Prem Singh non aveva udito il dialogo. «Ho pensato che Lalli stesse parlando con un parente» aggiunse alzando le spalle. Aveva menzionato l'episodio solo nell'eventualità che potesse significare qualcosa per il padre della ragazza. Sohan Lal si ricordò che quella mattina aveva chiesto alla figlia di fare una telefonata al suo posto. Dopodiché si era allontanato, lasciandole l'apparecchio.

«Controlla la registrazione delle chiamate» ordinò il padre di Lalli a Yogendra, il fratello di Prem Singh.

L'elenco ne mostrava tre. Due in uscita, una ricevuta. Quest'ultima risaliva alle 6:01 di quel mattino.

«Avviai la riproduzione del colloquio» ricordò poi Yogendra. «E tutti i presenti la sentirono».

«Dove sei?» domandò Lalli.

«Al di là del ponte» rispose una voce stridula. «E tu?»

«Nei campi. Stanno tagliando il raccolto».

«Non sei andata alla fiera?»

«Tu ci hai dato i soldi per andarci?»

«Ve li darò; andate alla fiera. E io, quando potrò divertirmi un po'?»

«Vediamoci stasera. Ti divertirai».

«Bastardi, andateci voi a cercarle»

Il contenuto della conversazione era cosí sconvolgente che, trascorsa infine la notte, a volte i fratelli Shakya negavano di averla udita. Quasi per cancellarne l'esistenza, ne parlavano solo in termini vaghi, come se potesse essere, sí, reale, ma loro non ne avessero nessuna conoscenza diretta. Per la verità, qualcuno aveva previsto quel colloquio e attivato la modalità di registrazione del cellulare. L'apparecchio made in China, simile al telefono che Sohan Lal aveva dato a Padma, consentiva di registrare le chiamate, ma non lo faceva automaticamente.

Mentre tutti si fissavano i piedi, Jeevan Lal dichiarò che lui se ne andava a casa. Ram Babu si offrí di accompagnarlo.

I due fratelli si allontanarono. Nessuno li biasimò. La voce della persona che parlava con Lalli apparteneva a un ragazzo, un ragazzo come Pappu.

La *chowki* della polizia si trovava in un vicolo, proprio di fronte a una scuola materna statale. Per raggiungerla, Sohan Lal e gli altri dovettero attraversare il bazar. Arrivati a destinazione, trovarono l'inferriata della porta chiusa col lucchetto e la lampada a olio sul tavolo all'interno spenta già da un pezzo. In tenuta notturna, i cinque agenti erano stravaccati sulle *charpoy*, le gambe allungate, le pance sporgenti che si sollevavano e si abbassavano a ritmo regolare. Erano le due passate. Faceva freddo. Brillava una fievole luce lunare.

Gli abitanti del villaggio scossero l'inferriata.

«*Sahib!*» chiamarono con deferenza. «*Sahib*, si svegli, *sahib*!»

Uno dei funzionari aprí gli occhi, ma non accennò a muoversi. Ci fu un nuovo coro di richiami.

Sohan Lal, in preda alla frustrazione, tentò una tattica diversa.

Piú avanti lungo quella stessa strada abitava Srikrishen Shakya. Abituato a vedere gli andirivieni dei poliziotti, Srikrishen faceva loro piccoli favori perché lo guardassero di buon occhio, e gli agenti a loro volta lo trattavano amichevolmente. Conoscendo la situazione, Sohan Lal si affrettò a raggiungere casa sua. A quel punto, dal gruppo si levava un tale baccano che mentre gli uomini delle forze dell'ordine continuavano a dormire (o fingevano di essere immersi nel sonno), Srikrishen era balzato giú dal letto, domandandosi cosa diavolo stesse succedendo. Si era messo ad armeggiare per accendere una luce quando Sohan Lal arrivò alla sua porta.

«Due ragazze della mia famiglia sono scomparse» gli annunciò. «Alla polizia dormono tutti. Stiamo perdendo tempo».

Srikrishen accettò di accompagnarlo alla *chowki.*

«*Babu-ji!*» gridò rivolgendosi agli agenti addormentati. «*Babu-ji!*»

Solo allora, incalzati da quella voce familiare, i poliziotti si riscossero. «Sí, sí» bofonchiò il viceispettore Ram Vilas Yadav, l'ufficiale di grado piú alto alla *chowki*.

Ventre prominente e folti baffi, Ram Vilas era afflitto da un infelice difetto di pronuncia, a causa del quale, quando parlava, sembrava avere due lingue. Balbettava e farfugliava. Gli estranei reagivano con esplicito malgarbo e si mostravano subito insofferenti. I colleghi erano piú gentili e sottolineavano che bastava un po' di pazienza per capire ciò che diceva. Ma persino loro si tenevano alla larga da lui durante i pasti. «Guardarlo mangiare fa venire la nausea» disse uno dei poliziotti, alludendo alla sua tendenza a lasciarsi sfuggire di bocca lo stufato di lenticchie, che finiva per inzuppargli il colletto.

Ram Vilas aveva anche cicatrici evidenti, attribuite da alcuni alle conseguenze degli scontri con i criminali. In realtà, dicevano i colleghi, il viceispettore era un ubriacone, rimasto coinvolto in ben sette incidenti stradali con la moto nel giro di un solo anno. Questo peraltro non aveva influito sulle promozioni che gli spettavano. Del resto, persino gli abitanti di Katra erano piú tolleranti con la sua abitudine di alzare il gomito che con il suo modo di parlare: non uno dei poliziotti arrivati al villaggio andava esente dal vizio dell'alcol. E il cinquantasettenne Ram Vilas godeva fama di uomo giusto. La gente del villaggio lo chiamava con rispetto *daroga-ji*, capo.

Sohan Lal si espresse in modo conciso. Due ragazze della famiglia erano scomparse, dichiarò. Le aveva rapite Pappu Yadav di Jati. Gli agenti potevano per cortesia accompagnarlo a casa di Pappu?

«Il viceispettore ci ascoltò» disse in seguito il padre di Lalli. «Ma nessuno dava ascolto a lui». Alludeva ad alcuni degli altri poliziotti, che si comportavano come se quella denuncia di sparizione fosse inventata di sana pianta.

Uno di questi era un tipo allampanato, con un'ispida capigliatura grigia e le guance butterate, un certo Chattrapal Singh Gangwar, appena promosso al grado di sergente. La buona notizia, giunta poco prima della pensione prevista a sessant'anni, gli aveva fornito un'ottima scusa per abbondare sulla dose quotidiana di alcolici. Quel giorno si era lasciato andare e aveva trascorso parecchie delle sue ore di servizio a ingollare whisky scadente in un ristorantino lungo la strada.

Quando Ram Vilas cercò di riscuoterlo con un «*utho yaar*», svegliati, il subordinato lo investí con un linguaggio che scandalizzò i suoi colleghi. «Si comportò in modo indecente» osservò Raghunandan Singh, l'altro poliziotto che andò ad aiutare la famiglia.

Il viceispettore non si lasciò scoraggiare.

«Alzati!» urlò al sergente.

Gangwar imprecò di nuovo.

Uno degli abitanti del villaggio dichiarò poi che sentiva il suo alito puzzolente di alcol fin dalla porta.

L'anziano agente intratteneva un rapporto amichevole con il suo capo, ed era noto che spesso i due si punzecchiavano bonariamente, insultando le rispettive madri e sorelle e lanciandosi frecciatine allusive in tema di sesso e violenza sessuale. Ma in quell'occasione, se Gangwar pensava che il viceispettore stesse scherzando come faceva quando si ubriacavano insieme, si sbagliava.

Alla fine il sergente si arrese.

«Tutta scena» borbottò.

Il quarto poliziotto di stanza alla *chowki* si chiamava Sarvesh Kumar Yadav: allora trentanovenne, bocca sporgente e indole caparbia, Sarvesh era abituato a fare quello che gli pareva. Armeggiò per qualche istante, ma poi restò dove si trovava. «Bastardi» bofonchiò rivolto al gruppo sulla soglia, «andateci voi a cercarle».

Nel frattempo, alcuni agenti avevano indossato l'uniforme. Montarono in sella alle rispettive moto e si diressero a casa di Pappu, a meno di mezzo chilometro di là. Gli abitanti del villaggio arrancarono a piedi nella stessa direzione. Sarvesh e Gangwar ci stavano mettendo decisamente troppo a prepararsi e furono lasciati indietro.

Nel villaggio regnava una quiete spettrale, rammentò in seguito il quinto poliziotto in servizio quella notte. «Sembrava un luogo desolato» disse Satinder Pal Yadav. Era come se la gente se ne fosse andata, gli animali avessero abbandonato i loro rifugi e tutti gli uccelli fossero volati via.

Qualcuno punta il dito

Davanti alla casa degli Yadav, una figura giaceva raggomitolata su una *charpoy*. Ram Vilas chiese in tono perentorio di vedere Pappu. Per la seconda volta quella notte, Urvesh si alzò a fatica. In questa occasione evitò di chiamare il fratello a gran voce e s'incamminò in fretta lungo la strada.

Ecco lí il ragazzo, profondamente addormentato al fianco del cugino.

«Co-co-come ti chiami?» balbettò il viceispettore.

«Pappu» rispose il giovane sbigottito.

«Co-co-come si chiama tuo padre?»

«Veerpal Yadav».

«De-de-devo farti qualche domanda».

Mentre Pappu s'infilava una camicia, Ram Vilas indicò Urvesh e gli ordinò di seguirlo. Avdesh scese dal tetto a terrazza e si sentí intimare di recarsi alla *chowki* insieme ai fratelli. Il viceispettore non forní spiegazioni, e ai giovani Yadav non sarebbe neppure venuto in mente di chiederle. Non serviva a nulla opporsi ai poliziotti, perché potevano renderti la vita un inferno.

Un vicino degli Yadav sbirciò la scena dalla porta. «Cos'ha fatto Pappu?» protestò.

Il padre e lo zio di Padma, Jeevan Lal e Ram Babu, tornati nel frattempo nei campi per tenere d'occhio la casa degli Yadav, emersero dall'ombra e si unirono al resto del gruppo.

In quel momento una motocicletta si arrestò con uno stridore di freni. Sarvesh e il suo collega Gangwar smontarono. Quest'ultimo aveva lo sguardo annebbiato e non parlò molto, ma Sarvesh si presentò subito in veste di protettore degli Yadav. «Pappu è con la sua famiglia, razza di idioti! Sarebbe qui se avesse rapito due ragazze? Voialtri non siete nemmeno capaci di sorvegliare i vostri figli, e poi venite a scomodare noi».

Si rivolse al suo capo. «Lasci andare Pappu. Garantisco io per lui. Branco di coglioni. Vogliamo davvero dar retta a questi stronzi?»

«Era chiaro che Sarvesh si sentiva solidale con gli Yadav» osservò in seguito un collega seccamente.

Sohan Lal non reagí alle ingiurie. Non c'era da aspettarsi niente di diverso dalla polizia. Trattavano i poveri come insetti da schiacciare sotto le suole. Ma la proposta di non interrogare Pappu gli fece dimenticare la prudenza.

«Non potete lasciarlo andare» implorò. Se Pappu fosse rimasto libero, aggiunse, la famiglia avrebbe perduto qualsiasi possibilità di trovare le ragazze. Nel caso fosse stato lui a rapirle, chissà cos'avrebbe fatto loro.

Ram Vilas concordò.

Visti insieme, non era facile distinguere i tre fratelli Yadav. I lineamenti pressoché identici e la corporatura esile che li accomunava creavano una certa confusione.

«Qual è?» domandò l'agente Raghunandan scrutandoli. Quale di loro ha sequestrato le ragazze, intendeva.

Ad aver assistito alla scena era il cugino Nazru, spiegò Sohan Lal. Ma si trovava a casa sua. Dovevano andare a chiamarlo?

Nel cortile della *chowki*, Ram Vilas si mise all'opera. Schiaffeggiò Pappu. «Dove sono le ragazze?» sbraitò.

Mentre l'adolescente in lacrime si stringeva la guancia dolorante, il viceispettore tirò fuori la striscia di gomma che utilizzava a un unico scopo.

Si mise a colpire Pappu: abbatté la frusta su cosce, ginocchia e caviglie del ragazzo, scatenando fitte intense e cocenti, che però non lasciavano il segno.

«Ero in canottiera» strillò Pappu. Intendeva dire che,

essendo semivestito all'arrivo della polizia, stava ovviamente dormendo e non era andato da nessuna parte. Ma questa risposta rivelò che non aveva bisogno di sentirsi precisare di cosa era accusato; lo sapeva.

«Idiota!» scattò l'agente Raghunandan. «Ci vogliono anni per togliersi una camicia?»

«È stato lui!» esclamò Nazru, piazzandosi su una *charpoy*. I fratelli maggiori di Pappu sedevano sul bordo di una seconda *charpoy*. Gli abitanti del villaggio si sparpagliarono; alcuni si fermarono là in piedi, altri si accovacciarono accanto al cancello della *chowki*. Per quanto stanchi e con gli occhi rossi per la mancanza di sonno, erano tutti ben decisi a non perdersi la scena.

Al cancello, Sohan Lal avviò la riproduzione del colloquio registrato sul suo telefono, che adesso fu ascoltata da molte piú persone.

Le percosse continuarono. «Dove sono le ragazze?» urlava Ram Vilas. «Dove sono le ragazze? Dove sono le ragazze?» Pappu replicava con nuovi gemiti. Gli astanti guardavano senza batter ciglio. Il giovane Yadav si meritava quel trattamento; che altro si poteva fare se non picchiarlo?

Solo uno dei presenti ebbe una reazione viscerale.

Nazru si prese la testa tra le mani e scoppiò in lacrime.

«Perché piangi?» gli chiese l'agente Raghunandan. «Nessuno ti dice niente. Non ti stiamo nemmeno interrogando».

Ram Vilas faceva capire con chiarezza che non avrebbe smesso di percuotere Pappu finché non si fosse deciso a parlare.

Alla fine ottenne il suo scopo.

«Erano con me» ammise il ragazzo, con le lacrime che gli scendevano sulla faccia. Le aveva incontrate quella sera, intorno alle nove e mezzo, per dare loro i soldi per la fiera. Cento rupie ciascuna.

«*Kiya maine kuch nahin*» singhiozzò. Io non ho fatto niente.

«Se tu non hai fatto niente» sbraitò il viceispettore, «chi è stato a fare qualcosa? Qualcuno le ha portate via, altrimenti sarebbero tornate a casa, no? Idiota!»

«Avevo appena consegnato il denaro a Padma e Lalli quando lui mi è piombato addosso».

Tutti guardarono nella direzione indicata da Pappu.

Il dito di Pappu puntava con fermezza verso Nazru.

«Mi ha buttato a terra» continuò Pappu. «Io mi sono rialzato e sono corso via. Non so dove si trovano adesso Padma e Lalli, ma quando le ho lasciate, erano con *lui*».

L'agente Sarvesh si precipitò a raggiungere Nazru come se volesse schiaffeggiarlo.

Sohan Lal non riusciva a crederci.

«Pappu ha appena detto che era in compagnia delle ragazze!» esclamò. «Perché volete coinvolgere uno di noi? È stato lui a parlare con loro al telefono, ho la prova!»

Le versioni contrastanti scatenarono un caos pirotecnico.

Gli abitanti del villaggio gridavano che Pappu mentiva. L'agente Sarvesh urlava che i bugiardi erano loro. Tutti puntavano l'indice gli uni contro gli altri.

Le ore immediatamente successive alla scomparsa di un minore sono critiche: in quel lasso di tempo la vittima può subire violenze sessuali, può essere trasferita oltre i confini dello Stato a scopo di traffico, può addirittura essere uccisa.

In passato, alcuni funzionari di polizia, di fronte alla sparizione di un bambino, si limitavano ad annotare la cosa sul General Diary (GD), il registro degli eventi quotidiani. Nel 2013 però, l'anno precedente ai fatti, la Corte suprema aveva emanato l'ordine di redigere anche una denuncia ufficiale, o Fir (First Information Report), in tutti i casi di questo genere. Il Fir è il documento necessario per far partire un'indagine[1]. Tale decisione era scaturita dalla crescita esponenziale del numero di minori scomparsi.

Ram Vilas era un semplice funzionario di una *chowki*. Non era autorizzato a redigere una denuncia ufficiale. Ma avrebbe potuto fare qualcosa.

Avrebbe potuto cercare le due ragazze.

Sohan Lal se ne va infuriato

Le lacrime di Nazru erano cosí irrefrenabili che persino gli abitanti del villaggio ne furono sconcertati. Il giovane piangeva come se gli fosse caduto in grembo un cobra.

Solo Sohan Lal si mostrava comprensivo. Stavano manipolando suo cugino, sosteneva, lo usavano come diversivo per dare a Pappu il tempo di inventarsi un alibi. E i fratelli di Pappu?

Ram Vilas sbuffò, infastidito. «Loro non hanno niente a che vedere con questa faccenda» replicò. In fin dei conti Nazru non li aveva implicati negli eventi di quella notte. Nemmeno li aveva visti.

Nel frattempo Pappu si sforzava di rendersi invisibile restando in silenzio.

«Ve lo dicevo, io!» sbraitava l'agente Sarvesh, battendosi il petto con gesti enfatici. «Le ragazze non sono con lui».

«Io me ne vado» sbottò Sohan Lal. Era furibondo.

Dopo essersi rifiutato di rivolgersi alle forze dell'ordine, di informare il resto del villaggio e persino di alzare la voce, il padre di Lalli dichiarò che intendeva recarsi a Ushait, la città piú vicina provvista di una stazione di polizia in piena regola, dove avrebbe potuto sporgere una denuncia ufficiale.

Sohan Lal prese per mano Nazru e si allontanò. «Non otterremo giustizia qui». Si misero in cerca di un'automobile.

Alcuni degli abitanti di Katra indugiarono nei pressi della *chowki*, per tentare di ricostruire la cronologia di quella notte. Pappu si era incontrato con le due ragazze, ma poi Nazru li aveva sorpresi: fino a questo punto era tutto chiaro. Ma dopo? Pappu e Nazru sostenevano entrambi di essere fuggiti da soli. Le ultime due persone che avevano visto Padma e Lalli si accusavano a vicenda di averle rapite.

I galli cantarono. Il cielo s'inondò di luce. Il villaggio si destò come se fosse suonata una sveglia. Vennero accesi i fuochi e fu preparato il tè. Il profumo del latte che bolliva colmò l'aria di dolcezza.

Poi le porte si aprirono e la gente uscí di casa, una o due persone alla volta, strofinandosi via dagli occhi i residui di sonno. Chi reggeva *lota* dall'imboccatura tonda, pieni d'acqua; chi si dirigeva a controllare i propri animali.

La notte era trascorsa, e gli abitanti di Katra non avevano idea di cosa fosse successo. Quelle furono le loro ultime ore di pace.

I fratelli Shakya avevano raggiunto un accordo sul prezzo per il noleggio dell'auto di un vicino, una Mahindra Maxx a nove posti. Alcuni dei loro compaesani si erano cambiati d'abito, altri si erano inumiditi i capelli e avevano infilato le scarpe, pronti a guardare in faccia le temute autorità. Si accalcarono nell'abitacolo.

Qualche giovanotto, che ormai si sentiva coinvolto personalmente nella faccenda, insistette per seguire il veicolo in sella alla propria moto. Tra questi c'era anche Rajiv Kumar, l'uomo che aveva spinto Nazru a spiare le due ragazze.

Mentre il villaggio addormentato riprendeva vita, il convoglio uscí rombando da Katra.

Notizie, finalmente

Jhalla Devi non riuscí a chiudere occhio, quella notte. Alla fine i suoi figli rientrarono. «Nazru dice di essersi accapigliato con Pappu» le raccontò uno dei tre. «L'ha accusato di aver rapito le figlie di Sohan e di Jeevan».

«Com'è possibile?» sbottò la donna. «Quando gli uomini che le stavano cercando sono andati da lui, l'hanno trovato a casa di suo zio. E quando c'è andata la polizia, era sempre a casa di suo zio. Come e quando avrebbe potuto rapire Padma e Lalli?

«Io vado a prendere la biada» soggiunse poi. La nuora cominciò a spazzare la casa, ma i figli si allontanarono.

Jhalla Devi si stava caricando il fieno sulle braccia quando lungo la strada passò un'automobile gremita di persone. Le gridarono insulti, avrebbe dichiarato piú tardi. Urlarono che gli Yadav erano fottute canaglie e minacciarono di appiccare il fuoco alla casa. L'ora in cui ebbe luogo l'episodio lasciava presumere che il veicolo facesse parte del convoglio diretto alla stazione di polizia.

Jhalla Devi rientrò e andò in cortile.

«Mentre davo la biada ai bufali» riferí in seguito «ho visto arrivare delle donne che gridavano».

Nel sentire ciò che dicevano, si sgomentò al punto che mollò il fieno. Si precipitò all'interno, veloce come un fulmine. «Dobbiamo andarcene» disse alla nuora.

Le due donne stavano radunando le proprie cose quando Avdesh e Urvesh tornarono a casa. Un minuto esatto dopo le cinque, Avdesh chiamò il suo amico Sarvesh alla *chowki* per annunciargli la notizia.

Appena chiuse la comunicazione, alcuni membri della famiglia si piazzarono sul capo tutte le masserizie che riuscivano a trasportare e fuggirono. Altri indugiarono piú a lungo e li raggiunsero poco piú tardi.

L'agente Sarvesh frequentava gli Yadav da qualche mese, da quando il suo capo, Ram Vilas, aveva cominciato a mandarlo a Jati a tenere d'occhio la mafia delle cave di sabbia. Caricata sui camion, la sabbia del fiume finiva nelle fabbriche, dove veniva miscelata al cemento e all'argilla dei mattoni. Si trattava di un'attività molto redditizia, con conseguenze talora micidiali, e del tutto illegale.

Il poliziotto era solito passeggiare su e giú lungo la strada che correva davanti alla casa degli Yadav. Dato che aveva solo pochi anni piú di Avdesh, i due si trovavano bene in reciproca compagnia. Capitava spesso di vederli bere il tè insieme, o mangiare *dal* e *roti* chiacchierando.

Fare amicizia con un funzionario di polizia era un'ottima mossa. Il legame con l'agente Sarvesh dava lustro al nome degli Yadav ed elevava nel nuovo ambiente lo status sociale della loro famiglia di rifugiati climatici.

Alla fine della telefonata, Sarvesh riagganciò senza fare altre domande. Comunicò l'informazione al capo, che si preparò a uscire. Ram Vilas prese con sé due uomini, ma a lui ordinò di rimanere alla *chowki*, ufficialmente per sorvegliare Pappu, che aspettava in preda all'incertezza, ma in realtà perché Sarvesh era piú una seccatura che un aiuto.

Un tizio in piedi davanti alla stazione di polizia vide gli agenti che si allontanavano e fu invaso dal timore. «Le hanno trovate» pensò.

Poco dopo, Prem Singh, il cugino che aveva visto Lalli parlare al telefono, sentí un ragazzo gridare la notizia mentre camminava verso i campi. Chiamò subito il padre.

«Le ragazze sono nell'*aam ka bagh*» gli disse. Nel frutteto dei manghi.

Il padre di Prem faceva parte del gruppo diretto a Ushait e avvertí immediatamente gli altri, ma anche i loro cellulari stavano già squillando. L'abitacolo echeggiava di suonerie man mano che gli abitanti del villaggio, parenti e amici, telefonavano per annunciare: sono morte, sono morte, sono morte.

«Che scena indescrivibile»

La madre di Lalli si sollevò l'orlo del sari e si mise a correre. La notizia si era diffusa e sembrava che tutti intorno a lei stessero correndo. C'era una gran folla di uomini e donne. Mamme con i lattanti in braccio, i bambini al loro fianco in pantaloni laceri e vestiti sudici. Un fragore rintronante risuonò nelle orecchie di Siya Devi.

Padma e Lalli penzolavano da un mango.

L'albero aveva una solida base, e il tronco cominciava a ramificarsi a partire da meno di un metro. Padma era piú in alto rispetto al suolo. Un nodo assicurava al ramo il suo *dupatta* verde scuro. Un secondo nodo, stretto intorno al collo, la reggeva a mezz'aria. Lalli si trovava mezzo metro piú in basso, legata con lo stesso sistema. Entrambe avevano gli occhi chiusi. Le mani incurvate verso l'interno. I piedi puntati in direzione della terra.

Somigliavano a «marionette ciondolanti», osservò in seguito un abitante del villaggio.

Siya Devi non pianse. Era come se le forze che avevano tolto la vita alla figlia l'avessero privata della voce.

L'ultima volta che le aveva viste, le due ragazze erano radiose. La visita alla fiera le aveva riempite di gioia, e lei era rassegnata all'idea di sentirsi frastornata a forza di ascoltarle parlare dell'argomento. Il giorno prima era stato il piú bello della loro vita: oggi invece...

«*Kisne kiya!*» gridò qualcuno. Chi è stato?

Un uomo disse che stava per venirgli un attacco di cuore.

Un adolescente mormorò: «Faranno meglio a impiccare i colpevoli».

Un amico di famiglia distolse lo sguardo. «Che scena indescrivibile».

Padma e Lalli non erano solo cugine, commentò uno dei presenti. Erano migliori amiche. E Padma non si attirava forse l'ammirazione di tutti per la sua bravura nel ricamo? Le piacevano i manghi. Amava la musica devozionale.

Lalli voleva fare la dottoressa; no, l'insegnante. «Voglio essere *qualcosa*» ripeteva sempre. Ma Lalli non sarebbe mai stata niente.

Infine Siya Devi ritrovò la voce.

«Hanno impiccato mia figlia. Perché? Cos'ha fatto? Non ha fatto nulla. Non usciva mai. Andava soltanto a portare le capre al pascolo. Perché l'hanno impiccata? La sua vita non aveva alcun valore? Le nostre figlie non significano niente?»

Nessuno si aspettava che Siya Devi rimanesse. Sarebbe tornata a casa, e i vicini l'avrebbero accompagnata. Nel timore che perdesse i sensi, alcuni uomini si affrettarono a raggiungerla.

Ma lei appoggiò la sua *lathi* all'albero di mango e si calò sulla nuda terra. «*Meri bacchi*» gemette. «La mia bambina, la mia bambina, la mia bambina, la mia bambina, la mia bambina, la mia bambina».

Si sedette anche la madre di Padma, Sunita Devi.

La nonna delle due ragazze sedette con le nuore.

Altre donne si fecero avanti. Senza fare domande, senza chiedere il permesso. Avevano i volti coperti, ma le loro intenzioni erano inequivocabili.

Avrebbero custodito con i propri corpi i corpi appesi all'albero.

Il sospetto di un agente

I fratelli Shakya dovettero farsi largo tra la folla accalcata nel frutteto. Un vicino li superò di corsa, scattando fotografie.

Eccole là, le loro bambine.

«*Maar dali ladkiyan hamari!*» esclamò Sohan Lal accasciandosi.

«*Maar di!*» gli fece eco Jeevan Lal. «*Maar di!*»

Hanno ucciso le nostre figlie. Le hanno ammazzate.

Gli amici si precipitarono a raggiungerli per condurli sotto l'ombra protettiva degli alberi, lontano dai corpi penzolanti. Sohan Lal non cercò la moglie. Si rivolse agli altri uomini. «Mia figlia è morta. Mia figlia è morta» ripeté, come se volesse sentirsi contraddire.

Gli uomini annuirono e sospirarono.

Nei Veda c'è una preghiera per chiedere che le persone muoiano nel giusto ordine. Padri e madri sempre prima dei figli. Ma non occorre appartenere a una particolare religione per capire che nessun genitore dovrebbe seppellire un figlio. Eppure, piú di una volta, gli Shakya si erano trovati in quella situazione. Sohan Lal e Siya Devi avevano perduto la loro primogenita, uccisa dal parto. E oltre ai tre maschi, la madre di Sohan Lal aveva messo al mondo una bambina che non c'era piú. Erano assai poche le famiglie del villaggio che non avessero sperimentato simili perdite. Adesso però quelle due povere creature erano appese a un albero. Nessuno sapeva come reagire. Quasi tutti si allontanavano e guardavano la scena da una certa distanza, in preda al timore.

La cugina Manju si avvicinò. Lalli era coperta di polvere. Dal suo *salwar-kameez* spuntavano spine. «È stata uccisa» pensò la ragazzina, oppressa dalla disperazione.

Nel frutteto si levò la brezza e soffiò la polvere nell'aria. Le folate catturarono le foglie cadute e agitarono i rami degli alberi. Sollevarono le *kameez* delle due vittime, che cominciarono a dondolare dolcemente come per sfidarsi a vicenda a condividere un segreto: *suno*, ascolta, ho una cosa da dirti.

Un vicino afferrò la sua *lathi* e corse via. «I morti dovrebbero rimanere immobili» pensò, «ma queste ragazze sembrano vive». L'orrore continuò a tormentarlo tra le pareti di casa sua, al villaggio. «Mi pareva di sentire solo gemiti» disse.

La calura implacabile iniziò a incombere sui presenti. «Manju» la chiamò qualcuno, «vai a prenderci un po' d'acqua».

Quando la ragazzina tornò, trovò il padre, partito la sera prima per riportarla a casa. Malgrado i ripetuti inviti della sorella Siya Devi a fermarsi da lei, l'uomo rifiutò. «E se a mia figlia accadesse quello che è successo alla tua?»

Gli zii materni di Padma, che vivevano in un altro villaggio, arrivarono poco dopo. «Ho perduto il lume della ragione quando l'ho vista» avrebbe rammentato in seguito Kanhaiya Lal. Abbracciò il corpo della nipote. Le costole dello zio luccicavano al sole come fili di rame. Kanhaiya Lal teneva gli occhi strettamente chiusi. Disse qualcosa, ma gli altri non riuscirono a decifrare le sue parole. Poi aggiunse frasi che ad alcuni parvero davvero i discorsi di un uomo fuori di sé.

«Tua cugina ti ha vista in sogno» singhiozzò l'uomo. «Eri morta, ha raccontato. Mi ha chiesto di condurti da noi. Ma io non le ho dato ascolto. Non ti ho nemmeno telefonato. Ho detto solo che i sogni non si avverano».

«Giustizia!» gridò uno dei presenti.

Mentre gli zii di Padma si avvicinavano al gruppo degli Shakya, la folla degli abitanti di Katra fece eco a quell'invocazione. «Giustizia!» esclamarono tutti, alzando la voce. «Giustizia!» ripeterono, colpendo il suolo con le *lathi* e creando minuscole tempeste di sabbia.

I membri della squadra di ricerca iniziarono a parlare, diffondendo le loro versioni degli eventi della notte. Pappu fu dichiarato colpevole della morte di Padma e Lalli. L'agente Sarvesh venne accusato di proteggerlo.

«Fatevi avanti, codardi!»

«Portiamo qui Pappu e Sarvesh, e impicchiamoli a un albero come hanno fatto loro con le nostre ragazze. Solo cosí otterremo giustizia!»

Il viceispettore Ram Vilas telefonò al proprio subordinato.

«La folla è sempre piú numerosa» gli sussurrò. «La vita di Pappu è in pericolo. Presto, conducilo in città alla stazione di polizia».

Ram Vilas si era infine reso conto della gravità delle circostanze, anche se a preoccuparlo erano soprattutto i contraccolpi che avrebbe potuto subire personalmente. Sarvesh se la sarebbe cavata; era un tipo pieno di risorse. Ma se il viceispettore si fosse lasciato sfuggire di mano la situazione, il giovane Yadav avrebbe rischiato il linciaggio. Un incidente del genere avrebbe innescato un'inchiesta, e quando Ram Vilas si fosse messo a impappinarsi, balbettare e farfugliare davanti ai suoi superiori, per lui sarebbe stata la fine.

Per essere sicuro che Pappu non si mettesse in testa strane idee, il sergente Gangwar lo afferrò saldamente per la vita. Poi il ragazzo e i due poliziotti partirono da Katra a tutta velocità in sella alla motocicletta di Sarvesh, diretti a Ushait, sotto gli sguardi disgustati degli abitanti di Katra. Gli agenti avevano piazzato Pappu in mezzo a loro: per proteggerlo, dichiararono.

La notizia fece presto ad arrivare al frutteto. Un giovane Yadav aveva ucciso Padma e Lalli, e adesso poliziotti Yadav, imbaldanziti dalla connivenza dei politici Yadav, offrivano l'impunità all'assassino.

«Maro police ko!» urlò qualcuno. *«Maaro salon ko»*. Diamo addosso alla polizia. Diamo addosso a quei bastardi.

«Lasciate perdere» borbottò Jeevan Lal. Non voleva che scoppiasse una rissa.

«È un vecchio» disse suo fratello, indicando con un gesto Ram Vilas.

Gli abitanti del villaggio conoscevano bene il viceispettore, ma adesso lo scrutarono con piú attenzione. Occhi acquosi, collo cascante, ventre che debordava dalla cintura degli stropicciati calzoni nocciola.

Custodiva forse la residenza di un uomo politico, o sorvegliava uno dei quartieri dove abitavano i ricchi? Nossignore, lo avevano scaricato a Katra, perché là vivevano solo *keede makode*, parassiti che non si meritavano niente di meglio. Gente degna unicamente di disprezzo.

E ora che si sentivano liberi di farlo apertamente, senza timore delle conseguenze, gli abitanti di Katra mostrarono ciò che pensavano davvero di Ram Vilas. *Darogaji* un corno. Era un buono a nulla.

Un sarto, un tipo remissivo in circostanze normali, gli si scagliò contro e per poco non lo mandò a capitombolare in un campo di menta. E quando il collega del viceispettore si fece avanti per intervenire, il sarto lo spinse via e tornò ad aggredire il malcapitato.

Ram Vilas indietreggiò.

«Aveva paura» osservò in seguito il poliziotto che si trovava con lui. «Avrà pensato: "Non sono nemmeno in grado di correre; cosa farò?"»

Fu troppo per il padre di Padma.

«Bacha nahin paonga» disse Jeevan Lal rivolto al viceispettore, unendo le mani in un gesto supplichevole. Non posso proteggerla.

Ma proprio mentre gli Shakya cercavano di difendere Ram Vilas, il viceispettore cominciava a vederli sotto una luce diversa. Fin dal momento in cui aveva messo piede nel frutteto, si era posto una domanda: «*Yeh mar kaise gaye?*»

Come sono morte?

E poi aveva ripercorso mentalmente gli eventi della notte, nella speranza di ricordare qualche dettaglio capace di fornirgli un indizio della verità. A suo avviso, gli Shakya si erano comportati in modo molto strano. Avevano lasciato passare parecchie ore dal momento della scomparsa prima di presentarsi a denunciarla. Non volevano rendere pubblica una faccenda privata, *theek hai*, ma era una condotta accettabile in una questione di vita o di morte?

Ram Vilas aveva figli maschi, eppure a renderlo orgoglioso erano le sue ragazze. Avevano lasciato la casa dei genitori anni prima, e adesso vivevano a Noida in un appartamento condiviso. Nel villaggio di Ram Vilas, una giovane donna usciva dalla famiglia solo per sposarsi. Ciò nonostante Jyoti studiava economia e Babli lavorava per una multinazionale americana.

Ram Vilas ammirava le sue figlie. Le amava. Avrebbe scuoiato vivo chiunque avesse osato sfiorarle anche solo con un dito.

Invece cos'avevano fatto Sohan Lal e Jeevan Lal alla scomparsa delle loro ragazze? Non si erano rivolti alla polizia. E poi avevano impedito agli agenti di parlare con l'unico testimone dell'incontro notturno di Padma e Lalli in mezzo ai campi.

A convincere Ram Vilas della fondatezza dei suoi sospetti, però, era stato il modo di reagire dei due uomini di fronte ai corpi delle figlie. Non perché avessero fatto qualcosa di sbagliato, ma proprio per il loro comportamento ineccepibile.

Li guardò con disgusto. Stavano ancora singhiozzando entrambi.

«Le hanno ammazzate loro» si disse il viceispettore. «Le hanno impiccate».

La protagonista del manifesto per una nuova India

Nelle zone piú remote del distretto, le notizie importanti venivano ancora annunciate con l'altoparlante. Ma a Katra tutti gli uomini avevano il cellulare. Senza bisogno di allontanarsi dal frutteto, riferirono quanto era successo a chiunque conoscessero. Scattarono fotografie a Padma e Lalli, girarono video. Inviarono immagini e filmati con WhatsApp, catturando l'attenzione di agricoltori che vivevano a decine di chilometri dal villaggio. Erano giorni cruciali per il raccolto, ma l'opportunità di vedere la morte in faccia offriva un «*naya tamasha*», uno spettacolo insolito ed emozionante, come si espresse qualcuno.

Ben presto la strada che conduceva a Katra si riempí di carri trainati da cavalli, motociclette e trattori. I contadini della zona condussero con sé le mogli, le mogli si portarono dietro i bambini e qualcuno arrivò addirittura armato. Quei visitatori guardavano le vittime con tanto d'occhi. «*Ladkiyan tangi!*» Due ragazze impiccate!

La folla dei nuovi venuti si piazzò intorno all'albero, subito dietro la famiglia Shakya. Le donne si sedettero per terra a gambe incrociate, il volto coperto per pudore. «Quando non riescono a controllarci, ci uccidono» concordavano.

Alle loro spalle, gli uomini anziani si misero accovacciati sui talloni, le *dhoti* di cotone sollevate fino alle ginocchia, le *beedi* strette in pugno. In pantaloni e camicie ampie all'occidentale, i giovani passeggiavano scattando fotografie. Man mano che la calura aumentava, si sfilavano la camicia e rimanevano in canottiera. Alcuni adolescenti si arrampicavano sugli alberi per contemplare la scena dall'alto.

Tutti pensavano che Padma e Lalli fossero state uccise. Le avevano trovate impiccate in un luogo pubblico. L'impiccagione, diceva la gente, serviva a sottolineare l'impotenza dei poveri. Nessuno poteva considerarsi al sicuro dalle violenze delle caste piú alte, nemmeno due ragazzine.

I fatti di cronaca sconvolgenti non costituivano certo una novità nel distretto. Nel 2013, un anno prima, c'era stato un duplice suicidio in un villaggio vicino, zia e nipote coinvolti in una presunta relazione illecita. Sempre nel 2013, la polizia aveva percosso a morte un giovane la cui sorella si era sposata con un uomo di casta diversa dalla sua.

E nel 2012, un adolescente della zona era stato arrestato insieme agli altri sospettati (poi giudicati colpevoli) dell'atroce delitto che aveva inorridito l'intera nazione: lo stupro avvenuto a Delhi a bordo di un autobus.

In una fredda serata di dicembre del 2012, una specializzanda ventitreenne in fisioterapia stava rientrando a casa in compagnia di un amico dopo aver assistito alla proiezione del film *Vita di Pi* in un lussuoso cinema della città. Sebbene fossero le nove e mezzo, le strade, vividamente illuminate, erano piene di persone, e rimbombavano del fragore di veicoli lanciati a tutta velocità. I due giovani erano saliti su quello che sembrava un pullman di linea, e là gli uomini a bordo avevano sopraffatto la ragazza. In sei, l'avevano stuprata in gruppo e torturata, infilandole un'asta di metallo fino al diaframma. Poi avevano buttato giú dal veicolo la coppia, cercando di investire i due malcapitati. La vittima della violenza era giunta in ospedale ancora viva, ma con l'intestino che le fuoriusciva dal corpo.

La ragazza, figlia di un addetto bagagli dell'aeroporto (nome e identità non furono divulgati in ottemperanza alle norme della legge indiana) era stata la prima della famiglia a frequentare l'università. I genitori avevano scoperto presto l'attitudine allo studio della figlia. «Di solito i bambini piangono quando vengono mandati a scuola» diceva il padre, Badri Singh. «Lei invece piangeva se non ce la lasciavamo andare»[1].

L'uomo aveva venduto gran parte delle terre che possedeva per consentirle di studiare, arrivando a indebitarsi e a lavorare il doppio delle sue ore regolari. Piú di quanto avrebbe fatto la maggior parte delle persone per una femmina.

La ragazza poteva essere la protagonista del manifesto per una nuova India: la figlia di un facchino che diventa dottoressa, realizzando cosí la massima aspirazione di ogni indiano istruito. E invece la facilità con la quale l'avevano aggredita, violentata e poi uccisa – nella capitale della nazione, nientemeno – era stata un campanello d'allarme: il segnale che nel nostro paese c'era qualcosa di profondamente sbagliato.

Quando la vittima dello stupro era morta in un letto d'ospedale a Singapore, gli indiani avevano reagito organizzando le piú massicce proteste contro le violenze sessuali che si fossero mai viste nella nazione. La giovane divenne nota come *Nirbhaya*, impavida, e la sua ordalia e la sua morte si trasformarono in un simbolo mondiale della resistenza femminile alle aggressioni sessuali. I sei colpevoli furono catturati rapidamente e processati a tempo di record, ma le manifestazioni testimoniavano il fatto che troppe vittime di stupro non riuscivano a ottenere giustizia.

L'intensità della protesta indusse le forze dell'ordine a impiegare i lacrimogeni e imporre il coprifuoco. Alla fine il governo fu costretto a prendere le misure del caso. Si lanciarono campagne pubbliche di consapevolezza, vennero istituite apposite linee di assistenza telefonica e fondate strutture per accogliere le donne colpite. Ci fu un rafforzamento delle leggi in vigore: il reato di stupro venne esteso fino a coprire le aggressioni che comportavano l'inserimento di qualunque oggetto in qualsiasi parte del corpo, perché si potessero assimilare alla violenza sessuale torture come quelle inflitte alla giovane fisioterapista con un'asta di metallo. E per la prima volta in assoluto, gli attacchi con l'acido, i tentativi di spogliare una donna, gli atti di voyeurismo e quelli di stalking furono considerati un crimine.

La pena minima per i colpevoli di stupro di gruppo arrivò a prevedere vent'anni di carcere, mentre una violenza sessuale che avesse portato al decesso della vittima divenne passibile della condanna a morte. Inoltre, l'età dei rapporti sessuali consenzienti fu portata da sedici a diciotto anni. Le modifiche alle leggi avrebbero avuto un potente impatto sui casi di stupro che fossero riusciti ad arrivare in tribunale. Nel 2019, quattro dei sei uomini sotto accusa per le violenze sull'autobus di Delhi vennero impiccati[2].

Le conseguenze innescate dallo stupro avvenuto nella capitale insegnarono una lezione a molti indiani: la protesta era uno strumento efficace. Forzava la mano al potere. L'avevano capito anche gli abitanti di Katra. E per quanto li riguardava, l'uccisione di Padma e Lalli era ancora piú inquietante dell'aggressione avvenuta a Delhi. Dal loro punto di vista, le due cugine non erano morte in una città lontana, sfidando i limiti imposti dalle convenzioni e affermando la propria indipendenza. Non erano morte dopo aver visto un film straniero in compagnia di un ragazzo, per poi prendere un mezzo pubblico di sera. Non erano morte facendo cose che due giovani donne come Padma e Lalli non si sarebbero mai sognate di fare. Erano morte dov'erano nate. Erano morte per essere andate nei campi a svuotarsi la vescica.

Ma quello stupro cosí sconvolgente era stato perpetrato a Delhi, a centinaia di chilometri di distanza. Era là che vivevano gli uomini politici piú potenti, era là che i colossi dei media avevano i loro uffici con l'aria condizionata. La gente di Katra non poteva raggiungerli.

Sarebbero venuti loro al villaggio?

La grande occasione di un giornalista

I cori mattutini degli uccelli avevano appena iniziato a farsi sentire quando Ankur Chaturvedi, giornalista di Aaj Tak – uno dei canali di informazione in lingua hindi piú popolari nel paese –, cominciò a ricevere telefonate da Katra.

Ormai da parecchi anni il cronista ventisettenne preparava servizi sull'Uttar Pradesh occidentale. Distribuiva generosamente il suo numero di cellulare, e incoraggiava le potenziali fonti di notizie a chiamarlo a qualsiasi ora del giorno e della notte. Lo contattavano per denunciargli stupri di gruppo, attacchi con l'acido e *randua pratha*, assassinii perpetrati da familiari di uomini celibi per impadronirsi delle proprietà ancestrali della vittima. Gli riferivano le incursioni dei nilgai che avevano distrutto i raccolti o le cadute accidentali di qualche bambino finito a capofitto in un pozzo.

Non sempre Chaturvedi si occupava del caso segnalato. In Uttar Pradesh, dove le cattive notizie costituivano la norma, era continuamente sotto pressione, incalzato dall'esigenza di trovare qualche diversivo per alleggerire l'atmosfera.

Gli oltre cento milioni di spettatori di Aaj Tak amavano le vicende capaci di esaltare la loro autostima. I membri della classe media, nella fattispecie, volevano sentirsi decantare l'India che era riuscita a emergere praticamente indenne dalla crisi economica globale, l'India che aveva raggiunto il terzo posto tra le potenze industriali dell'Asia. Apprezzavano le notizie sul cricket e su Bollywood. E si sentivano solleticare dagli elenchi di personalità mondiali che comprendessero nomi di loro concittadini, a testimoniare il rango sempre piú elevato dell'India tra le altre nazioni.

Il 28 maggio, lo stesso giorno del ritrovamento di Padma e Lalli, la rivista *Forbes* pubblicò la lista di quelle che considerava le donne piú potenti del pianeta. Cinque di loro erano indiane o di origini indiane, e comprendevano la responsabile del settore tecnologia e strategia della Cisco e la direttrice appena entrata in carica della State Bank of India[1]. Pochi mesi piú tardi, *Fortune* divulgò il suo elenco delle donne piú potenti negli Stati dell'Asia e del Pacifico, un elenco nel quale figuravano otto indiane[2].

Per molti abitanti del subcontinente, questi dati dimostravano come il paese fosse avviato a diventare una superpotenza economica. Una prospettiva implicita nei discorsi del primo ministro Modi: «Presto arriveranno giorni buoni» ripeteva il premier in continuazione.

L'India era rimasta povera molto a lungo, ma adesso, invece di vedersi liquidare con disprezzo come un goffo pachiderma, veniva paragonata a una tigre; e la situazione economica nazionale non sfigurava al confronto con quella della Cina. Mentre si alimentava la vanità delle persone, l'appetito della gente per storie simili alla vicenda di Padma e Lalli andava scemando. Nella seconda metà del 2014, il Centre for Media Studies di Delhi analizzò per due mesi sei dei principali quotidiani nazionali e scoprí che gli articoli sull'India rurale costituivano appena lo 0,23 per cento del totale[3]. Il mondo guardava il subcontinente con curiosità, ma nessuno era affascinato dalla metamorfosi dell'India piú degli indiani stessi.

Anche le zone rurali del paese, largamente ignorate benché vi abitasse il settanta per cento della popolazione, assistevano al cambiamento. In tali zone l'alimentazione degli abitanti era piú povera di cibi nutrienti rispetto a quarant'anni prima[4]. Gli agricoltori morti suicidi per i debiti legati alla coltivazione dei campi ammontavano ormai a piú di duecentonovantamila. E man mano che aumentava il numero di piccoli proprietari privati della loro terra, emergeva un nuovo e numeroso sottoproletariato, composto da quanti si vedevano costretti a lasciare i villaggi ancestrali per emigrare in città grandi e piccole, dove non avevano altra scelta che entrare al servizio di concittadini piú benestanti in qualità di giardinieri, dog sitter, cuochi, domestici e bambinaie.

Secondo il Credit Suisse, gli indiani piú abbienti, l'uno per cento della popolazione, possedevano il cinquantatré per cento della ricchezza nazionale. E questa quota saliva al 76,3 per cento se si prendeva in esame una porzione un po' piú ampia della cima della piramide, il dieci per cento del totale. All'altra estremità dello spettro si piazzavano i poveri, nelle cui mani rimaneva appena il 4,1 per cento della ricchezza del paese[5].

Chaturvedi sapeva che al suo capo non importava un bel nulla di Padma e Lalli. Il fatto era, gli avrebbe detto l'uomo, che in India vivevano moltissime persone. E quella delle giovani Shakya era solo una morte violenta come tante, due ragazzine uccise in un villaggio sperduto.

Il giornalista dimenticò le chiamate e andò avanti con la sua giornata. S'infilò gli occhiali e si piazzò il laptop in grembo per postare su Facebook il proprio rammarico per la mancanza di qualcuno da amare. Bevve un po' di tè. Il post aveva già ottenuto quindici «mi piace» quando Chaturvedi ricevette la telefonata di un funzionario di polizia.

Lo sapeva che i genitori delle vittime non permettevano a nessuno di tirare giú i corpi? gli domandò l'agente.

No, non lo sapeva.

La cosa aveva fatto scalpore. La gente accorsa sul posto si era trasformata in una folla tumultuosa in fermento.

Annunciare un delitto non era che l'ennesima replica delle solite storie. Ma lo stesso fatto di cronaca con le vittime ancora sulla scena costituiva un fatto cosí insolito, persino da quelle parti, da garantire che sarebbe arrivato sui teleschermi. E un video della notizia poteva addirittura comparire su Facebook.

Chaturvedi seguí l'accaduto attraverso altre fonti. «C'erano tutti gli elementi necessari» disse poi. «Gli accusati erano Yadav, come gli uomini al governo dello Stato e gli agenti della polizia». Si trattava di un delitto legato alle caste, puntualizzò il giornalista, e confermava i diffusi pregiudizi popolari sugli Yadav. Già gli sembrava di vedere i suoi telespettatori pronti a esprimere il loro biasimo mentre mangiavano *sabzi parantha* per colazione.

Chaturvedi afferrò il suo portatile ammaccato, poi telefonò a un collega cameraman per mettersi d'accordo con lui. Impugnando con una mano sola il volante della sua scattante utilitaria, collegò le cuffie Bluetooth e telefonò al capo per riferirgli la situazione.

«Mandami subito il video» gli ordinò lui.

Mentre avanzava a velocità sostenuta, il giornalista vide un uomo a pochi metri dal muso dell'automobile, coricato in mezzo alla strada, con gli occhi aperti e fissi al cielo. Con ogni probabilità era ubriaco, ma poteva anche essere morto, e Chaturvedi sterzò bruscamente per evitare di investirlo.

«Posso realizzare un filmato fantastico» promise al suo capo.

«L'eco di questa faccenda si fermerà al villaggio»

L'oggetto che luccicava tra gli abiti di Padma era chiaramente un cellulare, e il viceispettore si sentiva impaziente di prenderlo. Gli avrebbe offerto indizi sul caso, la cui soluzione poteva redimerlo agli occhi dei superiori. D'altra parte, se si fosse lasciato sorprendere dalla folla a frugare nel corpetto dell'adolescente, sarebbe stato un uomo morto.

Era sciocco da parte di un funzionario di polizia pensare di prelevare una prova a mani nude, ma provarci dimostrava quanto meno un certo spirito di iniziativa. Fino a quel momento, Ram Vilas si era comportato soprattutto da spettatore, con la differenza che i veri spettatori avevano saputo rendersi assai piú utili documentando l'accaduto con fotografie e filmati. In seguito, si sarebbe rivelato incapace persino di ricordare a che ora fosse arrivato nel frutteto.

È vero che gli agenti non ricevevano un addestramento adeguato e non erano attrezzati a sufficienza per svolgere il loro lavoro. Per esempio, si considerava accettabile mantenere l'integrità della scena del crimine scacciando i curiosi come se fossero piccioni. Non c'era modo di proteggere efficacemente la zona da intromissioni per tutelare eventuali tracce, anche se la scena di un delitto è una delle tre risorse fondamentali per comprendere gli eventi. La seconda è la salma della vittima, ed è questo il motivo per cui le indagini su un caso criminale prendono le mosse dall'autopsia. La terza risorsa cruciale sono i sospettati. Pappu Yadav stava raggiungendo la stazione di polizia, ma i suoi familiari, che piuttosto misteriosamente avevano riferito la notizia del ritrovamento dei corpi, erano stati quasi dimenticati.

«*Bheed kafi hai*» borbottò Ram Vilas, ficcandosi una mano in tasca per prendere il telefono. «C'è un bel po' di gente».

Meglio cedere il comando a qualcun altro.

Nella vicina città di Ushait, l'ufficiale di grado immediatamente superiore al suo dormiva della grossa. Erano le 5:37 del mattino. L'uomo ascoltò con stordita irritazione mentre Ram Vilas balbettava un saluto. «Puoi passarmi qualcun altro?» disse in tono perentorio l'ispettore Ganga Singh con la sua voce aspra. Non riusciva a capire una parola.

Ram Vilas consegnò il cellulare a un collega che riassunse concisamente gli eventi delle ultime ore. Stava chiamando dal villaggio di Katra, spiegò l'agente Raghunandan. La sera prima, due ragazze non erano piú rientrate dopo aver assistito a uno spettacolo. Al mattino le avevano trovate impiccate a un albero.

Raghunandan aveva riferito la premessa in modo errato. In realtà, Padma e Lalli erano tornate a casa, per poi scomparire molto piú tardi.

Ganga Singh non era sicuro di aver udito bene. «Non è forse normale» rammentò in seguito «farsi prendere alla sprovvista sentendosi dire, appena svegli, che due ragazze sono state trovate impiccate a un albero?»

Raghunandan riprese a parlare. Padre di tre figli – il piú piccolo, un maschio, frequentava la quinta elementare –, aveva reagito con comprensibile shock di fronte ai corpi delle vittime. Ma era innanzi tutto un agente di polizia; non sapeva fare altro da quando era entrato nelle forze dell'ordine una ventina d'anni prima. Un particolare della scena l'aveva colpito al punto che non poté evitare di sottolinearlo subito.

Alla base dell'albero di mango, subito sotto i piedi di Padma che oscillavano lievemente, c'erano due paia di calzature. Le ciabattine azzurre appartenevano a lei. Quelle di Lalli erano nere, e spiccavano per i cinturini rossi. C'era da aspettarsi che le scarpe scivolassero via dai piedi delle due ragazze dopo l'impiccagione, ma in tal caso avrebbero dovuto finire sparpagliate a terra.

E invece eccole là, appaiate vicino al tronco, dritte come steli di grano. Quella disposizione cosí precisa e delicata sconcertava Raghunandan.

Poi l'agente riferí a Ganga Singh che sul luogo del delitto si era radunata una gran folla. «Come bestiame lasciato uscire dal recinto» bisbigliò.

Il sinistro pallore del cielo mattutino sembrava riflettere l'umore dei presenti. Il poliziotto era ansioso di togliersi di lí. «Faccia presto a venire» pregò l'ispettore.

«*Theek hai*» rispose Ganga Singh. «Arrivo».

«Non mi lavai nemmeno i denti» ricordò l'uomo in un secondo momento. Per guadagnare tempo, si spruzzò un po' d'acqua fredda sulla faccia, ma tralasciò di usare spazzolino e dentifricio. S'infilò l'uniforme e ordinò a quattro dei suoi agenti di aspettarlo vicino alla macchina.

L'ispettore aveva trascorso il giorno precedente, il 27 maggio, a disporre le misure di sicurezza per un festival organizzato nei dintorni in memoria del dottor Bhimrao Ramji Ambedkar, l'iconico leader dei Dalit che aveva guidato la stesura della Costituzione indiana. Tale compito non rientrava veramente nelle funzioni dell'ispettore, ma come molti dei suoi colleghi Ganga Singh passava piú tempo a sorvegliare manifestazioni religiose, sociali e politiche che a indagare sui criminali. Era rientrato alla stazione di polizia solo alle diciassette e trenta. Aveva sbrigato un po' di pratiche e poi era ripartito per i giri quotidiani nei villaggi vicini. Non aveva fatto ritorno prima di mezzanotte, quando aveva ingollato in fretta la cena.

Ganga Singh era un poliziotto in carriera, abituato alle lunghe ore di lavoro e al vitto scadente della sua professione. In certi giorni, però, le esigenze dell'età e la mancanza di sonno lo buttavano a terra. Quel mattino gli pareva di avere dei pesi legati alle caviglie.

Arrivando a Katra alle sei passate da poco, trovò la strada ostruita dal rimorchio di un trattore. L'avevano piazzato lí gli abitanti del villaggio, forse per impedire ai visitatori di entrare nel frutteto con i loro veicoli. Anche un pullman dei trasporti pubblici era stato costretto ad arrestarsi. I passeggeri incuriositi premevano la faccia contro i finestrini chiazzati di sudiciume, ma senza muoversi dai rispettivi posti.

Il frutteto distava circa centocinquanta metri, e Ganga Singh li stava percorrendo a passo spedito quando alcuni degli uomini di Katra gli mossero incontro per fermare la sua avanzata.

«Di qui non si passa» lo avvertirono, agitando gli indici con aria minacciosa.

«Perché no?» volle sapere l'ispettore.

«Nessuno tirerà giú i corpi».

«Ma per quale ragione? Non dobbiamo forse indagare sul caso? E l'autopsia?»

Gli uomini cominciarono a inveire.

Nella sua trentennale carriera, Ganga Singh non si era mai trovato ad affrontare una circostanza simile. Quella decisione – che fosse stata presa dai familiari delle vittime o innescata dalla rabbia collettiva – lo sbigottí. Poi dal caos delle voci iniziarono a emergere frasi di senso compiuto. Che venga qui il magistrato distrettuale! Chiamate il capo del governo! Dov'è il primo ministro? La folla insisteva perché fossero convocate le massime autorità del paese.

Le donne Shakya stavano mettendo in pratica la lezione che tutti avevano appreso dalle reazioni allo stupro avvenuto sull'autobus di Delhi. Inscenavano la loro protesta rifiutandosi di permettere alla polizia di toccare le loro figlie. E familiari e amici avevano corroborato tale strategia. Gli agenti, sostenevano, si comportavano come se fossero i sovrani di Katra. E fino al giorno avanti era cosí che venivano trattati. Ma di fatto non servivano a niente. Non sarebbero stati capaci di risolvere nemmeno il caso di una capra scomparsa. «Se tiriamo giú i corpi» disse uno dei parenti, «l'eco di questa faccenda si fermerà al villaggio». Avrebbero aspettato l'arrivo dei politici.

Con questa tattica, gli Shakya dimostrarono una profonda conoscenza di come funzionano le cose in India. Le ruote della giustizia girano solo grazie alle pressioni dei potenti.

Ganga Singh sospirò e chiese rinforzi.

Arriva il primo personaggio politico

Il primo politico a raggiungere Katra il 28 maggio, tra le 8:30 e le 8:45 del mattino, fu un uomo che non aveva un vero motivo per essere lí.

Bhagwan Singh non rappresentava il villaggio. Con ogni probabilità aveva dovuto cercarne l'ubicazione con il gps. Ma era uno Shakya, ed ecco la ragione per cui gli amici della famiglia gli avevano chiesto di venire. L'omone dai folti baffi all'ingiú non meritava la fiducia degli abitanti di Katra. Era salito un'unica volta agli onori della cronaca, dopo aver dato asilo a un ricercato per sequestro di persona e omicidio. «Si è infilato in casa mia» aveva dichiarato agli agenti, aspettandosi di essere creduto[1].

Singh era inoltre un famigerato voltagabbana, noto per la disinvoltura con cui passava da un partito all'altro e per il suo opportunismo incurante di ogni principio. Al momento, quel trasformista militava nel Bharatiya Janata Party.

I rinforzi chiesti da Ganga Singh erano arrivati, e Katra traboccava di testosterone e divise kaki. Come gli agricoltori del posto, i poliziotti in giubbotto antiproiettile e casco a calotta stringevano in pugno massicci bastoni di bambú. Ma a differenza dei locali, non potevano avvicinarsi alle due ragazze. La folla li scherniva e li stuzzicava. Privati del poco potere che possedevano, gli agenti erano nervosi e insicuri della propria autorità.

Il primo ad avvicinarsi all'uomo politico fu Mukesh Kumar Saxena, vicequestore sessantenne al comando di parecchie stazioni di polizia. Al pari di alcuni degli uomini presenti quel giorno, Saxena aveva una certa reputazione. Si diceva fosse un *darpok*, un individuo timoroso, attento a non attirare l'attenzione e a non assumersi troppe responsabilità, ma fermamente deciso a raggiungere il giorno della pensione. La folla accalcata nel frutteto l'aveva spaventato al punto da indurlo a parcheggiare la macchina presso un distributore lontano diversi chilometri dal villaggio. Di là aveva chiamato un sottoposto per chiedere una scorta.

Saxena condusse Bhagwan Singh alla sedia sistemata per lui sotto un albero frondoso. Il politico tirò fuori il fazzoletto per asciugarsi il volto sudato, quindi aspettò le suppliche dei suoi compagni di casta.

Gli Shakya avevano altri programmi.

Dopo lo shock iniziale, la famiglia si era divisa in base alle consuete linee di condotta dettate dal decoro sociale. Il padre di Lalli, Sohan Lal, non aveva piú cercato la moglie. Quale che fosse il loro rapporto privato, in pubblico si attenevano alle regole, e Sohan Lal non aveva degnato Siya Devi di una seconda occhiata. Da questo punto in avanti, gli Shakya avrebbero agito come se fossero una sola persona, e sarebbe stato Sohan Lal a dire loro cosa fare.

Non era un gran parlatore: forse lo frenava il difetto di pronuncia di cui soffriva. A volte gli spuntava fuori la lingua mentre parlava, e quando succedeva, Sohan Lal sorrideva timidamente e congiungeva le mani, quasi per mostrare il suo rammarico. Ma in qualità di patriarca della famiglia, era abituato a dare ordini ai suoi consanguinei. Ed era un tipo ostinato. Tutti al villaggio conoscevano questo aspetto del suo carattere, anche se non pensavano che avrebbe tenuto testa alla polizia. Si sbagliavano.

L'ufficiale di grado piú elevato presente quel giorno si chiamava Maan Singh Chauhan. Chauhan, questore di polizia, era un uomo istruito, con una laurea di secondo livello in storia. Parlava diverse lingue e faceva colpo nelle interviste televisive. Robusto cinquantenne, con gli occhiali dalle lenti senza montatura e il berretto color kaki calcato basso sulla fronte per coprire la calvizie incipiente, aveva osservato di lontano gli uomini Shakya, e adesso si avvicinò al padre di Lalli.

Invece di concentrarsi sui possibili aspetti criminali del caso, come faceva la maggior parte dei suoi colleghi, Chauhan parlò delle ragazze. Definí Padma e Lalli «*bachiyon*», bambine, e offrí le proprie condoglianze alla famiglia. Una tragedia terribile, disse con aria addolorata.

Poi la sua voce assunse un tono di decisa fermezza. «È tempo di tirare giú i corpi».

«No» si oppose Sohan Lal. «Mi dispiace tanto». Uní le mani in un contrito *namaskar*.

Il funzionario fu colto alla sprovvista. Non era certo un poliziotto incompetente di una *chowki* qualsiasi, e neppure un poveraccio come Ganga Singh, del quale si diceva «dove va Ganga, arriva lo scandalo». Lui apparteneva al rango piú elevato delle forze dell'ordine. Si aspettava di essere obbedito, e oltretutto aveva formulato la sua richiesta in termini educati.

«Senta» continuò Sohan Lal, «anche se io la lasciassi fare, le persone radunate qui sono in subbuglio. Sarebbero loro a fermarla».

Allora Chauhan ordinò al suo vice di precisare che loro non avevano nulla in comune con gli agenti della *chowki*. «Non siamo venuti a prendere le parti di nessuno» tuonò l'uomo nel megafono.

Dalla folla si levò un brontolio contrariato.

Chauhan fece una smorfia. «Cosa c'era di onorevole nel tenere quelle due povere ragazze appese all'albero?» avrebbe commentato in seguito. «Era una vergogna». Chiese una seggiola e si sedette vicino a Bhagwan Singh ai margini del frutteto, come un ospite in attesa dell'invito a entrare.

Bhagwan Singh interpretava diversamente la presa di posizione dei fratelli Shakya. Li considerava degli sciocchi. Criticare la polizia era un conto; opporsi apertamente al suo intervento era ben altra faccenda. Si convinse che fosse suo dovere insegnare alla famiglia Shakya come comportarsi, mostrare a tutti loro la condotta giusta per sopravvivere. «*Hum tumhare saat hai*» dichiarò. Sono con voi. «Ci penserò io a farvi ottenere giustizia». Li esortò a permettere agli agenti di tirare giú le salme e promise addirittura che avrebbe sorvegliato lui l'operazione.

Sulle prime parve aver raggiunto il suo scopo. Quando si alzò dalla seggiola con un grugnito e si avviò verso l'albero di mango, gli agenti lo seguirono con cautela. Poi Sohan Lal cambiò opinione.

«Fermi!» gridò affannosamente. «Fermi!»

I poliziotti mutarono strategia, appellandosi all'argomento condivisibile dell'onore per forzargli la mano. «Siete stati *voi* a rivolgervi a Bhagwan Singh in cerca d'aiuto» argomentarono. «Siete stati *voi* a farlo venire fin qui. E adesso non volete ascoltarlo. È un oltraggio al suo onore».

«Con questa tattica» affermò in un secondo tempo Ganga Singh «cercammo di mettere Sohan Lal sotto pressione. Non ne ricavammo niente». Rise con aria ammirata.

Esautorato anche l'ultimo drappello di agenti arrivati sul posto, il frutteto si trasformò di fatto in una sorta di caos anarchico; la scena del crimine venne contaminata da oltre cento persone fin dalle prime ore della giornata[2]. Gli spettatori gironzolavano dentro e fuori. Mangiavano, fumavano, sputavano tabacco; e piú tardi, alla sera, alcuni si accovacciarono a defecare.

Il caso andava chiuso

All'ora di pranzo, alcuni dei presenti cominciarono a mangiare *dal* e *roti*, senza lasciarsi rovinare l'appetito dallo spettacolo delle salme penzolanti. I poliziotti sbadigliavano. Gli uomini seduti in gruppo ai piedi del politico chiacchieravano delle elezioni imminenti. Poi arrivò da Noida il fratello maggiore di Lalli, Virender: guardò i corpi e perse i sensi.

Chauhan, il questore di polizia, stava ancora escogitando un sistema per rimuovere i cadaveri. Era quella la cosa giusta da fare.

Parlare con la famiglia non aveva funzionato; gli appelli alla folla non avevano portato a niente. Chauhan non era contrario a ricorrere alle maniere forti. In seguito, le telecamere l'avrebbero sorpreso a colpire in piena faccia alcuni motociclisti che avevano infranto le regole[1]. Ma in una situazione in cui gli astanti soverchiavano il numero dei suoi uomini non intendeva certo scatenare un tafferuglio.

Si appoggiò allo schienale della seggiola.

Cinque anni prima, quando era in servizio nella città di Aligarh, i suoi agenti avevano scoperto un centinaio di teschi adagiati insieme ad altri resti umani sul fondo di un laghetto. Il funzionario di polizia era riuscito a risalire a un obitorio pubblico i cui medici non si prendevano il disturbo di trattare con rispetto i cadaveri che nessuno aveva riconosciuto[2].

Nell'anno successivo, il 2010, una squadra di operatori aveva filmato in segreto un docente di letteratura della rinomata Università islamica di Aligarh mentre faceva sesso con un conducente di risciò. I tecnici, alle dipendenze di una tv del posto, avevano continuato le riprese anche dopo essere stati scoperti. Si erano spinti fino a chiedere al professore: «*Aap sharminda hai?*», non si vergogna? L'uomo aveva risposto piú volte in tono implorante: «*Haan, main sharminda hoon. Ab mujhe jaane dijiye*», sí, mi vergogno. Adesso per favore lasciatemi in pace[3].

Il video aveva avuto una vasta diffusione nell'ambiente universitario di quell'ateneo di stampo conservatore, e il professore era stato smascherato e pubblicamente umiliato. Poi l'avevano sospeso per condotta inappropriata. Malgrado la revoca della sospensione, meno di due mesi piú tardi era stato trovato senza vita a casa sua. Una volta stabilita la causa del decesso (suicidio per avvelenamento), Chauhan aveva chiuso il caso e rilasciato i responsabili del filmato illegale e della catena di eventi che avevano condotto alla morte del docente.

Adesso il questore avrebbe voluto che le cose seguissero un iter simile. Le ragazze erano morte. Il caso andava chiuso.

Anche il politico, Bhagwan Singh, si sentiva irritato e di malumore. A contrariarlo non era la scena del delitto, per quanto l'avesse turbato vedere Virender che scattava fotografie con il cellulare alla sorella impiccata. Si dava il fatto che Bhagwan Singh fosse arrivato ormai da ore, e gli Shakya continuavano a ignorarlo. Non capiva come li avesse offesi, ma non voleva certo passare per uno stupido.

A mezzogiorno e mezzo, oppresso dalla calura, spazientito e coperto da un sottile strato di polvere, Bhagwan Singh borbottò un saluto, si allontanò arrancando attraverso i campi e risalí in automobile. Stava già pensando ad altro.

Qualcuno che risolva i loro problemi

Il punto dolente non era l'uomo, ma il suo partito. Pur essendo uno Shakya di casta bassa, Bhagwan Singh apparteneva a uno schieramento che favoriva le caste alte. La famiglia delle vittime non si faceva illusioni: sapeva di non rientrare tra le priorità del Bharatiya Janata Party.

Il nuovo premier, Narendra Modi, era il primo politico di livello nazionale che ricorresse ai social network anziché ai media tradizionali per esprimere le proprie opinioni. I suoi follower su Twitter ammontavano a piú di quarantacinque milioni. Modi twittava continuamente. In armonia con il suo programma di diventare un leader globale e con il grandioso destino che aveva promesso all'India, mandava i suoi tweet anche ai capi di Stato. Inviava messaggi di condoglianze quando un disastro provocava vittime in un paese straniero. E augurava buon compleanno ai personaggi famosi, di Bollywood o meno.

Il delitto di Katra era stato il crimine piú eclatante avvenuto in India da quando Modi aveva assunto il potere appena pochi giorni prima. Veniva naturale presumere che il premier avrebbe espresso la sua vicinanza agli Shakya sulla sua piattaforma social preferita.

Invece, il 28 maggio, la data in cui venne diffusa la notizia delle impiccagioni, Modi pubblicò un tweet su Vinayak Savarkar, l'intellettuale d'inizio Novecento che sosteneva la supremazia indú e ammirava Hitler. Un amico e seguace di Savarkar, Nathuram Vinayak Godse, influenzato dalla teoria del proprio mentore che la responsabilità della Spartizione indiana andasse imputata a Gandhi a causa della sua simpatia per le minoranze, aveva ucciso il Mahatma sparandogli a bruciapelo. In seguito all'omicidio, le forze dell'ordine avevano arrestato anche Savarkar per il ruolo da lui rivestito nel complotto, sebbene in seguito i giudici l'avessero prosciolto.

I nazionalisti indú come Modi guardavano con ammirazione a Savarkar. Al pari del loro eroe, consideravano i princípi del secolarismo contrari all'idea politica che perseguivano[1]. Intendevano trasformare l'India laica in uno Stato indú, con ogni mezzo necessario. Nei suoi tweet, Modi s'impegnava a riabilitare Savarkar, definendolo «un prolifico scrittore, pensatore, poeta e riformatore sociale»[2].

Gli Shakya non avevano votato per il partito di Modi. Non perché non credessero alle sue promesse di «*achhe din*», giorni buoni. Pensavano semplicemente che quelle promesse non riguardassero la gente come loro. Le caste alte li maltrattavano da tanto di quel tempo da indurli a ritenere persino Modi, membro di una casta bassa e figlio di un venditore di tè, privo di autorità morale per via dei suoi collaboratori. Sotto il governo del Bharatiya Janata Party, i gruppi marginalizzati subivano crescenti discriminazioni e violenze. «Alcuni autorevoli leader del Bjp sostenevano pubblicamente i perpetratori di tali crimini, pronunciavano discorsi incendiari contro le minoranze e promuovevano la supremazia indú e il nazionalismo esasperato, incoraggiando ulteriori abusi e aggressioni» osservavano gli esponenti di Human Rights Watch[3].

Da un capo all'altro dell'India, si diceva, ma soprattutto nell'Uttar Pradesh, dominato dalle divergenze di casta, gli elettori «*didn't cast their vote, they voted their caste*»*. I componenti della famiglia Shakya votavano con

* Non si limitavano a dare il loro voto, lo davano alla propria casta. Ma il gioco di quasi perfetta omofonia tra «*cast*» e «*caste*» va perduto in italiano (*N.d.T.*).

religioso zelo – nelle elezioni per il sindacato degli agricoltori, il consiglio del villaggio, l'assemblea legislativa di cui faceva parte il Lok Sabha, la Camera del popolo – attenendosi invariabilmente al medesimo principio. Costituivano un gruppo nutrito, circa trecento persone, una settantina delle quali adulte e con il diritto di voto. Grazie al loro numero, rappresentavano un blocco di elettori che esprimevano le proprie preferenze in modo compatto.

Gli uomini politici Shakya ne cercavano il favore, e a volte la famiglia candidava alle elezioni uno dei suoi componenti. Nell'ultima votazione per la scelta del capo del villaggio, uno zio degli Shakya aveva perso, e il vincitore – eletto con un vantaggio di appena quaranta voti – li aveva puniti facendo spostare alcuni cavi elettrici che passavano nei pressi di casa loro. (La famiglia non li utilizzava; il nuovo capo del villaggio voleva semplicemente affermare la sua autorità.)

Nel complesso, la fedeltà degli Shakya andava al Bahujan Samaj Party (Bsp) e alla sua leader a livello nazionale, Mayawati Prabhu Das, l'unica figura politica nella quale si riconoscessero. Mayawati, che si presentava con il solo nome, non era una Shakya, ma una Dalit. Il padre faceva l'impiegato alle poste e la madre non sapeva leggere.

Le violenze ai danni dei Dalit – un tempo considerati cosí impuri da vedersi emarginare e definire «intoccabili» – continuavano a essere molto diffuse. Tali aggressioni costituivano di fatto il tentativo sistematico, attuato da alcuni gruppi delle caste alte, di conservare potere e status sociale.

Nello stesso anno della morte di Padma e Lalli, un giovane Dalit finí linciato per aver rivolto la parola a una ragazza di casta alta[4]; un altro fu dato alle fiamme per aver permesso alle sue capre di entrare nei terreni di una famiglia di casta superiore[5]. Una donna Dalit, accusata di stregoneria, venne costretta a mangiare escrementi[6]. E non si trattava di casi isolati.

Eppure Mayawati era un personaggio cosí singolare da riuscire a ottenere per quattro volte la nomina a capo del governo dello Stato.

I leader dell'opposizione la accusavano di trascorrere gran parte del tempo a regolare i conti con gli avversari[7]. E Mayawati si era dedicata attivamente ad accumulare denaro, arrivando addirittura ad assegnare le candidature elettorali ai migliori offerenti. Le tariffe in vigore, secondo un dispaccio diplomatico statunitense pubblicato da WikiLeaks, si aggiravano «intorno ai duecentocinquantamila dollari»[8]. Documenti analoghi rivelarono che Mayawati, in qualità di capo del governo statale, teneva alle sue dipendenze nove cuochi e due assaggiatori, e che una volta aveva mandato il proprio jet privato a Mumbai per un acquisto di sandali della sua marca preferita. Lei negò tutto[9]. Nel frattempo l'Uttar Pradesh scivolava sempre piú giú in un buco nero di sottosviluppo.

È corrotta, d'accordo, sostenevano i suoi seguaci; e con ciò? Questo non valeva forse per tutti i personaggi politici? Essendo donna e per giunta Dalit, si trovava semplicemente sotto i riflettori piú di tutti i suoi colleghi maschi d'alta casta messi insieme.

In effetti la fedeltà degli Shakya a Mayawati non si limitava al senso di identificazione. Nel suo ruolo di capo del governo, Mayawati aveva emanato una direttiva non ufficiale che i suoi elettori non avrebbero mai dimenticato. Aveva insistito perché le stazioni di polizia registrassero le denunce presentate dalle persone di casta bassa nel momento in cui le ricevevano. Si trattava di un ovvio diritto fondamentale e la raccomandazione di Mayawati non costituiva certo una forma di favoritismo. Ma come l'idea di un Dalit al potere, il concetto di giustizia era talmente alieno in quella zona del paese da apparire difficile da credere e impossibile da dimenticare. Le indagini, quando vennero condotte, non furono molto piú accurate di prima e il numero dei crimini rimase alto; tuttavia, il ricordo di quella minima correzione di rotta rimase vivido quanto la fiamma di un incendio nei cuori della gente che ne trasse beneficio.

Nel 2007, quando un compagno di partito di Mayawati, Sinod Kumar, all'epoca appena trentenne, si candidò alle elezioni nella circoscrizione di Dataganj, che apparteneva al distretto di Budaun (lo stesso di Katra), la sua vittoria fu inevitabile. In fin dei conti godeva del benestare di Mayawati.

Nel distretto il livello di alfabetizzazione era basso, soprattutto tra la popolazione femminile: solo il quaranta per cento delle donne sapeva leggere e scrivere[10]. All'incirca la stessa percentuale si sposava prima dei diciotto anni. Le neomamme erano spesso anemiche, un problema di salute (legato alla povertà e alle scarse condizioni igieniche) di cui soffrivano altrettanto spesso i loro bambini, solo poco piú della metà dei quali risultavano completamente vaccinati. E sebbene Dataganj fosse stata collegata alle linee elettriche già nel 1960[11] – per lo meno sulla carta –, a Katra nel 2014 c'erano ancora zone prive di elettricità. E la maggioranza degli abitanti del villaggio defecava all'aperto.

Problemi enormi, eppure non esiste alcuna indicazione a suggerire che Sinod Kumar avesse mai tentato di affrontarli. L'unico intermediario fra Katra e i meccanismi del governo non faceva sentire la propria voce in parlamento per difendere la gente del villaggio. Né denunciava ai media le difficoltà che la opprimevano. Inoltre, mentre il suo elettorato restava in miseria, la ricchezza personale di Sinod Kumar cresceva vertiginosamente. Nel 2007 il politico si era dichiarato in possesso di beni per un totale di novecentomila rupie[12]. Nel 2012 le sue proprietà erano aumentate in misura considerevole: ammontavano a trenta milioni di rupie[13]. Ciò nondimeno, quando quello stesso anno si ricandidò alle elezioni, vinse con facilità.

Il successo di Sinod Kumar derivava dalla sua tattica di mettere in atto piccoli interventi correttivi, un trucco appreso dalla leader del partito.

I politici indiani, spesso favolosamente ricchi, erano lontanissimi dai poveri che rappresentavano; ma il governo interagiva con le classi piú svantaggiate (e senza alcun dubbio con quelle delle aree rurali) tramite gli smisurati tentacoli di un infinito numero di programmi che offrivano istruzione, lavoro e cibo. Malgrado le promesse, però, tali programmi non erano sempre in grado di aiutare tutti in maniera equa, sempre che chi li gestiva fosse disposto ad applicarli con equità. Tornava utile poter contare su qualche personaggio influente capace di convogliarne i vantaggi verso chi ne poteva trarre giovamento.

Per citare un famoso discorso di Akhilesh Yadav, ministro delle Risorse alimentari: «Di cosa hanno bisogno i poveri, in realtà? Hanno bisogno di qualcuno che interceda in loro favore quando si mettono nei guai con la polizia; di qualcuno che parli a loro nome con i *babu* del governo e sbrighi le pratiche in corso. Di qualcuno che risolva i loro problemi»[14].

Quel qualcuno poteva essere un uomo politico come Sinod Kumar, che distribuiva agli elettori un biglietto da visita con il numero del suo cellulare privato, esortandoli a chiamarlo alla prima difficoltà. E dovevano usare il suo soprannome, Deepu *bhaiya*, precisava.

Quando lo prendevano sul serio e gli telefonavano per chiedergli di mettere una buona parola con Tizio e Caio, lui li accontentava prontamente, o ci pensavano i suoi collaboratori, procurando impieghi, ammissioni a scuola, appuntamenti all'ospedale e persino indagini della polizia. L'idea di ricorrere a una scorciatoia per ottenere giustizia era assai diffusa in uno Stato come l'Uttar Pradesh, perché gli uomini politici facevano capire con chiarezza – e la gente che rappresentavano lo accettava – che mai nulla sarebbe realmente cambiato. Per esempio, la scelta era tra aspettare la riforma del sistema educativo o iscrivere subito il proprio figlio a una buona scuola ricorrendo a mezzi alternativi.

I votanti Yadav, non c'è bisogno di precisarlo, non avevano gli stessi canali privilegiati per rivolgersi a Kumar, e si adattavano alle circostanze. Quando la vittoria toccava a un candidato della loro casta, la situazione si ribaltava. Un detto popolare nel distretto recitava: «*Aaj police tumhari sunti hai, kal meri sunegi*». Oggi la polizia è dalla tua parte; domani sarà dalla mia.

Gli elettori Shakya erano soddisfatti di lasciare che i propri rappresentanti vivessero nel lusso purché non dimenticassero a chi dovevano quei privilegi. E Sinod Kumar non l'aveva dimenticato. Sebbene il suo partito non fosse al potere – il governo era nelle mani dello schieramento Samajwadi, controllato dagli Yadav –, Deepu *bhaiya* rispondeva sollecitamente agli appelli dei propri sostenitori. Una volta aveva persino aiutato la famiglia Shakya a convocare un vicino in tribunale per risolvere una controversia sulla proprietà dei rispettivi campi.

Adesso gli Shakya nutrivano speranze assai piú ambiziose. Due delle loro ragazze erano morte. Kumar doveva proteggerli e spalleggiarli finché non avessero ottenuto giustizia.

L'assistente dell'uomo politico

Sinod Kumar si trovava a Lucknow, a diverse ore di viaggio da Katra, ed era ancora a letto. Il suo fidato assistente mandò l'autista a svegliarlo.

«Fate ciò che è necessario» disse Kumar. Non sapeva cosa si dovesse fare. In ogni caso, ci avrebbe pensato il suo assistente, liberandolo dalla responsabilità della faccenda. L'assistente sbrigava il lavoro, e il merito andava al politico; era questo il perno intorno al quale giravano i rapporti tra i cittadini e i loro rappresentanti.

Armato di un largo sorriso e di uno sguardo stoico, Shareef Ahmed Ansari aveva modi spigliati con interlocutori di ogni estrazione, il che lo rendeva l'ambasciatore perfetto per il suo compito. Era solito trascorrere le mattinate nel giardino della maestosa dimora di Kumar a Dataganj, un edificio con i soffitti alti e le pareti candide, sorseggiando tè forte da minuscole tazzine bianche mentre dava udienza al corteo di postulanti arrivati in motocicletta, carichi di faldoni pieni di carte con cui suffragare le proprie richieste.

Piú tardi nel corso della giornata, a bordo di uno dei cinque suv del suo boss, visitava diversi capi villaggio per sondare l'atmosfera.

Nella zona occidentale dell'Uttar Pradesh scoppiavano disordini con piú facilità che nel resto dello Stato. Ma il distretto di Budaun, quello della circoscrizione di Kumar, non era particolarmente infiammabile. L'ultimo tumulto di notevole gravità risaliva a venticinque anni prima, quando, nel 1989, gli indú della regione avevano contestato la proposta di introdurre l'urdu come seconda lingua ufficiale dell'UP dopo l'hindi. Qualcuno aveva sparato dai tetti delle case e c'era stato l'assalto a un treno; gli scontri avevano provocato quasi trenta morti[1], ma la legge era stata approvata.

Le agitazioni di matrice religiosa* esplodevano con maggiore probabilità nelle aree in cui sussisteva una parità numerica tra indú e musulmani. Questo esasperava la competizione per le opportunità disponibili, almeno agli occhi dei sobillatori. Ma nel Budaun, il settantotto per cento della popolazione (poco piú di tre milioni e seicentomila abitanti) era indú[2]. Non era la religione a innescare i disordini, bensí le rivalità tra caste.

Ansari andò a Katra insieme al fratello del suo capo. Mentre quest'ultimo faceva quattro chiacchiere con i poliziotti, l'assistente s'intrufolò tra la folla per raggiungere la famiglia delle vittime. Il colpevole, secondo la maggior parte delle persone con cui parlò, era certamente Pappu Yadav. Era stato lui a rapire le due cugine, diceva la gente: poi però, una volta diffusasi la voce della scomparsa, si era lasciato prendere dal panico. Aveva ucciso le due ragazze perché nessuno potesse identificarlo e accusarlo. Quindi aveva organizzato le cose in modo da far sembrare che Padma e Lalli si fossero impiccate.

Ci fu chi insinuò che Pappu fosse spalleggiato dalla polizia, e in particolare dall'agente Sarvesh.

La vera responsabilità dell'accaduto, argomentarono altri, andava a una banda di individui che in quel momento sedevano sulla riva del Gange a ridere e fumare *beedi*.

Ansari non era convinto che la teoria piú diffusa (quella che implicava unicamente Pappu) rispecchiasse la verità. L'idea che un solo uomo riuscisse a sequestrare e a impiccare due ragazze appariva poco credibile.

* Le proteste del 1989 qui descritte avevano un risvolto religioso (indú contro musulmani) perché l'urdu è la lingua parlata dai musulmani del subcontinente (*N.d.T.*).

Ma ascoltò tutti con attenzione. Il boss avrebbe preteso un rapporto, il che rendeva necessario conoscere le opinioni della gente anziché limitarsi ad accettare la versione della polizia.

E chiaramente la polizia non stava facendo il suo mestiere, dato che i corpi erano ancora appesi all'albero. «Che succede?» chiese l'emissario di Kumar a un agente.

Gli Shakya si stavano comportando in modo molto irragionevole, si lamentò l'uomo. Voleva provare lui a convincerli?

Ansari fece del suo meglio, garantendo a Sohan Lal e a Jeevan Lal che il loro leader, Sinod Kumar, era in arrivo. I fratelli Shakya accettarono la spiegazione e dichiararono che avrebbero aspettato.

In realtà Ansari non aveva affatto la certezza che il suo capo si sarebbe scomodato a venire. Anche in caso affermativo, avrebbe raggiunto Katra solo di lí a parecchie ore. Il pensiero delle condizioni dei cadaveri gli dava i brividi. Quando riferí le intenzioni degli Shakya a Chauhan, il questore chiuse gli occhi per un attimo. «Cosa vogliono?» domandò.

Ansari promise di interrogare in proposito la famiglia, ma non lo fece, perché conosceva già la risposta. Disse invece ai due fratelli: «Sentite, ci sono molte pressioni». Li esortò a cambiare idea. «Quando le salme saranno state tirate giú e avvolte nei teli sigillati, il mio capo arriverà».

Sohan Lal e Jeevan Lal si rifiutarono di cedere, costringendo l'assistente del politico a strascicare i piedi con aria imbarazzata di fronte al funzionario di polizia, che lo rispedí dagli Shakya. Ansari andò avanti e indietro, riferendo proposte e rifiuti come un sensale di matrimoni.

L'ostinazione della famiglia poteva offendere un altro uomo, ma non Ansari. L'assistente di Kumar proveniva da un ambiente modesto. La sua qualifica di montatore meccanico non gli aveva consentito di trovare un lavoro fisso. Aveva cercato senza successo di avviare un servizio di sartoria. Poi aveva aperto un centro di automobili a noleggio, altro tentativo vanificato dalla sfortuna, finché, con moglie e figli da mantenere, non si era rassegnato ad accontentarsi di un impiego come dipendente. La sua ricerca si era conclusa sulla porta di Sinod Kumar.

Anche se non guadagnava molto, la prossimità al potere lo faceva apparire potente agli occhi altrui. E lui non aveva dimenticato quello che si prova nel sentirsi respingere. Il valore di ciascun individuo veniva giudicato in base a fattori incontrollabili. Ansari era musulmano, per cui nel suo caso il fattore al di là del suo controllo era la religione; nel caso degli Shakya, seguaci dell'induismo, era la casta.

E non c'era dubbio che gli Shakya fossero stati sminuiti da tutti i detentori di qualche potere giunti nel frutteto fino a quel momento. Eppure eccoli là: ma guardali, pensò Ansari. Nelle ceneri delle loro esistenze avevano trovato il coraggio di due gagliardi guerrieri.

Nulla di tutto ciò gli facilitava il compito. Chiamò il suo boss per chiedergli di intervenire. Da Lucknow, Kumar telefonò al padre di Lalli. «Lo invitai a permettere alla polizia di rimuovere i corpi» affermò in seguito. «Ma lui era ben deciso ad attendere il mio arrivo». Secondo le sue stesse dichiarazioni, Sohan Lal era convinto che in assenza del politico gli agenti avrebbero trovato il modo di manomettere i cadaveri, togliendo o aggiungendo prove per proteggere Pappu Yadav.

La famiglia aveva ottime ragioni per dubitare della polizia. E consentire ai fratelli Shakya di intralciare le forze dell'ordine giocava a favore di Sinod Kumar. La pubblica sicurezza rispondeva al governo dello Stato. Facendola apparire incompetente, incapace persino di acquisire le salme delle vittime da sottoporre all'autopsia, gli Shakya sbeffeggiavano il partito al potere, il Samajwadi Party di Akhilesh Yadav.

In seguito, nel sentirsi chiedere perché il governo statale andasse biasimato per un incidente avvenuto nella sua circoscrizione, Kumar si trovò in imbarazzo. «Dal momento del Fir fino all'autopsia e alle esequie, soltanto io, tra tutti i politici presenti, ho fatto qualcosa» si giustificò.

Ma gli uomini politici non ritenevano che migliorare la situazione rientrasse nei loro compiti. Bastava fare atto di presenza.

«Bugiardi, ladri e fottuta gentaglia»

La stazione di polizia della città di Ushait era un lindo edificio all'interno di un arioso compound fitto di alberi. Dato che molti dei suoi funzionari si trovavano nel villaggio di Katra, non era rimasto nessun ufficiale con un grado abbastanza elevato per occuparsi di Pappu.

L'agente Sarvesh e il sergente Gangwar gironzolarono nei dintorni, seguiti dal sospettato, che strascicava i piedi alle loro spalle con aria afflitta. Il sergente decise di prendere in prestito una moto e di rientrare al villaggio per dare una mano a tenere la situazione sotto controllo. Sarvesh, che aveva ben compreso l'umore della folla, si rifiutò di accompagnarlo.

Gangwar fu colto alla sprovvista dalla ressa accalcata sulla strada che conduceva al villaggio. Mentre si faceva largo tra la gente, qualcuno lo riconobbe. Gli bloccarono il passaggio e pretesero di sapere dove fosse il suo collega. «Ci sono qui io, no?» replicò lui. «Ditemi qual è il problema».

Poi Ganga Singh, l'ispettore di Ushait, lo raggiunse. «C'è molta rabbia, qui» lo mise in guardia. «Faresti meglio ad andartene». Gli ordinò di tornare alla stazione di polizia. Gangwar annuí con fare coscienzioso, ma invece di obbedire, si recò direttamente all'alloggio che condivideva con la moglie e i cinque figli. Aveva sbagliato a mettersi in mezzo in quella faccenda e adesso intendeva defilarsi.

Dopo una vita di ripetuti trasferimenti (una misura normale per salvaguardare l'onestà dei poliziotti in quello Stato tristemente noto per la sua corruzione), Gangwar era approdato allo sperduto villaggio di Katra appena due anni prima. Al suo arrivo, era rimasto allibito dalle condizioni della *chowki*. Sembrava una stalla. Il cortile soffocava sotto le erbacce. Al rubinetto dell'acqua, un vecchio cuoco se ne stava accovacciato a sfregare le pentole sporche con la paglietta di ferro.

Quando aveva cercato gli alloggi del personale per darsi una ripulita, si era reso conto che non esistevano. I suoi nuovi colleghi sedevano qua e là sbadigliando. Gli avevano spiegato che avrebbe dovuto provvedere da sé alla propria sistemazione. Uno dei funzionari dormiva nella scuola pubblica dell'infanzia di fronte alla *chowki*. Un altro si arrangiava nell'ambulatorio medico. Gangwar poteva organizzarsi nel cortile. Nella stagione piú calda, i colleghi si univano a lui, portando fuori le *charpoy* in cerca di un po' d'aria fresca.

La mancanza di risorse si faceva sentire anche in ambiti piú cruciali. Sebbene quella di Katra non fosse una *chowki* abilitata ad accettare denunce – cioè a registrare ufficialmente i Fir necessari ad avviare le indagini –, gli agenti dovevano comunque entrare in azione in caso di problemi. Uno dei reati piú frequenti era il furto di bestiame. In situazioni di maggiore gravità, un'aggressione, per esempio, i poliziotti non avevano strumenti per intervenire. Non avevano telefoni. Non avevano computer. I mezzi di trasporto messi a disposizione si limitavano a una bicicletta. Per contattare la stazione di polizia in città, ricorrevano a WhatsApp usando il loro cellulare privato.

Era cosí che i quattro uomini (divenuti poi cinque) di stanza alla *chowki* presidiavano non solo Katra, ma anche altri quarantasei villaggi.

«*Government kuch nahin karti!*» Il governo non fa nulla per noi, si lamentavano, sbottonandosi la camicia, piazzando i piedi sulle seggiole e bevendo nelle ore di servizio. Il posto di polizia finí per avere la fama di un *adda* di alcolizzati. Un giorno il cuoco, stufo, se ne andò, e fu impossibile convincere qualcuno a rimpiazzarlo.

A Gangwar la *chowki* piaceva. Non era mai stato cosí vicino alla sua famiglia: gli bastava un'ora per tornare a casa. E il lavoro era semplice. Armato del suo Lee-Enfield, il sergente inforcava la motocicletta ogni volta che gli saltava in mente e visitava i villaggi dei dintorni. «*Baatcheet se samjhata tha*» diceva. Do la mia consulenza chiacchierando con gli abitanti. «È inutile lottare. Sporgi denuncia, e finirai per vagare senza risultato da un tribunale all'altro». In realtà, dato che una denuncia ufficiale costringeva la polizia ad aprire un'indagine, con i suoi consigli Gangwar risparmiava ai colleghi ore e ore di lavoro.

Malgrado lo scarso impegno con cui svolgeva le sue mansioni, Gangwar veniva considerato «un brav'uomo». A Katra lo chiamavano *daddu*, nonno.

Piú o meno all'epoca del suo arrivo, alla *chowki* era stato aggregato un quinto poliziotto. Sarvesh Yadav aveva frequentato l'università e ottenuto una laurea di primo livello. Veniva da un villaggio di contadini del distretto di Etah, a circa tre ore di tragitto in automobile. Sarvesh dava l'impressione di essere ben ammanicato, e pertanto al di sopra delle regole. Uno dei suoi fratelli militava nell'esercito. Un altro lavorava in fabbrica. Queste informazioni erano emerse un po' alla volta, perché Sarvesh rivelava poco di sé stesso.

I colleghi non insistevano. «Se non ti va di parlare» gli disse uno di loro, «perché dovrei essere io a sforzarmi?»

Sarvesh era stato trasferito a Katra dalla *chowki* di un villaggio chiamato Bhoora Bhadraul. Gli agricoltori relativamente benestanti della zona avevano donato una parte del terreno a corredo di un tempio per stabilirvi l'alloggio del poliziotto. Avevano esortato Sarvesh a evitare il consumo di carne e alcolici. Se voleva indulgere a quei piaceri, considerati peccaminosi dai devoti indú, doveva uscire dalla *chowki* e farlo con discrezione.

Spesso gli unici tafferugli del villaggio scoppiavano per colpa delle scimmiette dal dorso bruno che razziavano le offerte di mele e banane lasciate dai fedeli al tempio. Quando le bestiole fuggivano strillando con il bottino, Sarvesh le inseguiva nel tentativo di recuperare il maltolto.

Forte di questa esperienza, era arrivato a Katra, dove gli avevano affidato l'incarico di tenere d'occhio la mafia della sabbia.

Pur essendo molto diversi per età e temperamento, i due nuovi venuti, Gangwar e Sarvesh, portavano all'eccesso la propria cattiva condotta. Tutti i poliziotti bevevano, ma Gangwar era perennemente ubriaco fradicio. Tutti ciondolavano con aria apatica, ma per tirare giú dal letto il pigro Sarvesh bisognava sbattere parecchie volte la porta della *chowki*. E verso gli abitanti del villaggio assumeva atteggiamenti inqualificabili. Faceva capire chiaramente che li considerava indegni di rivolgergli la parola, e definiva «bugiardi», «ladri» e «fottuta gentaglia» quelli che osavano varcare la soglia della *chowki*.

Un collega, l'agente Raghunandan, non pensava che Sarvesh fosse influenzato dalla casta. «Siamo Yadav!» esclamava. Con questo alludeva al fatto che, appartenendo a una casta bassa, non avevano il diritto di trattare nessuno con disprezzo. Secondo Raghunandan, il problema di Sarvesh stava nella sua diffidenza verso il prossimo. Per ottenere la sua fiducia bisognava conquistarsela. «Gli ripetevo spesso di cambiare stile. Di sforzarsi di conoscere una persona prima di giudicarla».

Ma gli abitanti di Katra non erano tenuti a dimostrare la propria integrità a Sarvesh. Era lui, piuttosto, che aveva il dovere di mettersi al loro servizio.

Il giorno della scomparsa di Padma e Lalli, il 27 maggio, non era iniziato nel solito modo alla *chowki*. Generalmente i poliziotti si svegliavano quando volevano, dopodiché affrontavano brontolando la calura della giornata. Quel mattino, invece, avevano ricevuto una soffiata su un deposito illegale di liquori in un villaggio vicino. Una volta recuperate quelle scorte clandestine, a Sarvesh e Gangwar era stato impartito l'ordine di controllare i movimenti di certi autobus. Una precauzione di routine per garantire la sicurezza dei passeggeri nelle zone prese di mira dai banditi.

In attesa dei mezzi di trasporto, i due agenti avevano deciso di ingannare il tempo alzando il gomito. Avevano brindato alla promozione di Gangwar. L'alcol aveva dato la stura a Sarvesh, che si era lamentato perché una sua richiesta di permesso era stata respinta. Quando sarebbe riuscito a vedere i fratelli? Lui e Gangwar avevano consumato un pasto innaffiato con altro whisky. Gangwar aveva rivelato che il nuovo grado non gli aveva procurato alcun aumento di stipendio. Non si sarebbe preso il disturbo di offrire *mithai* ai colleghi. Sogghignando della battuta, entrambi avevano ricominciato a bere. Gli autobus erano finiti nel dimenticatoio.

Quando Sarvesh e Gangwar avevano varcato incespicando la soglia della *chowki* era ancora presto, appena le cinque. I due agenti erano in servizio, ma faceva troppo caldo per lavorare. Avevano continuato a bere e a chiacchierare. Gli altri poliziotti si erano uniti a loro. Esauriti gli argomenti di conversazione, avevano telefonato agli amici per coinvolgerli in dialoghi da ubriachi.

Verso le undici di sera, i cinque agenti avevano tirato fuori le *charpoy*, e bofonchiando un buonanotte erano crollati nel sonno.

Lotte fra tv via cavo nei campi di Katra

Quando il giornalista Ankur Chaturvedi arrivò al villaggio, il sole era alto in un cielo immenso e i campi scintillavano nella calura. A quel punto erano giunte sulla scena anche alcune donne poliziotto. Convocate lí dalle stazioni di polizia femminile dei distretti di Budaun, Bareilly e altri per tenere d'occhio le madri sedute ai piedi del mango, erano di gran lunga in minoranza rispetto al numero di visitatori. Di fatto, nell'intero Uttar Pradesh militavano solo settemila donne poliziotto circa, che costituivano appena il cinque per cento delle forze di sicurezza dello Stato[1].

Le agenti in divisa kaki scrutavano da una parte e dall'altra, e poi distoglievano lo sguardo: non potevano fare molto di piú. Chaturvedi era arrivato in tempo per sentire l'ultima voce in circolazione. Le ragazze, sosteneva adesso la gente, avevano subíto uno stupro di gruppo prima di essere impiccate. Non c'era modo di stabilire una cosa del genere senza aver esaminato i corpi, eppure la diceria si diffuse in fretta.

Un cronista locale pubblicò una foto su Facebook[2]. Fu attraverso quell'istantanea dal fortissimo impatto emotivo che l'India delle città scoprí quanto era successo.

Nell'immagine le vittime sembrano addormentate. Hanno la testa abbandonata sul petto, il mento appoggiato all'incavo sotto il collo. Le spalle s'inclinano all'ingiú, le braccia pendono inerti. Le mani danno l'impressione di cercare un appiglio. I piedi nudi sono grigi di polvere, ma gli abiti hanno le tinte vivaci dei fiori.

La fotografia è stata scattata da qualche punto in mezzo alle dolenti, perché nella metà inferiore dell'inquadratura compaiono solo donne. Per lo piú siedono a terra, il mento posato sulle ginocchia e il volto coperto.

Nell'immagine si vedono un contenitore per il pranzo, alcuni bastoni di bambú e un cane con le orecchie nere e appuntite.

Alcune delle donne ritratte qui sarebbero divenute familiari ai telespettatori. Quella con il sari bianco da vedova, i capelli ondulati e i denti che sporgono è la nonna delle vittime. Quella in rosso, con il naso largo e le profonde mezzelune scure sotto gli occhi è la matrigna di Padma. Il fatto che non piangano, che abbiano l'aria di restare in silenzio ci offre una raffigurazione straordinariamente inconsueta del dolore. È come se queste donne non reagissero come ci si aspetterebbe perché non sono convinte che la scena davanti a loro sia reale.

Ai confini del campo c'è un uomo con un telo avvolto intorno alla testa. Sta per uscire dall'inquadratura per avviarsi stancamente al lavoro. Anche di fronte alla morte la vita deve continuare.

L'istantanea arrivò su Twitter, dove suscitò un'ondata virale di indignazione. Se si dovessero prendere alla lettera i commenti apparsi quel mattino sui social media, si direbbe che tutti fossero favorevoli ad abolire le caste e il sistema patriarcale, a fermare le violenze di genere, a offrire alle donne delle aree rurali scolarizzazione, opportunità d'impiego e servizi igienici. Se la popolazione femminile delle campagne avesse potuto disporre di tutto ciò, forse non sarebbe accaduto nulla di quanto era successo, sottintendevano tali osservazioni. Cominciò ad affermarsi l'hashtag #BudaunRape (stupro di Budaun), che alludeva al distretto cui apparteneva il villaggio di Katra.

Il crescente interesse per la vicenda attirò l'attenzione di altri canali televisivi via cavo, che in un primo momento mandarono sul posto reporter locali. Poi inviarono volti conosciuti da Delhi, lontana sei ore di tragitto in automobile. Ben presto, lungo la strada verso il villaggio si allinearono talmente tanti furgoni attrezzati per le riprese, dai quali si riversava un cosí gran numero di giornalisti, che le donne di Katra in cerca di un po' di privacy per svuotarsi la vescica si trovarono in difficoltà e furono costrette a scavare nei rispettivi cortili buche dove poter urinare.

«Toglietevi di mezzo!» gridò un cronista ai colleghi.

«Siamo stati i primi ad arrivare qui!» sbraitò un altro di rimando.

Alcuni faticavano a pronunciare il nome del distretto in cui non erano mai stati prima. Optarono per «badon». (In realtà la pronuncia corretta era «badaiun».)

«Un *mela* dei media!» esclamò Chaturvedi, aggiornando la sua pagina Facebook in mezzo al caos. Aveva filmato le scene che voleva e si sentiva soddisfatto di sé.

I giornalisti erano affamati di informazioni, e all'inizio la famiglia era ansiosa di parlare. Un collega di Chaturvedi, anche lui al servizio di Aaj Tak, piombò su Sohan Lal. Il padre di Lalli indossava una camicia bianca e un paio di pantaloni dello stesso colore, e portava al collo a mo' di sciarpa una striscia di tessuto a scacchi. Gli abiti apparivano consunti dai ripetuti lavaggi e il tessuto sottile rivelava le costole.

«A parte Pappu, chi altri è responsabile?» chiese il reporter fuoricampo[3].

«Veere» rispose Sohan Lal. «Il padre [di Pappu]».

«Avdesh» gli suggerí uno degli uomini accalcati intorno a lui.

Sohan Lal annuí. «Avdesh: cosí si chiama uno dei fratelli».

Un nuovo suggerimento: «Urvesh».

«Urvesh». Il nome del terzo fratello.

Sohan Lal si guardò intorno con aria di aspettativa. Non ricevendo ulteriori imbeccate, rimase in silenzio.

«Tre fratelli» disse poi. «E il padre».

Dopodiché qualcuno menzionò Sarvesh, l'agente di polizia.

Questo scatenò Sohan Lal.

«*Sarvesh sipahi! Murder usne karwaya*» sbottò. L'agente Sarvesh! È stato lui a organizzare l'assassinio.

«E i suoi uomini» aggiunse, alludendo ai poliziotti della *chowki*.

A quel punto le telecamere inquadrarono il fratello di Sohan Lal, Jeevan Lal. Indossava abiti simili a quelli di Sohan Lal, ma la sciarpa gli penzolava dal collo come un asciugamano. Parlava sottovoce, con aria circospetta. Era abituato a restare in disparte, a lasciare che fosse il fratello maggiore a parlare, e anche in quella situazione terribile recitò lo stesso ruolo. Di fronte alla richiesta di fare dei nomi, esitò. Sohan Lal, fuori campo, interloquí con impazienza, gridando le risposte.

Passò qualche ora, e persino il volto di Sohan Lal assunse un'espressione angosciata. A quel punto la presenza della polizia poteva rivelarsi utile, ma gli agenti venivano ancora tenuti a distanza. Ogni volta che Sohan Lal voleva defilarsi, si sentiva rammentare che mettersi sotto i riflettori era proprio ciò che aveva sperato: sarebbe stata l'attenzione dei media a fare la differenza.

Due mesi prima, in marzo, nel vicino Stato dell'Haryana, quattro donne Dalit erano state rapite da uomini di casta alta, che le avevano drogate, stuprate e scaricate in una stazione ferroviaria[4]. La polizia aveva arrestato i colpevoli, ma alcuni dei loro compagni di casta, riuniti in bande, si erano accaniti contro le vittime e il villaggio dove abitavano. Temendo per le proprie vite, ottanta famiglie Dalit avevano radunato i loro averi ed erano fuggite.

A Katra, invece, Sohan Lal era assediato da cronisti ansiosi di sentire la sua versione della storia. Cronisti che volevano attirare l'attenzione sulla morte delle due ragazze, perché per farsi sentire Sohan Lal non fosse costretto a gridare fino a ritrovarsi senza voce. Volevano raddrizzare un torto, e lui provava gratitudine per tutto ciò.

Eppure, come affermò in seguito riferendosi ai giornalisti, lasciati a sé stessi chissà cosa si sarebbero inventati.

Su questo non aveva tutti i torti.

Alcuni reporter dichiararono erroneamente che il sergente Gangwar era uno Yadav, nonostante il suo cognome rivelasse in modo inequivocabile la casta cui apparteneva. Altri presero una cantonata ancora piú madornale sostenendo che gli Shakya fossero Dalit. Entrambe le inesattezze, con ogni probabilità conseguenza della pressione a fornire notizie in tempo reale per soddisfare l'appetito dei telespettatori, ebbero un impatto sull'immagine dei personaggi in causa. Attribuire alla famiglia origini Dalit significava esasperare la sua condizione di vittima. Definire Gangwar uno Yadav equivaleva a consolidarne la fama di bieco criminale.

In uno studio televisivo di Delhi, il presentatore del notiziario di una tv via cavo si asciugò gli occhi bagnati di lacrime immaginarie. Un collega di un'altra emittente gridò piú e piú volte: «Stupro di gruppo, assassinio!», «Stupro di gruppo, assassinio!» Un terzo canale ricostruí il presunto crimine inscenando lo strangolamento di una donna. Due attori la aggredivano e le aprivano le gambe.

Ormai da tempo, la teatralità esasperata costituiva l'ingrediente principale di molti canali di informazione via cavo; questa però era la prima volta che si sfruttava tale espediente per parlare della morte di due minori. Uno degli addetti al montaggio di Times Now, il canale di notizie piú apprezzato in India, ispirato alla provocatoria rete americana Fox News, disse in seguito a un reporter: «Nel presentare i nostri servizi sfruttavamo molti degli stratagemmi usati dalle soap opera televisive. Aggiungevamo musiche inquietanti e colonne sonore di commento»[5].

L'ex direttore di un altro canale informativo dichiarò di essere stato fortemente incoraggiato a seguire tale linea dal successo di un video di mezz'ora, realizzato a partire da un clip di YouTube e promosso con la frase: «Gli occhi di Satana, ecco gli occhi di Satana». La gente non riusciva a smettere di guardarlo, aggiunse l'uomo[6].

Denunce scritte e poi stracciate

28 maggio. Era ormai pomeriggio. Tutti avevano il volto bagnato di sudore. La gente cominciava a cercare l'ombra. Vecchi e bambini piccoli cedevano al sonno là dove si trovavano. I fratelli Shakya continuavano a rifiutarsi di lasciare che la polizia tirasse giú i corpi, ma avevano perso il sostegno di una parte dei presenti. «È una mancanza di rispetto verso le ragazze» commentò un uomo. «I cadaveri si stanno guastando».

I vicini degli Shakya ipotizzavano senza mezzi termini un coinvolgimento di Sohan Lal e Jeevan Lal nella morte delle figlie. «Erano stufi del loro modo di comportarsi» dichiarò qualcuno. «Le hanno uccise per evitare altro disonore alla famiglia».

«Be', non sarebbe accaduto nulla se le ragazze non avessero fatto sesso con Pappu» osservò qualcun altro.

Il questore Chauhan decise di affrontare il problema per via indiretta. Se la famiglia avesse chiesto che fosse redatto il Fir, spiegò agli Shakya, la polizia avrebbe potuto aprire le indagini. Non era questo che volevano, scoprire cosa fosse successo? Non disse però che le investigazioni sulle morti violente si basano sull'autopsia delle vittime. Una volta registrato ufficialmente il Fir, sarebbe stato inevitabile rimuovere le salme.

Il compito di redigere il Fir toccava agli agenti cui era stata presentata la denuncia, ma in assenza degli uomini della *chowki* in grado di fornire i dettagli del caso, il questore fu costretto a chiederli agli Shakya.

Tale richiesta generò un ulteriore problema. Sohan Lal e Jeevan Lal erano analfabeti. Potevano riferire, sí, l'accaduto, ma non si fidavano dei poliziotti. «*Police tod mor ke likhegi*». Distorceranno le nostre parole e scriveranno ciò che vogliono.

Alcuni amici degli Shakya sapevano leggere e scrivere; tuttavia, nel sentirsi chiedere aiuto, rifiutarono con una scusa o con l'altra. I due fratelli avevano dichiarato chiaramente di voler implicare nella faccenda gli uomini della *chowki*. Gli abitanti del villaggio non avevano nessuna intenzione di lasciarsi coinvolgere in simili beghe.

Si fece avanti il capo del sindacato agricoltori di un altro villaggio. Si sedette per terra e prese appunti con attenzione. Poi preparò la denuncia e la lesse ad alta voce perché i fratelli la approvassero. Sohan Lal e Jeevan Lal sospirarono con aria delusa. «Non va bene» disse uno dei due. «Va strappata». Dettarono una nuova versione dei fatti. Nemmeno quella andava bene. Si allontanarono entrambi.

Un amico di famiglia consegnò un foglio bianco a un giornalista e lo pregò di intervenire. Ma l'uomo aveva assistito ai precedenti tentativi. «Mi faranno solo perdere tempo» pensò, e si defilò con il pretesto di avere sete.

In qualità di testimone oculare, sarebbe toccato a Nazru sporgere denuncia. Ma gli Shakya non badavano a lui. Se l'avessero osservato, si sarebbero accorti che il cugino si comportava in maniera ancora piú strana del normale. Si stava afflosciando come un frutto troppo maturo.

Erano ancora le prime ore del pomeriggio quando Ansari, l'assistente dell'uomo politico, cominciò a darsi per vinto. Il suo capo l'aveva mandato lí a proteggere la famiglia dalla polizia, ma chi avrebbe protetto le vittime dai loro stessi familiari? Il sole rovente gli cuoceva la pelle: che effetto faceva ai corpi di quelle due povere creature? Sarebbe stato necessario esaminare i cadaveri molte ore prima, o per lo meno refrigerarli.

Ansari si sentiva profondamente solidale con gli Shakya, e per ottimi motivi. Avevano perduto le figlie ed erano straziati dal dolore, ma dovevano smetterla di discutere su chi avesse la colpa. Avevano già scartato tre versioni della denuncia e stavano per iniziarne una quarta quando Ansari si costrinse a intervenire. «Dite a me cosa scrivere» li pregò.

Gli Shakya gli raccontarono che Pappu, i suoi fratelli, il padre e la polizia avevano «stuprato le ragazze, le avevano uccise e impiccate».

Ansari esitò. A quel punto aveva guardato piú volte i corpi da vicino, senza vedere alcun indizio di simili violenze. «Solo un medico può accertare se sono state stuprate» osservò. «Aspettiamo il risultato dell'autopsia. Sarà quello a chiarire la situazione».

Si fecero avanti anche alcuni abitanti di Katra. Veere non era a casa la sera prima, sottolinearono in tono mite. Il padre di Pappu aveva trascorso la notte dall'altra parte del fiume, a sorvegliare le sue angurie. Lo sapevano tutti. Se gli Shakya avessero insistito a sostenere il contrario, avrebbero messo in imbarazzo sé stessi e l'intero villaggio.

Sohan Lal e Jeevan Lal si rifiutarono di ascoltarli.

Alla fine arrivarono alla formulazione conclusiva della denuncia. I tre fratelli Yadav avevano assalito Padma e Lalli nei campi, dichiararono. Lo zio delle ragazze, Ram Babu, e un cugino degli Shakya, Nazru, udite per caso le loro grida d'aiuto, erano intervenuti immediatamente, ma gli aggressori li avevano minacciati con una pistola. Poi, mentre la famiglia si rivolgeva alla polizia, anche l'agente Sarvesh assaliva le due cugine. In seguito, insieme a un collega, il sergente Gangwar, Sarvesh aveva esortato la famiglia a recarsi nel frutteto, dove c'erano i corpi delle vittime. (Quest'ultima precisazione intendeva sottolineare che i poliziotti conoscevano già il luogo in cui si trovavano i cadaveri, essendo stati loro a lasciarli là.)

Molti dei presenti, persone di Katra, sapevano che buona parte di quella denuncia era inventata di sana pianta, ma non toccava a loro segnalarlo, dicevano a sé stessi. Il tempo sarebbe trascorso, forse la verità avrebbe finito per emergere, ma loro dovevano comunque continuare a vivere nel villaggio accanto agli Shakya. Avevano bisogno di rimanere in buoni rapporti con la famiglia.

Alle quattro meno dieci del pomeriggio, Sohan Lal consegnò la denuncia alla polizia. Appena ne entrò in possesso, Chauhan divenne sordo alle insistenze dei fratelli Shakya perché i cadaveri fossero lasciati dov'erano. I suoi uomini circondarono l'albero di mango.

Ormai da un pezzo nel frutteto echeggiava una domanda: «*Kab utrengi?*» Quando le tireranno giú?

Adesso, a quanto pareva, quell'interrogativo aveva avuto risposta.

I corpi vengono tirati giú

Il compito di arrampicarsi sull'albero fu assegnato a un abitante del posto che collaborava volontariamente con la polizia come guardia civica. L'uomo scalò il tronco con le scarpe da ginnastica ai piedi. Protendendosi da un ramo, riuscí con facilità a slegare il *dupatta* verde scuro. Era fissato con un unico nodo semplice. L'uomo lasciò andare la sciarpa e il corpo di Padma cadde tra le braccia tese di alcune donne poliziotto, le quali disfecero il secondo nodo, quello che teneva il tessuto stretto intorno al collo.

Poi la guardia civica cercò di liberare la seconda salma: non fu altrettanto facile. In questo caso il nodo era doppio. L'uomo tirò e tirò, ma finí per scivolare e rischiò di strapparsi i jeans azzurri. Il ramo non avrebbe sorretto il suo peso ancora per molto.

«*Halka admi chadha dijiye!*» gridò la guardia civica guardando in basso. Mandate su una persona piú magra.

La folla gemette: non c'era limite all'incompetenza della polizia?

«Dammi una mano, per favore» disse l'uomo incrociando lo sguardo del fratello maggiore di Lalli. Nonostante fosse basso per la sua età, Virender aveva un fisico robusto grazie agli anni passati ad aiutare il padre nei campi, ed era bravo ad arrampicarsi. Il ragazzino si allungò sul ramo cui era appeso il corpo della sorella. Il nodo era molto stretto, e nemmeno lui riuscí a scioglierlo. Affondò i denti nel tessuto di cotone per ammorbidirlo, finché il nodo non si allentò a sufficienza da consentirgli di usare le mani. Il cadavere precipitò giú. Il momento passò in un lampo sfuocato.

In seguito, Virender non fu piú in grado di rammentare quale delle due cugine avesse aiutato a liberare. «Forse la piú grande» disse poi. «C'era un gran caos, con tutta quella gente».

Si sbagliava. Il *dupatta* rosso e viola apparteneva a Lalli.

È possibile che la confusione di Virender derivasse dal fatto che quello era il suo secondo tentativo di slegare la sorella. In precedenza, quel giorno, aveva perso la testa per un attimo e si era slanciato sull'albero. Aveva districato il nodo, ma la madre era intervenuta senza dargli il tempo di concludere l'operazione. Dal basso, gli aveva gridato di fermarsi. I corpi non dovevano ancora essere toccati, aveva detto Siya Devi. «Lascia in pace tua sorella».

A quel punto, per sicurezza, Virender aveva raddoppiato il nodo.

Quella non era stata l'unica manomissione delle salme. Padma non aveva piú il cellulare nel reggiseno. E le avevano sfilato dal collo la catenina d'oro, rimasta da allora irreperibile. Inoltre, le ciabatte di entrambe le vittime erano sparite dalla base del tronco.

La polizia non fece alcun tentativo per indagare meglio sulla faccenda. «Gli agenti volevano mandare i cadaveri in città» disse Chaturvedi, il giornalista. «Non sembravano interessati a cercare eventuali prove».

L'ispettore di Ushait, Ganga Singh, diede la colpa alla folla. «Avremmo avuto bisogno di tempo per osservare le vittime e rilevare i dettagli» si lamentò. «Ma c'era troppa confusione».

Preparò comunque il *panchnama*, la descrizione della scena del crimine. Il documento andava redatto dal funzionario addetto alle indagini, nella fattispecie Ganga Singh; si trattava però di un rapporto basato sulle dichiarazioni dei testimoni presenti.

Ganga Singh scelse cinque uomini a caso tra la folla e chiese loro di guardare i corpi da vicino. Di osservarne le lesioni, se ne vedevano. Qual era la causa apparente del decesso?

Ritennero tutti che le due ragazze fossero state uccise. Altrimenti perché le avrebbero trovate appese a un albero?

«Io concordavo» disse in seguito Ganga Singh. I testimoni, analfabeti, apposero l'impronta digitale sul *panchnama*.

Poi le salme furono trasportate attraverso i campi fino alla strada principale, dove un furgone aspettava di condurle al luogo in cui sarebbe stata eseguita l'autopsia. Ganga Singh le avvolse in due teli di rigido tessuto bianco. Immerse il sigillo della polizia nella ceralacca di una barretta rossa che aveva fatto fondere e lo applicò sulla stoffa.

Mentre il furgone serpeggiava ancora tra la folla, si corse il rischio che si scatenasse un nuovo tumulto. Ansari, l'assistente dell'uomo politico, ricevette una telefonata in cui il suo boss, Sinod Kumar, gli comunicava che stava per arrivare. «Sarò lí tra cinque minuti».

Quando Ansari annunciò la notizia, i fratelli Shakya non riuscirono a controllarsi. «Fermate il furgone!» gridò uno dei due. «Fermate il furgone!»

Qualcuno allungò la mano nell'abitacolo e sfilò le chiavi dal quadro. L'autista restò bloccato sul sedile e la folla spinse il veicolo con tutte le sue forze e cominciò a farlo indietreggiare verso il frutteto. Il terreno era cosí accidentato che mentre il furgone superava un avvallamento particolarmente profondo, una delle salme scivolò giú dal retro e cadde con un forte tonfo. La violenza dell'impatto fu tale che il sigillo si spaccò e il tessuto si aprí, rivelando il corpo all'interno.

Venne scaricata anche la seconda salma e le fu tolto il sigillo sotto gli occhi dei fratelli Shakya. Le vittime erano tornate al punto di partenza.

Furono deposte fianco a fianco ai piedi dell'albero.

Gli Shakya avevano atteso molto a lungo il loro leader, in preda a un'aspettativa crescente, ora dopo ora. Avevano sicuramente bisogno di conforto, e anche di indicazioni sul da farsi. Ma al suo arrivo, Kumar fu colto alla sprovvista dalla scena del frutteto. Restò là in piedi nel suo *kurta-pyjama* bianco tipico dei politici, i tratti infantili alterati dalla confusione, il doppio mento affondato nelle pieghe del collo. Benché conoscesse gli eventi drammatici della giornata, rimase senza parole di fronte alle due ragazze morte con il viso rivolto verso di lui. «Calmatevi» esortò i membri della famiglia, passandosi una mano sui baffi. «Lasciate che la legge segua il suo corso. Litigare non vi porterà da nessuna parte».

L'incontro tanto sperato si concluse in una manciata di minuti.

Kumar condusse il proprio entourage fuori dal villaggio a bordo del suo suv Toyota. Il furgone sul quale viaggiavano le salme e i fratelli Shakya sferragliava subito dietro. Li seguivano almeno venticinque veicoli, tra cui parecchie jeep della polizia e diverse vetture delle tv via cavo. Gli abitanti del villaggio salirono su qualsiasi mezzo di trasporto avessero a disposizione. Nessuno pensò di chiedere alle madri di Padma e Lalli se volevano andare. Erano donne: cos'avrebbero fatto una volta arrivate a destinazione?

Quando il convoglio ebbe distanziato la folla di un buon tratto, si fermò. Le salme erano esposte alla vista nel retro del furgone. I teli che le avvolgevano non erano ancora stati richiusi, per non perdere tempo e non offrire alla folla l'ennesimo pretesto per ritardare le procedure.

Padma e Lalli vennero di nuovo coperte e il tessuto bianco fu sigillato e stampigliato. Gli automezzi attraversarono il ponte al di là del quale si usciva dal distretto. Sotto le campate, il Gange fluiva dolcemente, mormorando e mandando barbagli. Le sponde erano costellate di tumuli; cani randagi ansimavano ai margini dell'acqua.

Ben presto il convoglio si ritrovò bloccato in un ingorgo, circondato da camion carichi di legname e carretti trainati dai cavalli. La polizia accese le sirene, ma era solo scena, perché non c'era un centimetro di spazio. Bisognava rassegnarsi ad aspettare, insieme ai conducenti frustrati che pestavano sui clacson, ai contadini che vibravano le fruste, ai lavoratori a giornata che torcevano la bocca in sella alle biciclette.

Nell'automobile del politico regnava il gelo grazie al climatizzatore, ma i fratelli Shakya, accalcati sul furgone con le salme delle figlie, riuscivano a malapena a respirare.

Abbassiamo i finestrini, abbassiamo i finestrini, implorò uno dei due.

Dal bordo della strada gli ambulanti si avvicinarono al veicolo correndo per offrire bibite gassate, pannocchie arrostite e uova sode. Gli Shakya contemplavano gli edifici che torreggiavano su di loro, allineati lungo la carrozzabile in un'esibizione di prosperità: ospedali, sale banchetti e concessionarie di automobili.

Erano trascorse due ore quando arrivarono alla città di Budaun, e la luce del giorno stava calando. Ma non c'erano lampioni stradali neppure là, in quell'area urbana relativamente ricca. Anche le case erano immerse nel buio. Si vedeva sporcizia ovunque, come se una bufera avesse radunato lí tutta la spazzatura del pianeta. Gli uccelli riempivano il cielo con i loro versi striduli.

L'uomo delle pulizie e la dottoressa «indifesa»

L'edificio per le autopsie sorgeva in mezzo a un campo dove pascolavano i bufali. Da un lato correva un fiume, dall'altro i treni passeggeri sfrecciavano fischiando lungo il binario della ferrovia.

Il responsabile, Lala Ram, aveva sentito nel primo pomeriggio la notizia delle ragazze impiccate, dopo aver acceso per caso il televisore nel suo ufficio, a una ventina di minuti di cammino dalla sala settoria. A cinquantun anni, Lala Ram aveva perduto gran parte della capigliatura, ma conservava la sua indole calma. Seduto a bere tè al latte insieme al farmacista dell'ospedale, A.K. Singh, durante una rara pausa dall'atmosfera caotica del nosocomio pubblico, non aveva trovato nulla di insolito nella faccenda. Non aveva idea di dove fosse Katra, ma sapeva che fatti come quello potevano succedere.

Circa un'ora piú tardi, ricevette una telefonata dal medico di servizio quel giorno per la supervisione delle autopsie: il dottor Rajiv Gupta gli disse di procurarsi guanti chirurgici, vetrini e batuffoli di ovatta per i tamponi. L'ospedale era spesso sprovvisto persino di quelle forniture essenziali, che perciò andavano ordinate in anticipo. Bisognava esaminare i cadaveri trovati a Katra, aggiunse il medico.

Poi il dottor Gupta fece una seconda chiamata, stavolta all'ufficiale sanitario che dirigeva il nosocomio. Gli spiegò di aver saputo che le due ragazze avevano subíto una violenza sessuale. E lui aveva ben poca esperienza in merito, precisò. Sarebbe stato opportuno convocare una dottoressa.

L'amministrazione ospedaliera non riuscí a trovarne

nemmeno una nel proprio organico disposta a offrirsi per il lavoro. «Si trattava di un caso troppo in vista» si sentí riferire in seguito Ansari, l'assistente dell'uomo politico. Nessuno voleva essere coinvolto. «Solo i medici piú indifesi non avevano altra scelta che accettare l'incarico».

L'indifesa di turno fu la dottoressa Pushpa Pant Tripathi, cinquantunenne, che lavorava presso il vicino ospedale femminile. La sua «debolezza» dipendeva dalla tendenza a non affermare la propria autorità. Diceva di sí quando gli altri opponevano un rifiuto. La dottoressa Tripathi era un medico generico e non aveva mai eseguito un'autopsia.

All'ospedale ne venivano condotte in media due o tre al giorno, in prevalenza su vittime di morti violente o sospette. Un uomo finito sotto il trattore, una neonata gettata tra i rifiuti. Una regola empirica raccomandava che ogni medico eseguisse una media di duecentocinquanta autopsie all'anno, e non superasse un massimo di trecentoventicinque[1]. La norma serviva a prevenire gli errori. Secondo Lala Ram «non c'era limite» al numero di esami autoptici che doveva svolgere. Padma e Lalli erano l'ottava e la nona salma di quel giorno.

Lala Ram faceva il proprio mestiere da quasi vent'anni, ma non possedeva affatto le qualifiche necessarie. Per molto tempo aveva lavorato al fianco del padre, Bulaki, saltando la scuola per occuparsi del bestiame e dei raccolti. Un giorno gli era capitato di leggere l'annuncio di un impiego disponibile all'ospedale e aveva pensato: perché no? Avrebbe potuto trasferirsi in città. E contare su uno stipendio fisso.

Nel 1992 aveva ottenuto il compito di spazzare, pulire e disinfettare le corsie ospedaliere. Tre anni piú tardi, quando l'addetto alle autopsie aveva lasciato il posto, gli era stato chiesto di sostituirlo. Ovviamente non aveva conseguito alcuna laurea in Medicina, ma questo valeva anche per il suo predecessore. La scarsità di medici legali nel paese era tristemente nota, e gran parte degli ospedali pubblici ripiegava su persone come Lala Ram. La documentazione ospedaliera continuava ad annoverarlo tra i dipendenti di «grado quattro», la categoria riservata ai lavoratori non specializzati di basso rango, di cui facevano parte gli incaricati delle pulizie.

La prima volta che Lala Ram si era ritrovato solo nella camera settoria, si era guardato intorno cercando l'attrezzatura medica. Non l'aveva trovata, perché l'ospedale non si poteva permettere di acquistarla. Cosí, seguendo le orme del precedente incaricato, era andato al bazar e aveva comprato coltelli, un martello, un mazzuolo di legno, aghi, una spoletta di filo e la bilancia di un fruttivendolo. Si era inoltre procurato un grembiule e una confezione di guanti di lattice. Preferiva lavorare in ciabatte di gomma, perché era piú facile ripulirle dalle tracce di sangue.

Non era certo un tipo schizzinoso, eppure il posto era troppo sporco persino per lui. Le gambe del grande tavolo di metallo affondavano in un profondo strato di sudiciume, tra macchie di sangue e tracce in rilievo della ceralacca rossa usata per stampigliare i referti. Per questo, e per sfuggire al pericolo dei numerosi cavi elettrici penzolanti, Lala Ram aveva preso l'abitudine di lavorare all'aperto. Era piú facile, per lo meno in termini di visibilità, dato che di solito le autopsie venivano eseguite di giorno.

Il tavolo esterno, peraltro, era un cimelio dell'epoca coloniale britannica. Alla prima incisione, le mosche calavano sul cadavere e vi si raggruppavano in fitti nugoli. Anche dopo che Lala Ram aveva avvolto il corpo in un telo di tessuto cucito con cura per tenerlo a posto, gli insetti insistevano, attirati dal sangue che trapelava dalla stoffa. Guardando i rapaci che volteggiavano in cielo, Lala Ram faceva battute sul fatto di non volerli nutrire tra un pasto e l'altro. Ma là fuori poteva godere almeno del refrigerio della brezza: e nei giorni piú caldi, alquanto frequenti, questo piccolo conforto gli sollevava il morale.

All'inizio del millennio, il direttore dell'ospedale, persuasosi che la situazione fosse insostenibile, aveva approvato il progetto per una nuova sala settoria attigua a quella esistente. Grazie al budget di parecchi milioni di rupie, il nuovo edificio prometteva di offrire attrezzature all'avanguardia.

Nel 2014 la costruzione venne infine ultimata, e il personale medico ospedaliero accorse ad ammirare i locali ben equipaggiati. I pavimenti piastrellati splendevano e la luce del sole entrava a fiotti dalle grandi finestre. Ci sarebbe stata energia elettrica e acqua corrente ventiquattr'ore su ventiquattro. La sala settoria appena realizzata era uno dei pochi edifici «buoni» del distretto, concordavano i medici, usando l'aggettivo a mo' di eufemismo per alludere a una piena funzionalità. Non vedevano l'ora di lavorarci.

Inevitabilmente, però, le cose non andarono come previsto. L'ubicazione della nuova sala settoria, isolata in mezzo a un campo dove pascolavano i bufali, cominciò a suscitare voci sulla presenza degli stessi fenomeni soprannaturali che avevano infestato quella vecchia. Il personale ospedaliero sosteneva di non riuscire a trovare nessuno disposto a occuparsi della sorveglianza nelle ore notturne. La polizia era altrettanto responsabile della sicurezza, ma gli agenti escogitavano sempre qualche pretesto per filarsela non appena calava il buio.

I ladri approfittarono dell'occasione. Smontarono con il trapano le inferriate delle finestre. Rubarono le attrezzature mediche, le lampade, i lavabi e persino le prese elettriche. Prima ancora che fosse programmata l'autopsia inaugurale, la sala fu completamente ripulita. I locali deserti attirarono una nuova minaccia. Ben presto i tossicodipendenti presero a frequentarli per bucarsi. Entro la fine dell'anno si verificarono almeno tre intrusioni. Una banda di rapinatori ridotti alla disperazione si portò via addirittura il badile e il rastrello che il giardiniere aveva lasciato in un angolo dell'edificio ormai deserto.

Fu solo questione di tempo, riferí poi Lala Ram in tono tormentato: ben presto qualcuno si appropriò anche della porta d'ingresso.

L'autopsia

Quando il convoglio di automezzi provenienti da Katra arrivò alla sala settoria erano appena le sei e mezzo, eppure le tenebre avevano già inghiottito l'edificio. Si rese necessario presentare un'istanza al magistrato del distretto per ottenere un generatore. Poi ci furono dei moduli da compilare. A quel punto la polizia doveva procurarsi le videocassette per registrare l'esame autoptico. Alla fine qualcuno mise a disposizione il nastro con il filmato del proprio matrimonio. Erano passate piú di dodici ore dal ritrovamento dei corpi.

Alle 19:05 l'obiettivo inquadrò il tavolo dell'autopsia, intorno al quale si trovavano cinque persone: tre medici, il video-operatore (fuori campo) e Lala Ram, che si era messo in canottiera per non sporcarsi la camicia. Era presente anche A.K. Singh, il farmacista dell'ospedale, ma stava aspettando nella stanza attigua.

La polizia aveva chiesto al dottor Rajiv Gupta, che dirigeva l'operazione, di specificare la causa della morte e l'ora del decesso, e di precisare se le vittime avessero subíto violenza sessuale o meno.

La procedura venne subito insidiata da diversi problemi. Le mansioni del dottor Gupta non comprendevano l'esecuzione delle autopsie; non essendo un medico legale, Gupta si guardava bene dal toccare un cadavere. Ovviamente, nemmeno Lala Ram era un medico legale: secondo la prassi abituale, si limitava a seguire le indicazioni del dottor Gupta. Quella sera, nel fracasso del generatore che vibrava rumorosamente, Lala Ram faticava a concentrarsi. «Non riuscivo a sentire una parola» dichiarò in seguito.

Perciò fece quello che sapeva. Tagliò con le forbici gli abiti delle due ragazze. Poi impugnò un bisturi.

In uno dei giorni piú caldi mai registrati, la squadra stava lavorando in una stanzetta angusta e mal ventilata, con le lampade per le riprese che irradiavano altro calore. Non c'erano ventilatori né aria condizionata. Lala Ram aveva le mani viscide di sudore. Qualcuno spalancò una finestra, ma questo peggiorò la situazione. Al chiuso, il gruppo si trovava al riparo dagli sguardi della gente venuta da Katra. Adesso era esposto alla loro curiosità. La dottoressa Tripathi, in *salwar-kameez* e *dupatta* avvolto intorno al collo, si scusò e si allontanò per andare a prendere una boccata d'aria. In seguito avrebbe confessato che la vista della folla assiepata all'esterno l'aveva «intimorita».

La lingua di Padma sporgeva dalle labbra. Gli occhi erano congestionati e c'era stata una fuoriuscita di feci dall'ano. Lalli si trovava in condizioni simili. I cadaveri mostravano la decolorazione conseguente al decesso e avevano già sviluppato il *rigor mortis*.

Un'emittente via cavo aveva diramato la notizia che i corpi mostravano «numerosi segni di ferite». Il padre di Lalli, Sohan Lal, sosteneva di aver visto del sangue. La cugina Manju ricordava di aver notato qualche spina. I medici, peraltro, non registrarono alcuna lesione; osservarono invece la presenza di polvere «in quantità anormale». Non c'erano escoriazioni né sangue. I capelli erano in ordine. I braccialetti di vetro intatti.

Poi Lala Ram si accorse che «la piú piccola» delle due vittime (alludeva a Lalli) aveva perso sangue dalla vagina.

La prima videocassetta utilizzata giunse alla fine, e l'operatore ne inserí una seconda. Quest'ultima conteneva la registrazione di uno spettacolo di musica e danza.

«Si sbrighi, Lala Ram» disse il dottor Gupta in tono di rimprovero. «Fa un caldo terribile qui dentro».

L'autopsia di Lalli durò cinquanta minuti: un tempo breve, date le circostanze. Per quella di Padma ci vollero dieci minuti di meno. Alle nove e un quarto i medici si riunirono nella stanza adiacente per confrontare i rispettivi appunti in presenza del farmacista dell'ospedale. Conclusero che le due cugine avevano rispettivamente sedici e quattordici anni. Erano morte per impiccagione. Fissarono l'ora del decesso alle 2:30 del mattino, vale a dire piú o meno nel momento in cui il gruppo che le stava cercando batteva alla porta della *chowki* nel tentativo di svegliare i poliziotti.

La dottoressa Tripathi, convocata espressamente per stabilire se le due ragazze avessero subito violenze sessuali, ritenne che il sangue coagulato «all'interno e nei pressi dell'orifizio vaginale [di Lalli]» – quello che le aveva mostrato Lala Ram –, insieme alla presenza di «abrasioni» in quell'area, indicasse precisamente una simile eventualità. Nel referto dell'autopsia, la dottoressa omise di indicare numero e dimensioni delle abrasioni osservate.

Non c'era sangue sul corpo di Padma, ma la dottoressa rilevò alcune anomalie: un imene gonfio e bluastro, una lacerazione della vagina e tracce di secrezioni. Incaricò Lala Ram di eseguire dei tamponi vaginali.

Due mesi prima, il ministero della Salute (Ministry of Health & Family Welfare) aveva pubblicato una serie di linee guida per i medici incaricati di esaminare le vittime di violenze sessuali, sopravvissute o decedute[1]. Come le modifiche alla legge sullo stupro, il testo era stato redatto in seguito all'aggressione del 2012 sull'autobus di Delhi[2].

Tra le altre cose, le suddette linee guida affermavano che lo scopo di una visita medica legale consisteva nell'accertare se l'atto sessuale fosse stato «tentato o portato a termine», se avesse avuto luogo di recente e avesse provocato danni fisici. Contenevano inoltre un promemoria per sottolineare che la decisione sulla sussistenza del reato di stupro spettava al tribunale. «Il medico non può esprimersi in merito al fatto che sia avvenuto uno "stupro", perché la parola "stupro" è un termine legale».

La dottoressa Tripathi – all'oscuro di queste indicazioni – disse al dottor Gupta, impegnato a preparare il referto, di scrivere che «gli accertamenti» effettuati su entrambi i corpi «facevano pensare a uno stupro». Il dottor Gupta, nelle sue funzioni di supervisore dell'autopsia, avrebbe dovuto correggere l'inesattezza: solo che nemmeno lui conosceva le linee guida. «In tutta franchezza» dichiarò in seguito, «scoprii solo successivamente che "stupro" è un termine legale». Se n'era reso conto navigando in rete.

In realtà la dottoressa Tripathi non sapeva con certezza se le due ragazze avessero subíto una violenza sessuale. «Appena vide le tracce di sangue nella vagina» disse un medico convocato per valutare l'autopsia, un professionista in cui lei aveva fiducia, «decise che la folla fuori dalla camera settoria aveva ragione, che le vittime erano state stuprate. Non aspettò di controllare meglio».

Le sue conclusioni trapelarono immediatamente all'esterno e si diffusero tra le persone assiepate in ansiosa attesa. La tragedia che avevano evocato a parole si era avverata.

Rimasto solo con i cadaveri, Lala Ram si mise a riordinare come di consueto. Poi raccolse gli indumenti delle due ragazze da infilare nei sacchi destinati alla polizia. Fu allora che trovò il denaro. Consegnarlo agli agenti era fuori questione: se lo sarebbero intascato senza pensarci due volte. Invece, quando uscí per lavare gli strumenti medici al rubinetto esterno, chiese di parlare con un parente delle vittime e gli fece scivolare in mano con discrezione i biglietti di banca.

L'entità della cifra – duecento rupie, in due banconote da cento – corrispondeva esattamente alla somma che Pappu sosteneva di aver portato alle due cugine quando si erano incontrati la sera prima.

Addio, Padma Lalli

Era passata da poco la mezzanotte quando gli agenti rientrarono a Katra con le salme. Li seguivano Sinod Kumar, l'uomo politico, i fratelli Shakya a bordo del furgone e gli abitanti del villaggio che li avevano accompagnati. Il cielo sembrava una bocca enorme pronta a inghiottirli interi. Si sentivano sussurri; si respirava un odore di fumo di legna e foglie di tabacco.

Siya Devi si fece avanti. Reggeva una bracciata di vestiti per le ragazze. I loro corpi, però, erano stati chiusi di nuovo nei teli di tessuto, e sebbene i volti fossero parzialmente visibili, la madre di Lalli si aspettava molto di piú. Pensava che dopo l'autopsia le avrebbero restituito la figlia per poterla abbracciare un'ultima volta.

Scoppiò in rabbiosi singhiozzi.

In circostanze normali, i parenti avrebbero convocato dei sacerdoti. Avrebbero lavato le salme per poi avvolgerle in un sudario bianco. Adesso invece non sapevano cosa fare con quanto si ritrovavano sotto gli occhi.

Solitamente gli indú cremano i loro morti; la salma viene cosparsa di burro chiarificato, adagiata sulla pira e data alle fiamme. Ma c'erano norme diverse per i neonati e i bambini sotto i tre anni: in questi casi i defunti andavano sepolti o immersi in un fiume sacro, appesantiti da mattoni legati alle membra perché sprofondassero sott'acqua. Lo spirito dei bimbi piccoli non resta nel corpo abbastanza a lungo da sviluppare forme di attaccamento, si diceva; per gli adulti, al contrario, gravati dal fardello dei loro peccati, è necessario ricorrere alla cremazione, al fine di agevolare il distacco dell'anima dai resti mortali. In alcune comunità, l'eccezione alla regola comprendeva anche le persone non sposate, e gli abitanti di Katra cominciarono a consultarsi su quale procedura adottare per Padma e Lalli.

La discussione si concluse rapidamente: fu deciso di seppellirle. Quelli che avrebbero potuto obiettare erano troppo stanchi per sostenere la propria causa. «È ora di tornare a casa» disse qualcuno. «Non abbiamo mangiato né bevuto quasi niente da questa mattina».

L'ispettore Ganga Singh esortò tutti coloro che volevano partecipare alle esequie ad affrettarsi e a seguire la sua macchina. Mentre le portiere dei veicoli iniziavano a chiudersi fragorosamente, Siya Devi indietreggiò. L'induismo non proibisce alle donne di presenziare ai riti funebri, ma non le incoraggia a farlo. Nel villaggio prevaleva un atteggiamento conservatore, e Siya Devi era abbastanza accorta da non chiedere il permesso al marito, che non si era ancora nemmeno avvicinato a lei.

Guardò allontanarsi il convoglio formato da una trentina di automezzi. Persino i furgoni dei giornalisti si unirono al gruppo: eppure Siya Devi fu costretta a rimanere indietro. Il Gange si trovava a pochi passi di lí, ma per lei era come se fosse agli estremi confini del mondo.

Nei suoi duemilacinquecento chilometri di lunghezza, il Gange non resta uguale a sé stesso. Dalla sorgente sui monti dell'Himalaya alla foce nel Golfo del Bengala, assume forme diverse nelle varie regioni che attraversa. I colori del fiume riflettono quelli delle acque di scolo, dei pesticidi e degli scarichi industriali riversati regolarmente nel suo alveo. Si sa che è «altamente contaminato» da «metalli pesanti velenosi e cancerogeni, quali piombo, cadmio, cromo, mercurio e arsenico». Secondo uno scienziato, ogni anno vi vengono gettate duecento tonnellate di resti umani inceneriti solo parzialmente[1]. In quella regione dell'Uttar Pradesh il fiume sacro aveva la tinta grigiastra dei pesci e ribolliva come una pentola sul fuoco.

Parcheggiati i veicoli nei pressi del ponte, gli uomini scesero la scala che conduceva sulla sponda, utilizzando i cellulari per farsi luce. I fratelli Shakya reggevano le salme sulle spalle.

Nel corso degli anni, il fiume aveva assistito alla cremazione di migliaia di cadaveri, le cui ceneri venivano poi sparse nell'acqua affinché le anime potessero raggiungere il cielo. L'ultimo defunto per il quale gli Shakya avessero eretto una pira funebre su quella riva era il padre di Sohan Lal, Zorawar. Padma e Lalli sarebbero state le prime della famiglia a esservi sepolte.

I riti che seguirono si svolsero in un'atmosfera carica di inquietudine. I poliziotti temevano che i fratelli Shakya potessero cambiare idea. Gli Shakya, dal canto loro, avevano paura di contravvenire alle norme religiose che ammonivano a non celebrare le esequie dopo il tramonto. Per evitare ulteriori indugi, gli agenti si misero rapidamente all'opera, assoldando i sacerdoti del tempio situato sotto il ponte. Volevano inoltre accertarsi che i corpi non venissero manomessi.

«Di solito gli abitanti del villaggio seppelliscono i cadaveri in tombe superficiali, e questo attira gli animali selvatici dalla boscaglia vicina» spiegò in seguito il questore Chauhan. «In quel caso, prendemmo le dovute precauzioni scavando fosse piú profonde». Ovviamente non erano solo gli animali selvatici a destare le preoccupazioni di Chauhan.

I fratelli Shakya scelsero un punto vicino a una statuetta azzurra di Shiva, il dio della distruzione, che ha fama di meditare in mezzo alle ceneri dei morti. Impugnarono le vanghe di buona lena e scavarono una buca nella sabbia, larga un metro e profonda due. Vi calarono le salme e le coprirono con gli abiti preparati dalle madri. Tutti chinarono il capo per raccogliersi in preghiera.

Conclusa la cerimonia, l'idra dei veicoli si divise. L'uomo politico, Sinod Kumar, rientrò nella sua sontuosa dimora. I giornalisti presero alloggio negli alberghi dei dintorni. L'indomani sarebbero tornati al villaggio.

L'ispettore Ganga Singh andò a Jati, convinto per qualche motivo che i familiari di Pappu lo stessero aspettando.

E gli Shakya rincasarono a Katra.

Al loro arrivo, trovarono il cortile gremito di parenti venuti da lontano a porgere le proprie condoglianze: erano cosí numerosi che alcuni dovettero passare la notte sul tetto a terrazza. I due fratelli si chiusero il cancello alle spalle, e forse qualcuno riuscí davvero a dormire. Ma al sorgere del sole Sohan Lal e Jeevan Lal erano svegli.

Siya Devi sedeva a terra, le gambe protese di fronte a sé. Non si era cambiata il sari. Non aveva mangiato. E per la prima volta nella vita non si preoccupava delle necessità degli uomini. Non lanciò neppure un'occhiata nella loro direzione.

Alzò lo sguardo, invece, verso la luce che incrinava le tenebre, annunciando un nuovo giorno e, per lei, un nuovo modo di vivere.

Kharif

Estate 2014

Il posto peggiore del mondo

Entro la fine della settimana, tutti avevano sentito parlare di Katra, il villaggio dove si diceva che le ragazze finissero stuprate e poi uccise. Il posto continuava ad attirare curiosi venuti da lontano. Furono mandati poliziotti a centinaia per tenere sotto controllo la situazione. Facevano turni cosí incessanti da vedersi costretti a piazzare le *charpoy* per dormire nei ricoveri non occupati dagli animali. Si lavavano alle pompe dell'acqua. Alcune famiglie s'impietosivano e offrivano agli agenti il latte fresco delle loro mucche. I bambini del villaggio ciondolavano intorno alle pattuglie nella speranza di adocchiare una pistola in piena regola, invece delle solite armi messe insieme con pezzi disparati.

I media internazionali si affrettarono a sfruttare la vicenda, che dipinsero come il caso di stupro e assassinio piú eclatante dopo l'aggressione perpetrata nel 2012 su un autobus della capitale. Il *New York Times* aprí la strada con un articolo intitolato «Un caso di stupro in India scatena accuse di macchinazione ordita da una casta»[1]. L'*Huffington Post* pubblicò fotografie delle due vittime con un'avvertenza conturbante: «Immagini molto crude»[2]. Persino il segretario generale delle Nazioni Unite commentò il fatto. Parlando di «azioni spregevoli nel mondo», Ban Ki-moon disse: «Mi ha particolarmente sbigottito il brutale stupro e il raccapricciante assassinio di due adolescenti indiane avventuratesi fuori dalle loro case perché sprovviste di servizi igienici»[3].

Ma se le violenze sull'autobus di Delhi avevano suscitato orrore, le impiccagioni nel distretto di Budaun innescarono un senso di disperazione.

La storia della vita e della morte delle due ragazze, cosí come venne interpretata all'epoca, evidenziava i piú inveterati problemi della nazione. Il paese era cosí pericoloso e immorale che persino le bambine rischiavano lo stupro. Sebbene lo sviluppo economico avesse cambiato l'esistenza di molti cittadini indiani, le norme legate alle caste continuavano a essere rispettate. La polizia era male addestrata e profondamente corrotta. Bastava allontanarsi anche solo di poche ore dalla capitale perché i servizi igienici cessassero di esistere.

L'India, giudicata negli ultimi anni attraverso il prisma del suo successo economico, si vedeva diagnosticare un completo fallimento sul piano sociale: l'incapacità di tutelare donne e bambini. In tutta evidenza, le leggi entrate in vigore sulla scia delle violenze del 2012 a Delhi non si erano dimostrate un deterrente efficace. La nazione era già stata definita il paese piú sfavorevole alle donne tra quelli del G20, un posto ancora peggiore dell'Arabia Saudita, dove la popolazione femminile era soggetta a leggi rigorose che la sottoponevano alla tutela degli uomini[4]. La morte di Padma e Lalli confermava l'esattezza di questo giudizio negativo. «L'India è incredibilmente povera, mentre l'Arabia Saudita dispone di ingenti ricchezze. Ma c'è un tratto che le accomuna: a meno di non avere accesso a speciali privilegi, il futuro dei loro abitanti è radicalmente diverso per chi ha due cromosomi X e chi ne possiede uno X e uno Y» affermò un esperto[5].

L'attenzione dei media attirò assai piú personaggi politici di quanto persino gli Shakya osassero sperare. Anche se il primo ministro non si fece vedere, il numero dei potenti che visitarono la famiglia superò la mezza dozzina. Rappresentavano l'intero spettro dei partiti principali, tra cui quello al governo della nazione e quello che amministrava lo Stato dell'Uttar Pradesh.

Insieme ai politici, arrivarono responsabili della comunicazione, burocrati e guardie personali. E arrivarono anche tensioni e drammi.

La visita della figura pubblica preferita dagli Shakya, Mayawati, era programmata per il 1° giugno. Tutti si sentivano impazienti di vedere la grande leader Dalit in carne e ossa.

In attesa dell'evento, centinaia di volontari del suo partito sciamarono nel villaggio per organizzare i preparativi necessari. Portarono con loro un generatore di elettricità, un condizionatore d'aria e varie casse d'acqua minerale. Accumularono questi oggetti, che gran parte degli abitanti non aveva mai usato, sotto un enorme tendone eretto per offrire a Mayawati uno spazio in cui rilassarsi. Sarebbe andata lei dagli Shakya? si domandava la gente. Con ogni probabilità no. Avrebbero dovuto scomodarsi loro per raggiungerla.

Poi i volontari si appropriarono del campo di un contadino per trasformarlo in eliporto di fortuna: restii a sporcarsi gli abiti, radunarono un gruppo di ragazzini e li incaricarono di scavare il terreno e di appiattirlo a mani nude. La polizia stette a guardare[6].

I giornalisti delle tv via cavo rimasero allibiti. «Gli stessi politici che varano leggi contro il lavoro minorile assoldano bambini piccoli e li mettono a sgobbare per loro»[7] commentò un conduttore televisivo.

Mayawati non era la prima figura politica di rilievo ad arrivare a Katra, ed erano già stati predisposti gli sbarramenti utilizzati per proteggere i personaggi pubblici dalla folla, composta in larga misura dai loro elettori. Ambassador bianche attrezzate di segnali luminosi rosso ciliegia sul tetto sfrecciarono tra i campi con le squadre inviate in avanscoperta. Gli agricoltori del villaggio, allontanati dai rispettivi terreni e dal proprio lavoro, furono costretti ad assistere alla scena a distanza, come se gli estranei fossero loro.

Quando comparve in cielo il Bell 429 di Mayawati, gli abitanti di Katra, assiepati in un'immensa folla ad aspettare, alzarono la faccia in preda alla soggezione. Librandosi sopra le loro coltivazioni di menta e di tabacco, il tornado di metallo bianco e blu sollevò turbini di polvere e agitò i rami degli alberi, mandando le scimmie a saltare alla rinfusa da ogni parte. Fu uno spettacolo straordinario. D'altronde quelli erano tempi fuori dal comune.

Appena Mayawati posò i piedi a terra, la folla s'impennò in avanti oltrepassando gli sbarramenti come per adocchiare una rockstar. La folta squadra di guardie del corpo armate di mitragliatrici tenne a bada la gente, ma fu impossibile sentire una parola di ciò che diceva la donna, perciò in definitiva Mayawati si ritrovò costretta a recarsi a casa delle vittime. La sua figura minuta, rigido *salwar-kameez* color crema, capelli corti e sandali con i calzini, si avviò verso la dimora degli Shakya, dove si piazzò su una sedia. I membri della famiglia in lutto le si accovacciarono davanti, le mani giunte in un gesto di preghiera. «I criminali non la faranno franca» affermò lei senza entrare nei dettagli.

Poi raggiunse il frutteto, la scena del presunto crimine, per tenervi una conferenza stampa. La polizia, dichiarò, aveva cercato di dare la colpa ai genitori. «Ha tentato di calunniare le ragazze per proteggere i colpevoli»[8].

In Uttar Pradesh non esiste l'ordine pubblico, affermò Mayawati. C'è solo un «*jungle raj*»[*9], aggiunse, citando una formula comunemente usata per descrivere il governo Yadav. Annunciò ai giornalisti che non appena il suo partito, il Bahujan Samaj Party, fosse tornato al potere, avrebbe fatto ottenere giustizia agli Shakya.

Interrogato sui preparativi del giorno prima, un portavoce del partito rispose: «Quei bambini stavano soltanto giocando con la terra».

Mayawati se ne andò per non farsi mai piú rivedere a Katra. Ma l'aspettativa per l'arrivo del successivo per-

[*] La legge della giungla (*N.d.T.*).

sonaggio illustre tenne telecamere e operatori inchiodati sul posto.

Intuendo lo spiraglio di un'opportunità, una schiera di postulanti disperati cominciò a presentarsi al villaggio. Lo Stato li aveva piantati in asso e la polizia non muoveva un dito: forse i giornalisti venuti da Delhi potevano avere qualche interesse ad ascoltare le loro storie.

Una madre riferí a un reporter che la figlia era sparita da un mese. «L'hanno rapita dei ragazzi Yadav» continuò in lacrime. «Mi hanno portato via il mio tesoro»[10]. Anche un altro genitore incolpò gli Yadav della scomparsa della sua bambina. Conosceva persino i nomi dei responsabili, precisò, ma quando si era rivolto alla polizia, il funzionario in carica si era limitato a replicare: «Gli Yadav la ricondurranno indietro. Perché non se ne torna a casa?» «Non so nemmeno se sia viva o morta» concluse il padre.

Ben presto tra i campi di Katra iniziarono a circolare tante di quelle lagnanze su ragazze scomparse da rendere difficile capire cosa stesse succedendo.

Uno dei fattori di cui tener conto per comprendere la situazione era la polizia. La pubblica sicurezza indiana rientrava tra le piú sottodimensionate al mondo. Nel paese si contavano centoquarantaquattro agenti ogni centomila abitanti, mentre le Nazioni Unite ne raccomandavano duecentoventidue[11]. In Uttar Pradesh, poi, ce n'erano addirittura meno di cento. E in quello Stato le forze dell'ordine funzionavano appena al 48,1 per cento dell'organico previsto[12].

L'ovvio rimedio consisteva nel rafforzarne i ranghi, e tuttavia la procedura di assunzione era talmente farraginosa che persino le persone interessate rinunciavano. Era stata annunciata una campagna di reclutamento nel 2013, ma per completare il processo di selezione ci sarebbero voluti due anni e otto mesi[13].

Inoltre, secondo il gruppo di attivisti Common Cause, lo Stato allocava all'addestramento di nuove reclute solo poco piú dell'uno per cento del suo budget per la pubblica sicurezza[14]. Per fare un confronto, Delhi, la capitale della nazione, ne investiva il 2,49 per cento: il massimo per l'India, nonostante fosse comunque una percentuale molto bassa. Le stazioni di polizia dell'Uttar Pradesh, poi, risultavano carenti dei piú fondamentali mezzi di comunicazione e trasporto, quali telefoni, apparecchi wireless e veicoli a due ruote.

E anche se l'organico avesse raggiunto i numeri previsti, avrebbe faticato a tener dietro alla rapida crescita della popolazione. In piú, finché uomini politici con precedenti criminali avessero continuato a occupare cariche chiave nel governo, non sarebbe cambiato nulla. Simili personaggi non avrebbero certo promosso iniziative per una polizia piú efficiente. Invece di impegnarsi a risolvere il problema, i vari governi avevano tacitamente considerato la situazione irrecuperabile. Poiché non potevano controllare la delinquenza, controllavano il numero dei reati dichiarati. I funzionari della polizia parlavano di «proibizione totale a denunciarli» e di «quote massime mensili» per abbassare i dati statistici sulla criminalità, in modo da consentire al partito al potere di affermare che per lo meno stava facendo meglio di quello che l'aveva preceduto.

Ciò nonostante, nel 2014 furono migliaia le segnalazioni di ragazze scomparse in Uttar Pradesh. Alcune venivano sequestrate per ottenere un riscatto, altre finivano assassinate. Secondo il National Crime Records Bureau, i soli casi di rapimento a scopo di «matrimonio» ammontavano a 7338[15]. Casi che salivano a oltre trentamila nell'intera nazione. In effetti, il «matrimonio» costituiva lo scopo del quaranta per cento dei sequestri di donne registrati in India nel 2014[16]. Per fare un confronto, in quello stesso anno erano stati rapiti a fini matrimoniali appena ottantatré uomini.

D'altro canto, dati non ufficiali rivelavano che certi presunti crimini non erano affatto tali. Sposarsi contro la volontà dei genitori rappresentava ancora un tabú cosí diffuso da indurre padri e madri di giovani fuggite per amore a sostenere che le figlie fossero state rapite. Scoprire che una ragazza aveva avuto rapporti prematrimoniali provocava reazioni simili. In quel caso i genitori denunciavano una violenza sessuale per tutelare l'onore della famiglia. Il sesso al di fuori del matrimonio era considerato piú infamante dello stigma di uno stupro.

Per quanto la polizia avesse difficoltà a distinguere tra i rapimenti reali e quelli fittizi per proteggere l'onore, non c'erano dubbi sul fatto che i crimini contro le donne fossero comunissimi. E la mancanza di indagini successive incoraggiava nuove trasgressioni, innescando cosí un circolo vizioso. Inoltre, piú tali reati si ripetevano, meno suscitavano l'interesse dei media, il che significava che politici e polizia avevano meno incentivi a fare il loro lavoro.

Di fatto, al tempo della morte di Padma e Lalli circolavano storie di parecchi altri casi preoccupanti. Il giorno successivo alla sepoltura delle due ragazze, un'adolescente del distretto di Azamgarh, in un'altra zona dello Stato, subí uno stupro di gruppo in un campo[17]. Due settimane dopo, una donna di quarantacinque anni fu trovata appesa a un albero, legata con un lembo del suo sari[18]. L'indomani venne rinvenuto il cadavere di un'adolescente impiccata a un altro albero[19].

In ciascuno di questi scenari, la famiglia ipotizzò una spiegazione diversa da quella prospettata dalle forze di pubblica sicurezza; l'autopsia, eseguita con le procedure consuete, risultò inconcludente, e il caso venne chiuso come se il fatto non fosse mai accaduto.

Le reazioni agli eventi di Katra misero in chiaro una cosa: solo le proteste pubbliche costringevano i politici a intervenire. Era inoltre di grande importanza il rilievo assegnato dai media all'accaduto. E ovviamente l'interesse dei media dipendeva da quello della loro audience.

Nel 2012, l'anno dello stupro perpetrato sull'autobus di Delhi, l'India aveva registrato venticinquemila casi di violenza sessuale[1]. La paura dello stigma sociale e della polizia, unita a una mancanza di fiducia nella giustizia a causa della lunghezza dei processi e della ridotta percentuale di condanne (il ventisette per cento circa secondo le ultime stime[2]), comportava un numero di denunce fortemente ridotto rispetto alla realtà dei fatti. Il National Family Health Survey del 2015-2016, una ricerca dettagliata e condotta a piú riprese dal ministero della Salute, stimò che il settantanove per cento delle donne vittime di violenze sessuali (tra cui lo stupro) non ne parlava con nessuno[3]. Basandosi su questi dati e su quelli relativi ai crimini registrati dalla polizia ed elencati dal National Crime Records Bureau, il quotidiano finanziario *Mint* calcolò che nel 99,1 per cento dei casi i reati sessuali non venivano segnalati[4].

Secondo uno studio condotto dalla Harvard Kennedy School of Government, l'aggressione avvenuta a bordo dell'autobus di Delhi aveva attirato l'attenzione dei media per diversi motivi: «La vittima era una studentessa, era stata in un centro commerciale di lusso prima dell'aggressione e aveva appena assistito a un film in inglese. Tutto questo la qualificava come appartenente alla classe medio-alta, cosa che rendeva la sua storia piú ricca di interesse per il pubblico urbano benestante cui si rivolgevano i giornali indiani in lingua inglese»[5].

In realtà la vittima era la figlia di un facchino nato in un villaggio dell'Uttar Pradesh. Ma quando emersero questi particolari, «il caso era inarrestabile»[6].

Circa due anni piú tardi, le ragazze impiccate a Katra costrinsero la popolazione ad affrontare il problema della vulnerabilità di tutti i minori. Nel 2014 furono denunciati circa novantamila crimini contro bambini. I reati comprendevano l'infanticidio, lo stupro, l'omicidio, il voyeurismo, le molestie, il sequestro, gli atti osceni e l'abbandono[7]. Tali dati mostravano un aumento sconvolgente (pari al 53,6 per cento) rispetto all'anno prima. Malgrado ciò, solo il caso di Katra resistette a lungo nei notiziari, ed è tuttora ricordato. Ancora oggi, a distanza di parecchi anni, basta menzionare Budaun in un salotto di Delhi o della lontana Mumbai perché la gente capisca di cosa si parla. Nell'Uttar Pradesh, la morte delle due cugine venne definita *kand*, termine che significa «scandalo», ma con una connotazione piú forte, in quanto allude a un avvenimento dagli aspetti cosí terribili da rendere impossibile dimenticarlo.

Anche gli Shakya erano poveri agricoltori. Non vivevano molto lontano dal villaggio in cui era nato e cresciuto uno degli stupratori condannati nel caso dell'autobus di Delhi. E mentre il padre della vittima aggredita nella capitale aveva fatto grandi sforzi per finanziare gli studi della figlia e offrirle un futuro che non avesse nulla da invidiare ai sogni della moderna classe media indiana, la famiglia di Padma l'aveva tolta dalla scuola alla fine della terza media. La situazione degli Shakya e la loro condotta lasciavano presumere che con ogni probabilità non avrebbero suscitato l'interesse dei media. E in effetti la reazione iniziale del giornalista Ankur Chaturvedi aveva confermato questa ipotesi.

A fare la differenza, però, era stata l'immagine fortemente emotiva delle due ragazze impiccate all'albero di mango. Gli indiani delle città l'avevano vista per la prima volta sui social media, dove leggevano le notizie e le commentavano. Avevano bisogno di pretesti per esprimere le loro frustrazioni personali sull'incapacità dell'India di cambiare abbastanza in fretta, e la fotografia aveva fornito loro l'occasione giusta. Padma e Lalli potevano essere le figlie di chiunque. Era ovvio che non avevano alcuna colpa. Ed erano state vittime di una morte particolarmente violenta.

«Non che le persone siano incapaci di provare pietà. Ma la loro compassione va stimolata» affermò in un'intervista con la National Public Radio Paul Slovic, il presidente della Decision Research, organizzazione americana senza scopo di lucro che studia i meccanismi valutativi, i processi decisionali e la percezione del rischio negli esseri umani. «L'emotività è un fattore cruciale per la comprensione di un evento, e costituisce un incentivo che stimola ad agire, a differenza del pensiero astratto»[8].

Lo stupro perpetrato sull'autobus di Delhi fa parte di quei crimini contro le donne che nel corso degli anni hanno creato consapevolezza sociale e innescato il cambiamento politico. Tale cambiamento può offrire una parziale fonte di consolazione, perché un evento terribile ha avuto almeno qualche conseguenza positiva.

Nel 1972 un'adolescente dello Stato occidentale del Maharashtra entrò in una stazione di polizia per risolvere una disputa familiare e le fu consentito di andarsene solo dopo che gli agenti l'avevano violentata. La ragazza si chiamava Mathura, ed era un'orfana che apparteneva a una comunità tribale.

L'episodio fece scandalo, affermò una ricercatrice nel campo degli studi di genere, della povertà e della salute, «perché la gente comune non era abituata a immaginare un agente di pubblica sicurezza nel ruolo dell'aggressore, dello stupratore»[9]. Il caso arrivò fino alla Corte suprema, che assolse gli imputati soprattutto in base al fatto che Mathura non presentava lesioni evidenti e non aveva chiesto aiuto. Il verbale della sentenza recitava:

> [...] sulla persona della ragazza non si sono rilevati segni di ferite dopo l'incidente, e tale assenza è determinante per stabilire che il presunto rapporto sessuale è stato un atto non violento, e che l'accanita resistenza dichiarata dalla ragazza non risponde a verità. Inoltre risulta chiaro come le sue affermazioni in merito al fatto di aver urlato per chiedere aiuto siano anch'esse un ordito di menzogne[10].

La decisione dei giudici indignò un gruppo di quattro professori di diritto, che scrissero una lettera di protesta al presidente della Corte suprema[11]. In ultimo, la loro iniziativa portò a sgravare le vittime di violenza sessuale dal fardello di dover dimostrare la sussistenza del reato. Oggi un emendamento della legge stabilisce che «nel caso il rapporto sessuale sia provato, e si tratti di stabilire se sia stato consumato senza il consenso della donna potenzialmente violentata, laddove la donna stessa sostenga nella sua deposizione davanti alla corte di non aver dato tale consenso, la corte deve presumere che non l'abbia concesso»[12]. Ciò significava che a contare era la parola della donna. Le pene comminate per uno stupro avvenuto durante la detenzione furono inasprite, e venne sancito l'obbligo di tutelare l'identità della vittima.

Quest'ultima clausola finí al centro dell'attenzione nel 2012, dopo il ricorso dei media a una serie di pseudonimi lusinghieri per parlare della vittima dell'aggressione perpetrata sull'autobus di Delhi. I termini hindi significavano «impavida», «straordinaria» e «gioiello».

Questa tendenza cessò solo una volta che la madre della ragazza chiese pubblicamente che fosse usato il suo vero nome.

«Perché dovremmo tenerlo nascosto?» osservò Asha Devi. «Nostra figlia non ha alcuna colpa. Inoltre, omettere informazioni su un crimine non fa altro che incoraggiarne di nuovi… Noi siamo orgogliosi di nostra figlia. L'hanno immortalata come "Nirbhaya", ma vogliamo che la società conosca la ragazza che abbiamo cresciuto prima che fosse violentata da pochi uomini diabolici. I ricordi sono dolorosi; ciò nondimeno il suo nome sarà un memento affinché non si permetta mai piú che accadano certe cose… Dichiaro di fronte a tutti voi che mia figlia si chiamava Jyoti Singh. E d'ora in poi la dovrete chiamare Jyoti Singh»[13].

A vent'anni dall'aggressione subita da Mathura, nel settembre del 1992, Bhanwari Devi, attivista impegnata nella difesa dei diritti delle donne rurali, venne violentata da un gruppo di Gujjar, la casta dominante nel suo villaggio, per la campagna da lei condotta contro i matrimoni tra bambini nel Rajasthan, uno degli Stati confinanti con l'Uttar Pradesh. Bhanwari stessa era stata sposata all'età di cinque o sei anni con un ragazzino di otto o nove. Nel 1992, tentò di impedire che una famiglia del villaggio organizzasse il matrimonio di una bimba di pochi mesi.

Dopo il suo stupro di gruppo, invece di passare la cosa sotto silenzio come all'epoca le donne venivano esortate a fare, Bhanwari Devi rischiò l'ostracismo sociale denunciando pubblicamente i suoi aggressori. Sollecitò il sostegno delle attiviste per i diritti delle donne di grandi città come Delhi, che la aiutarono a portare avanti la sua battaglia. Durante il processo, riferirono fonti della Bbc, «i giudici vennero inesplicabilmente cambiati cinque volte»[14]. Tre anni piú tardi, nel novembre del 1995, gli imputati furono assolti dall'accusa di stupro con motivazioni di questo genere: «Un uomo di casta alta non può violentare una donna di casta bassa per non compromettere la sua purezza». La sentenza suscitò indignazione e condusse a una serie di proteste in tutto lo Stato; ma anche se venne impugnata e se fu presentato un ricorso all'Alta corte del Rajasthan, da allora si è tenuta una sola udienza sul caso.

Poiché lo stupro era stato una conseguenza diretta della professione di Bhanwari Devi, le attiviste che le avevano offerto sostegno aprirono una vertenza d'interesse pubblico presso la Corte suprema, dichiarando che la tutela dalle molestie sessuali sul lavoro è un diritto fondamentale. Il risultato dei loro sforzi è un insieme di norme note sotto il nome di linee guida Vishakha. Nel 2013, tali norme fornirono le basi a una legge intesa a prevenire le molestie sessuali contro le donne nei luoghi di lavoro. Bhanwari Devi vive ancora nello stesso villaggio dei suoi aggressori, che il giorno successivo al suo intervento avevano dato in sposa la bambina della loro famiglia.

Come le violenze subite da Mathura, da Bhanwari Devi e dalla vittima dello stupro sull'autobus di Delhi, il caso di Padma e Lalli si conquistò una vasta notorietà. Aveva innescato proteste capaci di attrarre potenti personaggi politici. La domanda che suscitava a Katra, e non solo, era questa: avrebbe ispirato qualche cambiamento?

La politica della tolleranza zero

In ultimo le proteste si esaurirono. Tutti riconoscevano la corruzione del sistema, ma nessuno sapeva come porvi rimedio: nemmeno le persone elette precisamente a tale scopo. I politici cercavano invece di compensare con il denaro i danni subiti dalle vittime e dalle loro famiglie. Attingendo alle sovvenzioni dei piani governativi, ai fondi dei partiti e persino alle disponibilità personali, offrivano contanti alle donne violentate e ai feriti in seguito a disordini e tumulti, inondazioni e incendi. Il denaro tamponava le preoccupazioni immediate. Tracciava una linea per chiudere certe questioni spinose.

Il giorno del suo incontro con gli Shakya, Mayawati (una delle figure politiche piú ricche del paese, le cui proprietà valevano oltre centoundici *crore* di rupie[1]) diede al padre di Lalli, Sohan Lal, e a quello di Padma, Jeevan Lal, cinque *lakh* di rupie ciascuno, in contanti. Un secondo partito ne regalò a entrambi i fratelli cinque *lakh* e mezzo, sempre in contanti. Il 1° giugno, il saldo del conto in banca di Sohan Lal ammontava a zero. Il 5 giugno era salito a un milione e cinquantamila rupie. La famiglia accettò parecchie altre donazioni, piú o meno cospicue, da leader di diverse tendenze ideologiche. I politici conducevano tali transazioni alla luce del sole; alcuni aspettavano addirittura di essere ripresi dalle telecamere per consegnare le mazzette di banconote. Sebbene quelle cifre consistenti suscitassero una certa contrarietà fra la gente di Katra, quasi tutti concordavano sul fatto che fossero il minimo che la famiglia poteva aspettarsi.

Ci fu però un'offerta di denaro che gli Shakya non vollero accettare: quella del capo del governo statale, Akhilesh Yadav.

«Non venderò l'onore delle nostre ragazze» dichiarò Siya Devi di fronte alle telecamere, dopo aver rifiutato le cinquecentomila rupie mandate da Akhilesh per il tramite dei suoi assistenti. Seduta per terra davanti a casa sua, teneva la testa bassa per non guardare direttamente l'obiettivo, ma aveva l'aria risoluta. «Non vogliamo soldi. Vogliamo giustizia»[2].

Accettando altre offerte e rifiutando quella di Akhilesh, la famiglia intendeva sottolineare che lo riteneva responsabile dell'accaduto. Il governo aveva autorizzato gli Yadav a comportarsi da delinquenti, sottintendevano gli Shakya, e i compagni di casta di Akhilesh avevano agito di conseguenza.

L'affronto fu debitamente registrato dal capo del governo. Ormai nei campi di Katra atterravano regolarmente gli elicotteri dei personaggi politici venuti da Delhi, ma Akhilesh, che pure viveva nello stesso Stato delle vittime, a poche ore di distanza, non si fece mai vedere[3]. Nelle sue dichiarazioni pubbliche, nemmeno menzionava il nome della famiglia colpita. Si limitava a dire che la giustizia avrebbe seguito il suo corso. Parole prive di significato nell'«Horror Pradesh», il nomignolo affibbiato da un canale di notizie in inglese allo Stato che lui amministrava.

Il mese prima, durante una manifestazione pubblica, suo padre aveva protestato contro la pena di morte per i colpevoli di stupro. «I ragazzi sono ragazzi» aveva detto. «Commettono errori»[4].

Essendo Mulayam Singh il fondatore del partito al potere in Uttar Pradesh, veniva naturale presumere che la sua posizione coincidesse con quella del partito stesso. «Voi siete sane e salve, no?» ripeteva il figlio di Mulayam alle giornaliste piú insistenti che lo provocavano sull'argomento[5], come per sostenere che se nessuno le aveva stuprate né uccise, la situazione non poteva essere poi tanto grave.

Sebbene gli Shakya se lo aspettassero, per molti la reazione del governo centrale fu ancora piú sconfortante. Il nuovo premier pubblicò tweet in continuazione nei giorni successivi alla morte di Padma e Lalli. Parlò di calcio, del Bhutan, dell'agricoltura organica, di Vladimir Putin, delle donazioni di sangue e della giornata mondiale dell'ambiente, ma non nominò mai Katra. Infine accennò brevemente all'accaduto due settimane piú tardi, durante un lungo discorso in parlamento in cui toccò un gran numero di temi. «Certi incidenti devono indurci a guardare dentro di noi e a cercare delle risposte»[6] disse.

Nel suo programma politico, Narendra Modi aveva assegnato un posto di rilievo alla sicurezza delle donne in piú di una campagna elettorale. Appena pochi mesi prima, in vista delle elezioni parlamentari, aveva citato lo stupro avvenuto sull'autobus di Delhi. «[Delhi] si è conquistata la pessima fama di "capitale dello stupro"» aveva affermato. «Quando votate, non dimenticatelo. Ripensateci per un momento»[7].

Un sondaggio della Gallup, condotto durante le elezioni nazionali immediatamente successive, rivelò che nell'India del Nord solo quattro donne su dieci si sentivano sicure quando tornavano a casa di notte. E per la maggior parte non si fidavano della polizia[8].

Il partito di Modi, rilevava il sondaggio, aveva incrementato i suoi riferimenti alle donne nella campagna elettorale del 2014 rispetto a quella del 2009. Tra i motivi di tale mutamento c'erano la serrata attenzione dei media internazionali e il fatto che alcuni paesi stranieri, tra cui il Regno Unito, avevano esortato le donne alla cautela durante i viaggi in India.

A pochi giorni dalla nomina di Modi a primo ministro, nel maggio 2014, il governo indiano annunciò la sua politica della «tolleranza zero» verso la violenza contro le donne. Si prevedeva un rafforzamento del sistema giudiziario penale affinché tale politica fosse «applicata con efficacia»[9].

Poco dopo, nel suo primo discorso per l'anniversario dell'indipendenza in qualità di premier, Modi tornò a suscitare la speranza che le cose potessero cambiare. «In ogni casa i genitori fanno molte domande alle figlie per sapere dove andranno e quando rientreranno, e le pregano di avvertirli non appena saranno arrivate alla loro destinazione» disse. «Ma voi avete mai domandato ai vostri figli maschi dove sono diretti e perché, e quali amici stanno frequentando? In fin dei conti chi commette uno stupro ha un padre e una madre. È responsabilità dei genitori fermare i propri figli prima che prendano la strada sbagliata»[10].

Con tutte queste premesse, molti si aspettavano che Modi promuovesse le stesse riforme significative – le nuove leggi sullo stupro, le nuove linee guida in campo medico – messe in atto dal suo predecessore. Ma Modi non era interessato alle riforme. Se parlava di violenze sessuali, le definiva «una vergogna per il paese». Nel riferirsi alle donne, usava un linguaggio patriarcale, chiamandole «figlie»[11]. E al momento di mettere concretamente in atto la sua politica della «tolleranza zero», non fece nulla.

Come tanti altri politici venuti prima di lui, Modi aveva affrontato il problema della sicurezza delle donne solo per guadagnare voti. E come quei politici, una volta conquistato il potere, non aveva piú mosso un dito.

Denuncia di un sistema che non funziona

In effetti, malgrado le accuse di parzialità, la pubblica sicurezza dell'Uttar Pradesh stava facendo del suo meglio. Gli agenti avevano già arrestato tutti e tre i giovani Yadav. Pappu era stato trattenuto fin dalla notte della scomparsa di Padma e Lalli; i fratelli maggiori Avdesh e Urvesh, rimasti inizialmente con la famiglia, l'avevano raggiunto in guardina nel giro di una settimana. Erano finiti in prigione anche l'agente Sarvesh e il sergente Gangwar, sospettati di aver infranto la legge che tutela i minori dalle molestie della polizia. Entrambi avevano perso il lavoro. Tutti e cinque i fermati erano sotto accusa per stupro di gruppo, femminicidio, associazione a delinquere e violenza sessuale ai danni di minori[1].

Il viceispettore Ram Vilas, responsabile della *chowki* di Katra, conservò l'incarico, ma venne sospeso per sei mesi, colpevole, a quanto capí lui, di aver «perso il controllo» della situazione. I suoi sottoposti furono trasferiti. La *chowki* finí sgomberata e sprangata. Ben presto le foglie marcescenti accumulate in cortile colmarono l'aria con il loro odore di putrefazione.

Furono in molti a subire punizioni per non aver saputo arginare l'ondata di critiche che si era abbattuta sull'amministrazione dello Stato. Un ordine diretto del capo del governo decretò la sospensione di un questore e persino di un magistrato distrettuale. Ben quarantadue funzionari di polizia di vari livelli, in diverse zone, vennero trasferiti, presumibilmente per dimostrare che si stavano prendendo provvedimenti per riorganizzare un sistema malfunzionante[2].

Questi evidenti sforzi per dipingere la situazione in una luce diversa non impedirono che alcuni personaggi di potere continuassero a dire la prima cosa che saltava loro in mente. E com'era inevitabile, fecero affermazioni prive di senso.

Padma «è figlia unica», dichiarò ai media un alto ufficiale della polizia, e «il padre ha due fratelli dalle risorse limitate; la morte della ragazza poteva risultare utile a qualcuno. Questo potrebbe essere uno dei moventi. Non sto dicendo che sia *il* movente»[3].

L'uomo alludeva alla possibilità che Padma fosse stata uccisa dai suoi stessi familiari, non per tutelare l'onore degli Shakya, come credevano alcuni, ma per evitare che la sua eredità uscisse dalla famiglia passando a quella del futuro marito, a prescindere da chi l'avesse sposata.

Nel 2005, quando Padma aveva sette anni, c'era stato un emendamento all'Hindu Succession Act, la legge che regolava la successione: le modifiche, tra le altre cose, davano alle donne il diritto di ereditare proprietà agricole dai genitori e dal marito[4]. Ma un conto erano le norme giuridiche, e un altro l'esperienza di vita della gente, e il funzionario di polizia avrebbe dovuto saperlo. Per quanto riguardava gli abitanti di Katra, la terra rimaneva esclusivamente nelle mani dei consanguinei maschi. Ogni donna del villaggio lavorava i campi, ma non una ne possedeva una parte, sia pure minima. In tutta l'India, la realtà dei fatti seguiva criteri ugualmente squilibrati a favore dei figli maschi.

Secondo una relazione pubblicata nel 2013 da UN Women (l'agenzia delle Nazioni Unite per l'uguaglianza di genere e l'empowerment femminile) e dall'istituto per lo sviluppo rurale Landesa, malgrado l'emendamento della legge, solo il tredici per cento delle donne prese in esame in tre grandi Stati indiani aveva ereditato o sperava di ereditare le terre dei genitori[5]. La popolazione femminile aveva piú probabilità di ereditare proprietà terriere dal marito che dalla famiglia d'origine, concludeva il documento.

Jeevan Lal sperava ancora di mettere al mondo un figlio maschio. E se cosí non fosse stato, avrebbe raggiunto un accordo con i fratelli, che avevano eredi maschi. In ogni caso, era altamente improbabile che Padma ereditasse i beni del padre.

Le indagini proseguirono, e la polizia mise all'opera una squadra di medicina legale. Erano ormai trascorsi parecchi giorni dal rinvenimento dei corpi, e non è ben chiaro cosa ci si aspettasse di trovare in una scena del crimine frequentata da persone venute da ogni parte come se fosse un'attrazione turistica. Inoltre, le forze dell'ordine richiesero l'elenco delle chiamate fatte e ricevute da numerosi abitanti del villaggio e dai poliziotti coinvolti negli eventi di quella notte.

Quando gli Shakya manifestarono il timore di atti di rivalsa da parte degli Yadav di Jati, la pubblica sicurezza mandò guardie armate a proteggerli. Nazru aveva un agente sempre accanto, persino durante i suoi vagabondaggi notturni.

In seguito il governo statale promise di avviare il caso a una procedura giudiziaria urgente. I tribunali dedicati a questi processi veloci esistono in India fin dai primi anni Duemila: oltre mille di tali tribunali hanno risolto piú di tre milioni di casi[6]. Nel 2011 l'iniziativa ebbe termine per mancanza di fondi, per essere poi rimessa frettolosamente in vigore nel 2012 dopo lo stupro perpetrato sull'autobus di Delhi[7]; nella capitale furono istituiti sei di questi tribunali per occuparsi esclusivamente di aggressioni a sfondo sessuale. Se i procedimenti giudiziari per stupro seguivano l'iter regolare, gli effetti rischiavano di rivelarsi devastanti. In un caso, un'adolescente vittima di uno stupro di gruppo a bordo di un'automobile fu costretta a presentarsi in aula piú di trentasei volte, e a subire non uno, non due, ma ben sei processi[8]. E la corte impiegò undici anni a formulare il verdetto.

Un maggior numero di tribunali comportava un maggior numero di giudici, ma anche qui non mancavano i problemi.

La centoventesima relazione della Law Commission raccomandava nel 1987 cinquanta magistrati per ogni milione di cittadini, la percentuale standard dei paesi sviluppati[9]. Nel 2010, i giudici non arrivavano a undici per milione, e i processi in corso nell'intero paese ammontavano a 31.280.000[10]. Un magistrato dell'Alta corte calcolò che ci sarebbero voluti trecentoventi anni per sbrigare il lavoro arretrato[11].

Il 6 giugno il governo dello Stato annunciò di aver affidato il caso a una squadra speciale, una di quelle chiamate Special Investigation Team (Sit). Gli agenti che ne facevano parte, uomini particolarmente ben addestrati, potevano essere nominati solo dalla Corte suprema, dal governo centrale o da quello di uno degli Stati. Le squadre speciali si occupavano di casi ritenuti troppo complessi o troppo delicati per la polizia locale: disordini che avevano provocato vittime, per esempio. Indagavano inoltre sulle infrazioni criminali di personaggi influenti o impiegati governativi. Potevano aggirare le procedure consuete e riferire le loro scoperte direttamente al tribunale.

Con quest'ultimo provvedimento, il governo dell'Uttar Pradesh intendeva segnalare quanto fosse determinato a fare giustizia. Ma a quel punto aveva già perso la fiducia degli abitanti di Katra.

Il ruolo di capo della Sit fu affidato a Mukesh Kumar Saxena, il pavido vicequestore che aveva chiesto una scorta per recarsi nel frutteto il giorno del ritrovamento dei corpi. Negli ultimi anni c'era chi aveva insinuato che le squadre speciali subissero l'influenza dei politici[12]. Agli occhi degli abitanti del villaggio, l'atteggiamento nervoso di Saxena confermava questi sospetti.

Un agente della Sit ricordò come al suo primo incontro con la famiglia, gli Shakya si fossero rifiutati di parlargli. Non avevano nemmeno voluto fornirgli i loro numeri di cellulare. All'approccio successivo, il poliziotto si era sentito invitare a ripresentarsi in un secondo momento. Aveva riscontrato una resistenza dello stesso genere da parte del resto del villaggio: quasi nessuno si era mostrato disponibile a rispondere alle sue domande. Una situazione davvero umiliante.

Alla fine del secondo giorno di indagini, solo una persona – un vicino degli Shakya – si era deciso a rilasciare una dichiarazione. Il terzo giorno, un altro abitante di Katra accettò di testimoniare. Ma quando l'agente chiese a Nazru di parlare con un disegnatore di identikit, il cugino degli Shakya non ne volle sapere. «Non ho visto in faccia [gli indiziati]. Non posso dire nulla del loro aspetto» sosteneva adesso, benché fosse stato lui a coinvolgere Pappu nella scomparsa delle due ragazze. Si trattava di una bugia cosí spudorata che il poliziotto non si prese nemmeno il disturbo di ripetere la domanda.

Respingendo in pratica tutte le misure prese per aiutarli, gli Shakya manifestavano con chiarezza la propria sfiducia in un sistema corrotto dalla presenza degli Yadav. Un'inchiesta giornalistica aveva appena rivelato che nei principali distretti dell'Uttar Pradesh, «specialmente in quelli sotto l'influenza della famiglia al potere», quasi il sessanta per cento degli ufficiali responsabili di una stazione di polizia erano Yadav[13]. Nella capitale dello Stato, Lucknow, dove risiedeva Akhilesh, i poliziotti in servizio appartenevano alla casta Yadav in piú del cinquanta per cento dei casi. E nel Budaun, il distretto di Katra, questo valeva per sedici posti di polizia su ventidue, compreso quello di Ushait dov'era stato portato Pappu Yadav il giorno del ritrovamento di Padma e Lalli.

Per gli Shakya, questi dati costituivano un'ulteriore

prova della complicità dello Stato nell'occultare certi crimini. Il rifiuto di collaborare con le forze dell'ordine comportava per estensione quello di cooperare con il governo. La famiglia riservava le proprie dichiarazioni ai reporter che continuavano a ronzare intorno al villaggio come se fossero in un reality show.

Il capo del governo non aveva ancora parlato con gli Shakya, neppure per telefono. Alludeva a loro indirettamente, nel modo in cui avrebbe potuto riferirsi a chiunque altro. Tale bizzarra situazione, che vedeva uno degli uomini piú potenti del paese schierato contro persone tra le piú povere dell'India, evocava lo scontro tra Davide e Golia.

E naturalmente quasi tutti parteggiavano per Davide, ossia per gli Shakya.

Forse però il vero motivo per cui gli Shakya disdegnavano il capo del governo stava nella sua incapacità di affrontare la tragedia in termini umani. Un difetto comune alla maggior parte dei politici, ma Akhilesh Yadav non aveva voluto neppure guardare in faccia i genitori delle vittime. Si era comportato come se la morte delle due ragazze fosse una seccatura che creava problemi a *lui*. Aveva sperato di risolvere la situazione affidando il caso a un maggior numero di agenti di polizia, esperti e commissioni. Tuttavia la morte di un minore non è una seccatura, è una catastrofe. Non si può porvi rimedio, non la si può cancellare e non la si deve dimenticare. Questo credevano gli Shakya.

Quello che volevano era che il capo del governo riconoscesse la loro perdita. Erano stati privati delle loro figlie! Perché Akhilesh Yadav non riusciva ad ammetterlo? Pensava forse che in quanto Shakya provassero sentimenti diversi dagli altri? Oppure, come aveva detto Siya Devi piangendo davanti alla sua Lalli impiccata, il capo del governo si comportava in quel modo perché i figli dei poveri non contano nulla per i ricchi e i potenti?

Siya Devi avrebbe potuto spiegargli che le cose stavano diversamente, che sua figlia contava. Era tutto per lei. Nel suo cuore di madre c'era posto solo per Lalli.

E sebbene la polizia si stesse impegnando, non riusciva a dimostrarsi efficiente. Uno dei sospettati, l'ex agente Sarvesh, era fuggito insieme ad altri due indiziati. I tre erano stati catturati nel giro di qualche ora a una fermata dell'autobus: speravano di salire su un mezzo di trasporto e di uscire dallo Stato. Il fatto che le forze dell'ordine avessero lasciato evadere tre persone in arresto per un reato grave rivelava la loro scarsa affidabilità, persino quando si sforzavano di fare del proprio meglio.

Fu in questo clima che guadagnò terreno l'idea di coinvolgere i piú bravi investigatori del paese.

Separare il latte dall'acqua

In seguito i fratelli Shakya non sarebbero riusciti a ricordare chi avesse avuto l'idea. Come molti degli abitanti di Katra, non guardavano la televisione né leggevano i giornali, e non erano informati sulla reputazione conquistatasi dall'Ufficio investigativo centrale (Central Bureau of Investigation o Cbi) grazie alla sua gestione dei crimini piú famigerati.

Il figlio maggiore di Sohan Lal rammentava di aver sentito parlare del Cbi a proposito del mistero di Aarushi Talwar. Virender abitava a Noida all'epoca in cui, una notte, l'adolescente era stata assassinata nel suo letto quando stava per compiere quattordici anni, la stessa età della sorella di Virender al momento della morte. I colpi di scena nelle indagini e il successivo processo avevano magnetizzato l'intera nazione.

In ogni caso, gli Shakya passarono da un'ignoranza quasi totale sul Cbi alla convinzione che solo quell'ente fosse degno di fiducia per fare giustizia. «Voglio il Cbi» dichiarò Sohan Lal davanti alle telecamere[1]. Aveva sentito dire che i suoi investigatori riuscivano a separare il latte dall'acqua*.

Tale richiesta venne fervidamente appoggiata dai politici dell'opposizione, ansiosi di continuare a minare il partito al potere, ma si scoprí che il capo del governo guardava all'iniziativa con altrettanto favore. La polizia statale era stata pubblicamente umiliata e la squadra speciale aveva subíto imbarazzanti intralci. Lo stesso Akhilesh Yadav annaspava in un mare di critiche.

* Allusione al mito indiano secondo il quale certi uccelli sarebbero in grado di separare il latte dall'acqua, forse un'immagine metaforica per simboleggiare la distinzione tra bene e male (*N.d.T.*).

E cosí, in seguito a una sua richiesta al governo centrale, il Cbi si prese carico delle indagini il 12 giugno, soppiantando del tutto le forze dell'ordine statali.

Era ormai passata ben piú di una settimana dalla morte delle due cugine, e i molti giorni trascorsi costituivano solo la prima delle sfide che gli investigatori avrebbero dovuto affrontare. Né la polizia né la squadra speciale avevano pensato di isolare la scena del crimine. Il frutteto era rimasto aperto e accessibile. Molti testimoni non avevano ancora rilasciato le loro dichiarazioni. Pappu e i suoi fratelli si trovavano in carcere, ma la madre, Jhalla Devi (che aveva affermato di aver sentito dove si trovavano i corpi), non era neppure stata interrogata.

Se tali circostanze si fossero verificate solo a Katra, per colpa dell'isolamento del villaggio, sarebbe stato piú comprensibile. Invece, secondo un ex direttore dell'ente che espresse il suo parere a patto di conservare l'anonimato, succedeva cosí «in un caso su due» tra quelli affidati al Cbi. Per le carenze della pubblica sicurezza statale in fatto di preparazione, risorse e controllo, le autopsie e i rilievi medici risultavano regolarmente inquinati, i testimoni chiave sparivano e si dedicava piú tempo a correggere gli errori che a fare progressi.

Nel caso di Aarushi, per esempio, i primi agenti intervenuti non avevano trovato la seconda salma, quella del domestico, fino al giorno successivo alla scoperta del cadavere della quattordicenne. Nel frattempo, il corpo malridotto dell'uomo era rimasto sul tetto a terrazza sotto il sole cocente.

Il Cbi derivava da un organismo d'epoca coloniale chiamato Special Police Establishment, istituito grazie a un provvedimento legislativo del 1941 per indagare su tangenti e corruzione nel corso del secondo conflitto mondiale[2]. La sua esistenza fu ritenuta necessaria anche dopo la conclusione della guerra, e nel 1946 venne approvata una legge (Delhi Special Police Establishment Act) per attribuire all'ente il potere legale di indagare sui casi criminali e procedere di conseguenza[3]. Tale legge segnò la nascita del Cbi, che acquistò la sua denominazione attuale nel 1963. Con il tempo, arrivò a organizzarsi in tre divisioni investigative: la Anti-Corruption Division, che si occupava di inchieste su impiegati governativi; la Economic Offences Division, che perseguiva i reati finanziari; e la Special Crimes Division, la piú articolata, che prendeva di mira il terrorismo, gli attentati, lo spionaggio, i femminicidi per motivi di dote*, gli omicidi piú sensazionali eccetera. L'ente costituiva inoltre l'agenzia ufficiale dell'Interpol in India. Fin dal 2011, il Cbi aveva sede in un modernissimo edificio a undici piani ispirato al quartier generale dell'Interpol a Lione[4]. Costruito a un costo stimato di trentanove milioni di dollari, vantava un atrio alto tre piani, un ingresso gigantesco, una palestra e pavimenti in marmo. Il budget elevato attestava l'ottima reputazione dell'ente, ma anche il disperato bisogno delle sue prestazioni.

In India si provava spesso la sensazione che trasparenza e responsabilità civile e penale non esistessero. E che si potesse sempre trovare un modo per arricchirsi in fretta. Questo era senz'altro vero negli anni Duemila, quando l'economia andava a gonfie vele. Sebbene la maggior parte della popolazione fosse rimasta povera,

* La tradizione indiana prevede che la famiglia della sposa offra una cospicua dote, in beni e denaro, ai futuri suoceri della figlia. La nuora, infatti, si trasferisce presso il marito nella casa che quest'ultimo condivide con i genitori, e la dote è una sorta di «indennizzo» per il mantenimento della donna. Purtroppo capita che la famiglia del marito ricatti quella della sposa per avere di piú, e in casi estremi arrivi a uccidere la ragazza, di solito inscenando un incidente domestico, in modo da impadronirsi definitivamente della sua dote, chiamata in India *dowry* (*N.d.T.*).

una minoranza aveva approfittato del contesto favorevole per trasferire fondi pubblici in mani private. Nel 2014, il 71,5 per cento dei casi presi in esame dal Cbi finiva al settore anticorruzione[5]. Per il paese, quella fu «l'epoca delle frodi».

Ben presto l'ente si ritrovò oberato dal lavoro. Poteva indagare su settecento casi all'anno[6], ma gliene venivano assegnati quasi il doppio. In seguito alla perdita di fiducia nella polizia, capitava spesso che il pubblico esigesse il suo intervento. Il suicidio di una stellina di Bollywood, l'assassinio di un giornalista, persino le ricorrenti truffe edilizie; «in pratica tutti vogliono che qualsiasi indagine sia affidata al Cbi» si lamentò un ex direttore[7]. In fin dei conti addossare ogni problema all'agenzia era piú facile che affrontare le magagne del sistema. Nel maggio del 2014, il Cbi si stava destreggiando tra 1122 casi, una mole di lavoro superiore del sessanta per cento a quella che il suo organico e le sue risorse consentivano di svolgere[8]. Undici delle inchieste in corso si protraevano da piú di tre anni.

Tale carico insostenibile colpiva al cuore la famosa efficienza dell'ente. Il tasso di condanne ottenute dal Cbi cominciò a calare. Nel 2014 ammontava al sessantanove per cento[9], una cifra destinata a diminuire a ritmo costante. Poi il numero dei posti disponibili tra i suoi dipendenti iniziò a crescere. C'erano mille posizioni vacanti su un organico previsto di 6676 impiegati[10]. I vuoti cominciavano dall'alto, dalle mansioni di direttore speciale e direttore aggiunto, e comprendevano ruoli quali quelli di ispettore e funzionario tecnico, i piú necessari per organizzare un'indagine e concluderla con successo. Nel 2016, rilasciando una dichiarazione davanti a una commissione parlamentare, il direttore del Cbi avrebbe affermato che se tali problemi non fossero stati affrontati rapidamente, l'agenzia sarebbe «collassata e avrebbe cessato di funzionare»[11].

Malgrado la mitica fama di cui il Cbi godeva in certi ambienti, il fatto che dipendesse dal governo rendeva praticamente inevitabili le accuse di irregolarità nelle procedure. Il partito al potere nel governo centrale forniva all'agenzia uomini, risorse e fondi. Aveva il diritto di nominare e destituire funzionari. E se il Cbi voleva perseguire un dipendente dello Stato (lo scopo per il quale era stato istituito all'origine), doveva ottenere l'autorizzazione del ministero presso il quale lavorava il dipendente stesso[12].

Quando un'accusa a carico di un politico del partito al governo non si concretizzava in un'indagine, oppure i leader dell'opposizione si vedevano imputare il possesso di «ricchezze spropositate» (un eufemismo per alludere alla corruzione) e le forze dell'ordine irrompevano nelle loro case, veniva da pensare che il Cbi subisse ingerenze esterne.

Nel 2013 la Corte suprema dichiarò che il governo si era intromesso nell'inchiesta del Cbi su una frode riguardante certe irregolarità nelle concessioni d'uso di bacini carboniferi, irregolarità costate al paese circa trenta miliardi di dollari in mancati introiti[13]. «Gli aspetti essenziali della relazione sono stati alterati su invito di funzionari governativi» affermarono i magistrati[14]. Il presidente del tribunale deplorò il fatto che la piú importante agenzia investigativa del paese fosse stata ridotta a «un pappagallo in gabbia che scimmiotta la voce del padrone»[15]. Nel 2017, il Cbi sarebbe stato costretto ad accusare di corruzione l'uomo che aveva guidato le indagini sullo scandalo del carbone: l'ex direttore dell'ente stesso[16].

Almeno due ex dirigenti dell'agenzia parlarono alla Reuters di ingerenze politiche nell'operato del Cbi «a prescindere da quale partito fosse al potere all'epoca»[17]. «La classe politica non consentirà mai all'agenzia di agire autonomamente» asserí un ex direttore che sosteneva di aver dovuto lasciare il suo posto per essersi rifiutato di insabbiare un'indagine negli anni Novanta. Secondo un rapporto interno, la percentuale di condanne ottenute dal Cbi nei casi di corruzione, che spesso implicavano personaggi politici e i loro compari, non superava il 3,96 per cento[18].

Un altro ex dirigente argomentò che persino se l'agenzia operava in modo indipendente, ai politici faceva comodo sostenere il contrario. «Ogni partito vuole accusare i rivali al potere di manovrare il Cbi» si lamentò. «E la storia si ripete in un ciclo infinito»[19].

Quale che fosse il reale livello delle ingerenze esterne, l'agenzia sembrava funzionare meglio quando si occupava di crimini che non implicassero leader politici. Oppure quando i politici al potere non avevano interesse a interferire in un caso. Capitavano spesso situazioni di questo genere, la maggior parte delle quali non faceva notizia. In effetti la gente comune ammirava gli investigatori dell'ente e li considerava onesti e professionali.

Al contrario della polizia, avevano tutte le carte in regola. Perciò, quando venne mandata in Uttar Pradesh una squadra del Cbi composta da una dozzina di uomini guidati da un apprezzato investigatore, molti – tra cui gli Shakya, il pubblico e alcune figure politiche – videro nell'iniziativa una vittoria. Adesso la giustizia avrebbe sicuramente prevalso.

Un campanello d'allarme

L'investigatore assegnato al caso non faceva molto colpo. Questo non dipendeva dal suo aspetto: era un uomo alto, con le spalle larghe, un paio di baffoni da tricheco, la fronte alta dei pensatori e i denti diritti e regolari. Ma aveva perfezionato l'arte di eclissarsi di fronte all'interlocutore. Parlava a voce bassa. Assumeva un'espressione che non rivelava nulla.

Una volta che si fu congedato, i fratelli Shakya ebbero difficoltà a descriverlo. Era molto piú alto e robusto di loro, e appariva ben vestito con i suoi completi eleganti, le scarpe lucide e l'Apple Watch. Era andato e venuto per mesi. Tuttavia, a differenza di alcuni dei suoi uomini, si comportava in modo cosí discreto che gli Shakya conservavano di lui un ricordo annebbiato.

Con vent'anni di esperienza nella polizia, Vijay Kumar Shukla, il vicequestore quarantanovenne della Special Crimes Division di Delhi, aveva condotto le indagini su oltre cinquanta crimini, parecchi dei quali avevano fatto scalpore. In un caso aveva contribuito alla condanna di un truffatore divenuto milionario negli anni Novanta vendendo carta bollata contraffatta. Era riuscito a rintracciare la base terroristica di Dubai responsabile dell'attentato del 2002 contro un centro culturale americano a Kolkata. E nel 2005 aveva arrestato l'ideatore di un giro di bracconaggio che trafficava in pellicce di grandi felini destinate al mercato cinese. Gli investigatori venivano valutati in base al numero di condanne ottenute, e Shukla ne poteva vantare molte.

Un ex direttore speciale del Cbi, personaggio assai stimato, che riceveva spesso dalla Corte suprema l'incarico di riesaminare casi irrisolti, aveva invitato Shukla a occuparsi di un triplice omicidio al di fuori dell'orario d'ufficio. L'ex dirigente era rimasto molto colpito dal vicequestore. «È un uomo di grande integrità» disse quando si sentí chiedere di esprimere un giudizio su di lui. Perciò Shukla non era corrotto. Non lo si poteva comprare, e non si lasciava influenzare da superiori meno onesti. «Lavora con impegno» aggiunse l'ex direttore, per alludere al fatto che scavava a fondo durante le indagini. E precisò che possedeva «una mentalità scientifica», dote che poteva apparire scontata, ma che in effetti non era un pregio per cui la polizia andasse famosa.

Shukla aveva bisogno di tutte queste qualità, perché quello di Katra era un caso che scottava, uno dei piú famosi del periodo, ancora sotto i riflettori giorni e giorni dopo i fatti.

Stabilito un ufficio distaccato presso una pensione di Budaun, Shukla e i suoi uomini sciamarono nel villaggio di Katra nei loro caratteristici giubbotti blu senza maniche con le iniziali dell'agenzia. Era il 13 giugno, il giorno successivo a quello in cui la polizia dello Stato aveva ceduto al Cbi la gestione del caso.

«Voi dovete solo dire la verità» spiegò Shukla ai fratelli Shakya, Sohan Lal, Jeevan Lal e Ram Babu. «Al resto penseremo noi».

Nella denuncia presentata alla polizia, gli Shakya avevano citato i nomi di due testimoni oculari del presunto sequestro di Padma e Lalli: il loro cugino Nazru e Ram Babu.

Seguito dagli operatori del laboratorio centrale di medicina legale impegnati a riprendere la scena, Nazru condusse la squadra nei campi, ricostruendo i suoi spostamenti di quella notte.

Verso le nove, nove e mezzo di sera del 27 maggio, raccontò, si stava recando nel suo terreno quando aveva visto due ragazze. Con loro c'erano quattro uomini. Era molto buio, ma lui aveva una torcia elettrica e l'aveva puntata sul gruppo. Avendo subito riconosciuto Pappu, si era messo a litigare con lui, ma poi il ragazzo aveva estratto una pistola. Mentre gliela agitava in faccia con aria minacciosa, gli altri si allontanavano insieme alle ragazze. Nazru era tornato a Katra di corsa. «Ci sono dei *badmash* nei campi!» aveva gridato a Ram Babu. «Hanno una pistola!»

I due si erano precipitati ad avvertire gli altri componenti della famiglia, che a loro volta li avevano informati della scomparsa delle due ragazze. «"C'erano due ragazze con quegli uomini!" ho esclamato colpendomi la fronte con la mano. Non mi aveva neppure sfiorato l'idea che potessero essere Padma e Lalli».

Nel loro ufficio provvisorio, gli investigatori analizzarono le dichiarazioni dei due testimoni oculari. Nazru sosteneva di essersi imbattuto in Ram Babu *dopo* il rapimento delle due ragazze. Ma la deposizione di Ram Babu, registrata poco piú tardi, riferiva una storia diversa.

La sera del 27 maggio, aveva detto Ram Babu guardando dritto nell'obiettivo, si trovava insieme a Nazru. Dovevano essere circa le otto o le otto e mezzo. Erano nei campi quando avevano sorpreso Pappu in compagnia di alcune ragazze. Il buio impediva loro di riconoscerle. Ram Babu aveva illuminato il gruppo con la torcia; Pappu aveva protestato per quell'interruzione, ma le ragazze avevano gridato, per cui Nazru si era gettato sul giovane Yadav. Ma essendo quest'ultimo armato, Nazru e Ram Babu si erano affrettati a ritirarsi. Quindi Pappu aveva tagliato la corda con le ragazze.

Shukla visionò piú volte i filmati. Pur sentendosi in preda allo sconcerto, non poteva sbagliarsi. I due testimoni riferivano versioni diverse. «Quelle evidenti contraddizioni» affermò in seguito «costituivano un campanello d'allarme».

Gli abitanti del villaggio parlano

Tre giorni piú tardi, sei uomini in camice da laboratorio si recarono nel frutteto per preparare la relazione sulla scena del crimine. Gli specialisti di medicina legale seguivano il manuale del Cbi con l'elenco delle tracce fisiche e delle sostanze organiche da rilevare. Tale elenco comprendeva impronte digitali, orme, sangue, liquido seminale, saliva, urina, vomito, materiale fecale, peli e capelli, fibre, tessuti organici, denti e impronte di morsi, resti di ossa, unghie, residui di terriccio, farmaci, cibo, scorie lasciate da armi da fuoco. La lista proseguiva per tre pagine.

La scomparsa delle due cugine risaliva al 27 maggio. Era il 16 giugno.

Quella mattina, la squadra trovò una ciocca di capelli sul ramo da cui penzolava Lalli, e alcune foglie che presentavano macchie, impossibile dire se di succo di tabacco o di sangue. Nelle giornate successive, gli agenti si sarebbero rivolti a laboratori di medicina legale in tre diversi Stati (Uttar Pradesh, Telengana e Gujarat) perché analizzassero quei reperti e altri materiali.

Gli investigatori avevano preparato un elenco di recapiti, e cominciarono a convocare decine di persone per interrogarle: familiari degli Shakya e degli Yadav, uomini che avevano preso parte alle ricerche di Padma e Lalli la notte del 27 maggio, poliziotti eccetera. In totale, avrebbero avuto oltre duecento colloqui con gente di Katra e non solo. Due persone vennero sentite piú di dieci volte: Pappu Yadav, il principale indiziato, che si trovava in carcere, e Nazru, il testimone oculare.

Gli abitanti del villaggio avevano boicottato la polizia e la squadra speciale inviata dal governo dell'Uttar Pradesh per solidarietà con gli Shakya, ma erano ansiosi di parlare con i nuovi investigatori. Concordavano nel giudicarli persone serie, che non andavano in giro con l'alito che puzzava di alcol. Non erano venuti lí a intascare bustarelle. E soprattutto, la gente del posto voleva liberare Katra dalla sua cattiva fama di villaggio in cui si uccidevano le ragazze. Finché certe voci continuavano a circolare, nessuna sposa avrebbe accettato come marito un giovane di Katra. Era tempo di seminare i raccolti autunnali, ma non è facile concentrarsi sul lavoro per chi sa di avere la reputazione messa in dubbio.

Ovviamente donne e ragazze subivano le conseguenze piú pesanti in quella situazione. Come diceva qualcuno, «i maschi sono maschi, ma le femmine non devono sgarrare». In precedenza le donne andavano nei campi da sole o a coppie per svuotarsi le viscere; adesso erano costrette a riunirsi in gruppo. A un tratto, una basilare necessità fisica richiedeva pianificazione e organizzazione.

In molte famiglie i cellulari, in passato considerati proprietà comune, cominciarono a essere attentamente sorvegliati. Ormai era fuori questione che una ragazza dell'età di Padma prendesse un telefono e si allontanasse, anche semplicemente per spostarsi in un altro punto della casa. Le piccole libertà di uscire un tempo tollerate – portare le capre al pascolo, arrampicarsi sugli alberi, cogliere i manghi – non erano piú consentite. La porta verso l'esterno, prima aperta di uno spiraglio, adesso era saldamente sprangata. Le donne dovevano restare sempre chiuse in casa e non potevano farsi vedere. Fuori, gli uomini giacevano svegli, notte dopo notte, a fissare il cielo.

La gente del villaggio non intendeva danneggiare gli Shakya, ma parlando con sincerità rivelò cose che la famiglia sperava di tenere nascoste.

I tre fratelli sapevano che Pappu era con Padma e

Lalli, eppure non avevano condiviso subito questo dettaglio cruciale. L'avevano taciuto per parecchie ore, quando sarebbe stato opportuno chiarire che le due ragazze si trovavano in pericolo. E le avevano cercate in modo poco sistematico, inseguendo motociclette a caso, ma trascurando di perlustrare a fondo i campi e il frutteto. Alla *chowki* della polizia si erano rifiutati di permettere che gli agenti interrogassero Nazru, l'unico realmente in possesso di informazioni.

Ma fu un amico di Nazru, Umesh Shakya, a fornire le prove piú compromettenti. I due giovani trascorrevano spesso la serata insieme a bere e fumare erba. La mattina della scoperta dei cadaveri, Umesh era andato subito nel frutteto come tutti gli altri. Là aveva visto Nazru che sudava profusamente. Umesh aveva preso l'amico per un braccio e l'aveva condotto in un posto tranquillo, in un campo di menta a una decina di metri dal frutteto.

«Che succede?» gli aveva chiesto.

Mentre rientrava dopo aver controllato il suo bufalo, gli aveva raccontato Nazru, aveva sentito dei *khusar phusar*, dei bisbigli. «Ho puntato la torcia nella direzione del suono e ho visto Pappu con le figlie di Sohan e Jeevan. Mi sono infuriato per averle trovate là con lui». Nell'accorgersi della sua presenza, le due ragazze erano impallidite, aveva continuato Nazru. «Ho malmenato Pappu. Lui mi ha colpito a sua volta, e questo mi ha fatto arrabbiare ancora di piú. Ma prima che potessi reagire, Pappu se l'è filata». Padma e Lalli si erano messe a piangere ed erano corse via. Nazru aveva pensato che fossero tornate a casa.

Umesh si era chinato in avanti, ansioso di saperne di piú. Proprio in quel momento, riferí agli investigatori, alcuni abitanti del villaggio avevano allontanato Nazru. «Ascolta» li aveva sentiti dire Umesh. «A violentare e uccidere le ragazze sono stati Pappu, i suoi fratelli e la polizia».

Alcune ore piú tardi, mentre gli Shakya discutevano sul contenuto della denuncia da sottoporre agli agenti, Umesh aveva di nuovo preso da parte l'amico. «E adesso?» gli aveva domandato.

«Fratello, non me lo chiedere!» era sbottato Nazru stringendosi il capo tra le mani. «Sohan e Jeevan vogliono che dica una cosa, ma loro ne dicono un'altra. Prima mi hanno fatto dichiarare che i fratelli Yadav hanno rapito Padma e Lalli, e poi hanno detto che i colpevoli sono Veerpal Yadav e Sarvesh *sipahi*. Cambiano idea in continuazione e io non so piú chi ascoltare. Sto diventando matto!»

Un altro abitante del villaggio confermò agli investigatori che Sohan Lal aveva deliberatamente alterato i fatti nella denuncia scritta presentata alla polizia. «Nazru ha visto tre o quattro uomini» gli aveva raccontato Sohan Lal. «Non è riuscito a identificarli, perciò perché non dire che erano i fratelli Yadav? Con ogni probabilità è cosí».

Come la folla assiepata nel frutteto a pretendere l'impiccagione di Sarvesh, il padre di Lalli non aveva prove. Nazru aveva visto Pappu con le ragazze, però non aveva assistito ad alcun crimine. Né aveva mai nominato i fratelli Yadav nel suo resoconto, che in ogni caso era approssimativo e riferito in diverse versioni la notte della scomparsa di Padma e Lalli.

Ma gli Shakya non si fidavano del sistema. Forse Sarvesh non aveva ucciso le due ragazze, e i fratelli Yadav non erano coinvolti nella loro morte, ma avevano di sicuro qualche colpa.

Il poliziotto abusava del proprio potere. La famiglia Yadav aveva nutrito e allevato una serpe velenosa, Pappu, responsabile di aver sedotto le ragazze Shakya. In definitiva erano Yadav. E gli Yadav, lo sapevano tutti, non risparmiano nessuno.

Il falso testimone

Quando gli investigatori andarono da Nazru per chiarire le cose, non lo trovarono a casa. Si è trasferito dagli Shakya, disse loro la madre.

Sohan Lal accolse calorosamente gli uomini in completo formale e occhiali da sole, con le scarpe lucide e i fazzoletti bianchi che agitavano per difendersi dal caldo. In piedi nel suo cortile, scalzo, la canottiera strappata e i pantaloni tenuti insieme da spille da balia, spiegò di aver invitato il cugino a fermarsi lí qualche giorno per fargli una gentilezza. L'attenzione dei media era alle stelle, aggiunse, e lui voleva proteggerlo.

La giustificazione non convinse gli uomini del Cbi. A essere invasa dai giornalisti era proprio la casa degli Shakya. Ce n'erano parecchi persino in quel momento.

Il 18 giugno c'era stato un trasferimento di settantacinquemila rupie sul conto corrente di Nazru, il cui ultimo saldo ammontava ad appena cinquecentodue. Gli investigatori avrebbero poi scoperto che l'accredito faceva parte di un pagamento piú cospicuo di centomila rupie, piú soldi di quanti Nazru avesse guadagnato da molti anni a quella parte. Pochi giorni prima, la stessa somma era stata versata sul conto di Ram Babu. Gli unici nel villaggio a possedere certe cifre erano i fratelli Shakya, per di piú legati da stretti rapporti a entrambi i beneficiari.

Sohan Lal ammise di aver effettuato i versamenti, ma ancora una volta li attribuí a un gesto di sollecitudine. La presenza dei media impediva al fratello e al cugino di lavorare. Il denaro costituiva una forma di compensazione.

Shukla, l'ufficiale responsabile delle indagini, non abboccò. I due uomini erano i testimoni oculari del presunto sequestro della figlia e della nipote di Sohan Lal: perché li stava pagando?

Avvertendo il suo scetticismo, Sohan Lal dichiarò che il fratello gli aveva chiesto dei soldi. E il cugino aveva avanzato la stessa richiesta. L'alleato politico degli Shakya, la persona estranea alla famiglia di cui si fidavano di piú, confermò questa versione. Nazru era contrariato perché i politici in visita non avevano pensato di offrirgli qualcosa, disse Sinod Kumar agli investigatori. Tutti i soldi erano finiti nelle mani dei genitori di Padma e Lalli. Adesso la famiglia possedeva i mezzi per ampliare la casa e persino per l'acquisto di una motocicletta. Nazru non aveva ottenuto niente, ed era rimasto in mezzo ai campi con il suo bufalo. A quanto gli risultava, continuò Kumar, gli Shakya avevano dato il denaro al cugino a mo' di consolazione.

Questo, peraltro, non spiegava l'accredito sul conto di Ram Babu.

Nazru ripeté il suo racconto agli uomini del Cbi. La notte della scomparsa di Padma e Lalli, si era imbattuto in due ragazze con quattro uomini, o «ragazzi», come li definí lui. Intuendo che le cugine si trovavano in pericolo, si era slanciato contro Pappu, l'unico che avesse riconosciuto. Durante la colluttazione, il giovane Yadav aveva estratto una pistola. Nel frattempo gli altri si erano allontanati insieme alle ragazze.

Nazru non accennò ai fratelli di Pappu né alla polizia. Non disse nemmeno di aver capito chi fossero le ragazze. Riferí un abbozzo di storia dai particolari confusi quanto nelle versioni precedenti. E non menzionò la presenza della persona al suo fianco: il secondo testimone oculare.

Gli investigatori, ormai stufi di tutti quegli andirivieni, convocarono Ram Babu per rinterrogarlo. E forse anche lui era stanco dell'intera faccenda, perché stavolta disse la verità. Aveva dei figli: sette, tra maschi e femmine. Figli di cui doveva tutelare la reputazione.

Ram Babu ammise di aver mentito affermando che

aveva visto Pappu nei campi. Non si trovava sul posto, aggiunse: a quell'ora era a casa, a rilassarsi dopo cena. Era stato il fratello maggiore, Sohan Lal, ad avere l'idea di inventarsi un secondo testimone oculare. «Guardalo» gli aveva detto indicando Nazru. E l'avevano guardato entrambi. «Chi gli crederà?»

All'inizio avevano pensato di affidare il compito a un amico di famiglia. L'uomo aveva acconsentito prontamente, a condizione di poter implicare nel rapimento un tizio che detestava. «Questo gli insegnerà una lezione».

«Non accettammo» riferí Ram Babu agli investigatori.

Poi qualcuno aveva suggerito di incaricare il fratello maggiore di Lalli. Pur essendosi dichiarato disponibile, Virender si era ricordato appena in tempo che quella sera non si trovava al villaggio. Era arrivato solo il mattino dopo.

Alla fine avevano scelto Ram Babu. Era un tipo amichevole, con la faccia simpatica. Un uomo intelligente. E capace di mantenere la calma.

«Avevo paura di rifiutare» confidò Ram Babu agli investigatori. Dire di no avrebbe rovinato il suo rapporto con i fratelli. E la famiglia in lutto non avrebbe sopportato ulteriori problemi.

Shukla, il capo delle indagini, conosceva bene gli esseri umani. Sapeva, per esempio, che certi padri avvolgono le figlie femmine appena nate in panni fradici, o danno loro da mangiare il sale, oppure le abbandonano in mezzo a un campo sotto il sole cocente*. Se sopravvivono, vengono ignorate, e le si lascia crescere o morire. Non sono trattate come persone, ma come animali. Non ricevono amore. Padma e Lalli, invece, erano amate: Shukla l'aveva capito con chiarezza.

* Nella cultura tradizionale indiana, le figlie femmine sono malviste perché, tra le altre cose, costituiscono un pesante onere finanziario a causa della dote da versare alla famiglia del futuro marito (*N.d.T.*).

Non pensava, a differenza di alcuni, che fossero stati i genitori a ucciderle. L'aver contato sull'affidabilità di Nazru, nientemeno, dimostrava quanto fossero ingenui: troppo ingenui per commettere un vero crimine. Ma con le loro testimonianze altalenanti gli stavano solo facendo perdere tempo.

Non ci volle molto prima che anche Nazru ammettesse di aver mentito. I cugini, confessò a Shukla, l'avevano pagato perché dichiarasse di aver assistito al sequestro di Padma e Lalli da parte di un gruppo di uomini; tra cui Pappu Yadav e i suoi fratelli. Gli avevano detto inoltre di aggiungere che in quel momento Ram Babu si trovava con lui.

«Non era vero» riconobbe Nazru. «Quella notte ho visto solo una persona insieme alle ragazze. E quella persona era Pappu».

Purezza e contaminazione

I rapporti tra gli Shakya e gli uomini del Cbi si deteriorarono in fretta. I tre fratelli si lamentavano con i giornalisti: gli investigatori li perseguitavano con continue richieste di colloqui, e poi, quando loro si presentavano all'ufficio distaccato di Budaun, li tenevano in attesa per ore. Arrivavano addirittura ad affamarli. «Non ci hanno mai dato da mangiare nient'altro che una manciata di *samosa*». Consegnavano agli Shakya decine di lettere nonostante fosse ben chiaro che non erano in grado di leggerle.

Dopo i primi convenevoli di rito, sostenevano i tre fratelli, Shukla, il capo della squadra investigativa, non si era piú preso il disturbo di informarli sull'andamento del caso.

Shukla aveva cambiato punto di vista nelle sue indagini. Ormai sapeva che la denuncia presentata dalla famiglia alla polizia era fasulla. Con le menzogne sui fratelli di Pappu e il coinvolgimento di un testimone falso, gli Shakya avevano minato la propria credibilità. Dicevano di voler scoprire cosa fosse accaduto alle loro figlie, ma tutto ciò che facevano mostrava la volontà di addossare la colpa a qualcuno. «La loro condotta» commentò Shukla «non era un normale comportamento da genitori».

Sohan Lal poteva risultare particolarmente molesto. In numerose occasioni evitò di rispondere alle domande degli investigatori con la scusa di non conoscere l'hindi. La sua prima lingua era il braj bhasha, ma comprendeva l'hindi e lo parlava, gli uomini del Cbi ne erano certi. Lo avevano visto rilasciare parecchie videointerviste.

«Parliamo un hindi molto semplice!» esclamava Shukla.

I reiterati rifiuti a lasciarsi interrogare divennero un tale problema che la cosa venne segnalata a un pezzo grosso. Il funzionario in questione suggerí a Shukla di scaricare una delle interviste televisive di Sohan Lal. «Non è lei questo?» gli chiese Shukla mostrandogli il filmato. «Riesce a parlare in hindi con i media, ma non è in grado di rispondere alle nostre domande?» Sohan Lal chinò il capo, uní i palmi delle mani in un gesto di scusa e si rivolse all'investigatore chiamandolo *sahib* per mostrargli la propria deferenza, ma ormai i rapporti tra i due si erano guastati.

Poco piú tardi, quando Shukla decise di riesaminare i risultati dell'autopsia non avvertí subito la famiglia. Esisteva un preciso protocollo in merito: i primi a ricevere le informazioni dovevano sempre essere i familiari. Non rispettando tale procedura, l'investigatore fece capire con chiarezza di non avere piú fiducia in loro.

Nello scoprire le intenzioni di Shukla grazie a giornalisti amichevoli avvisati da qualcuno all'interno del Cbi, gli Shakya rimasero sconcertati. Il referto dell'autopsia, in loro possesso, attribuiva la causa della morte all'impiccagione. Questo, si erano sentiti spiegare, significava assassinio. Cos'altro si aspettava di trovare Shukla?

La polizia aveva ricevuto forti pressioni mentre si occupava ancora del caso, per cui si era premurata di sottolineare che stava impiegando tutte le energie e le risorse a sua disposizione per risolverlo. E per maggiore sicurezza, gli agenti avevano inviato il video dell'esame autoptico alla capitale dello Stato, Lucknow, per chiedere una seconda opinione al Forensic Science Laboratory (Laboratorio di medicina legale) o Fsl.

Il 4 giugno, due giorni prima che la squadra del Cbi prendesse in carico il caso, un medico legale consulente dell'Fsl, il dottor Ghyasuddin Khan, comunicò le sue conclusioni. Dichiarò che le vittime erano state soffocate e poi impiccate. «Il video dell'autopsia» scrisse «[rivelava] la carenza di tecniche scientifiche». La squadra incaricata di eseguirla non aveva prelevato quasi alcun campione, si lamentò.

Gli uomini del Cbi avevano anche altre preoccupazioni. Nel referto si sosteneva che «gli accertamenti facevano pensare a uno stupro». Eppure, prove sorprendenti evidenziavano una mancanza di familiarità non solo con i protocolli, ma addirittura con la gestione stessa di un esame autoptico.

In aggiunta a tutto ciò, c'era il fatto che a esaminare i corpi era stato Lala Ram: un uomo delle pulizie, privo di qualsiasi qualifica medica. Un motivo sufficiente, in teoria, perché il Cbi invalidasse l'esito dell'autopsia. Invece non fu cosí, perché gli uomini dell'agenzia sapevano che la dissezione dei cadaveri veniva affidata normalmente a persone come Lala Ram.

Gli specialisti di medicina legale erano talmente pochi in India da rendere necessario rivolgersi a medici generici. Consapevoli di non essere all'altezza del compito, molti rifiutavano. Gli ospedali, perciò, sostenevano di non avere altra scelta che ricorrere a individui del genere di Lala Ram, che giravano per i corridoi armati di scopa e paletta.

Tale situazione conduceva a un risultato inevitabile, come dichiarò al *Times of India* un professore di medicina legale impegnato in una campagna di sensibilizzazione: le sale autoptiche si riducevano a «mattatoi simili a catene di montaggio»[1] per macellare cadaveri. Le famiglie venivano lasciate nella disperazione e la polizia non riusciva a ottenere le informazioni medico-specialistiche che costituiscono il punto di partenza delle indagini su una morte violenta.

Uno dei motivi di tale inadeguatezza dipendeva da un pregiudizio indú profondamente radicato nella cultura del subcontinente. I cadaveri venivano considerati entità impure e contaminanti. E chi li maneggiava era ritenuto altrettanto impuro.

La prima autopsia condotta in India da un indiano aveva avuto luogo a Calcutta il 28 ottobre 1836, in un moderno ospedale costruito per addestrare i locali alla collaborazione con i medici dell'esercito britannico. I *pandit* indú, essendo venuti a sapere in anticipo del progetto, si erano piazzati di guardia davanti all'ingresso dell'ospedale per impedire che vi fossero introdotti cadaveri[2].

Era passato un anno intero prima che fosse messo a punto un piano segreto per portare di nascosto una salma nel nosocomio, e persino allora era stato necessario sezionarla in un edificio esterno. Il medico a capo dell'operazione, Madhusudan Gupta, apparteneva a una casta alta, era un ex *pandit* esperto di medicina ayurvedica e faceva l'assistente di un professore di Anatomia. A quanto risulta, l'avevano coadiuvato parecchi studenti, ma il preside della facoltà si era rifiutato di rivelarne l'identità per tutelarli dal rischio di ostracismo. Gli inglesi avevano festeggiato l'occasione con una salva di cinquanta colpi di cannone, ma molti indú erano rimasti disgustati.

In seguito il compito toccò ai Dalit, i fuori casta, già costretti a dedicarsi ai mestieri considerati impuri, come scuoiare animali e pulire latrine, e a vivere in comunità messe al bando. Con l'insistenza ad affidare soltanto ai Dalit la manipolazione dei morti, gli indú delle varie caste stigmatizzarono ulteriormente certe attività agli occhi della società in generale.

Negli anni successivi il sistema delle caste rimase in vigore, e le norme indú su purezza e contaminazione continuarono a essere osservate nella vita domestica e lavorativa. Di conseguenza, vennero mantenuti anche i preconcetti nei confronti dei cadaveri, persino quando tali preconcetti entravano in conflitto con i princípi scientifici.

Gli uomini del Cbi sapevano che si sarebbero trovati di fronte a una dura opposizione se avessero criticato l'esito dell'esame autoptico per il fatto che era stato eseguito da un incaricato delle pulizie. Chi altri se ne sarebbe dovuto occupare?, avrebbero obiettato gli abitanti del villaggio.

Gli investigatori dichiararono invece che una divergenza di opinioni aveva reso necessaria un'analisi piú approfondita del referto.

Demolizione di un'autopsia

Il Cbi convocò i medici che avevano supervisionato l'autopsia di Padma e Lalli e chiese loro nuovamente di specificare la causa del decesso delle due ragazze. Erano morte per impiccagione, le avevano soffocate prima di impiccarle o erano decedute in qualche altro modo?

Non c'erano segni di lotta, disse agli investigatori il dottor Gupta, il medico responsabile dell'esame autoptico. Le vittime «non erano giovanissime» aggiunse. E apparivano «alquanto ben sviluppate». Usò la parola «robuste» per definirle. Se qualcuno avesse tentato di soffocarle, si sarebbero ribellate. La lotta avrebbe lasciato indizi quali graffi, unghie spezzate e braccialetti rotti. E anche se Padma e Lalli non avessero reagito, le tracce del soffocamento erano inequivocabili (lividi intorno al naso e alla bocca, per esempio) e lui non aveva trascurato di cercarle.

L'ipotesi che fossero state soffocate era risibile, dichiarò, e in effetti rise forte quando in un secondo tempo riferí il colloquio.

«Sarebbero state violentate, poi soffocate, quindi impiccate fino al sopraggiungere della morte?» Sbuffò. «No. La verità è sempre semplice».

Sebbene non l'avesse precisato nel suo rapporto, adesso disse agli investigatori che le ragazze erano vive quando erano salite sull'albero. E si erano arrampicate sul mango da sole. I corpi delle vittime, ricordò alla squadra del Cbi, erano praticamente illesi. «Come si può impiccare una persona a un albero senza incontrare la minima resistenza? È impossibile».

Per dimostrare agli uomini del Cbi che sapeva di cosa stava parlando, visionò insieme a loro il filmato dell'autopsia. Ma, per sua sfortuna, non fece una bella figura.

Nel referto su Lalli, il dottor Gupta aveva definito il cranio «congestionato». Dal video, però, risultava chiaro che il cranio stesso non era mai stato aperto.

All'inizio il medico insistette sul fatto che aveva richiesto a Lala Ram di aprirlo. Dichiarò che se l'uomo non aveva eseguito il suo ordine, era accaduto per via della tremenda pressione della folla in attesa all'esterno. Eppure in seguito, di fronte a una domanda precisa, Lala Ram negò categoricamente di aver ricevuto tale ordine.

«L'intera operazione si è svolta in gran fretta» disse.

Infine il dottor Gupta confessò la propria negligenza. «Non abbiamo aperto il cranio» ammise in tono imbarazzato. «L'osservazione sul cervello è stata inserita per errore».

Venne poi convocata la dottoressa Tripathi, il medico generico dell'ospedale femminile del distretto, perché spiegasse le sue affermazioni sulle violenze sessuali e giustificasse il motivo per cui aveva ritenuto che le lesioni riscontrate sui corpi delle vittime facessero «pensare a uno stupro». La dottoressa aveva notato e registrato nel suo rapporto la presenza di «sangue coagulato all'interno e nei pressi dell'orifizio vaginale» della quattordicenne Lalli, oltre a un'«abrasione» in quell'area. Questo l'aveva indotta a credere che la ragazza fosse stata abusata sessualmente.

Gli investigatori la invitarono a guardare con attenzione una fotografia. L'immagine mostrava la prova che aveva rivelato loro l'inesattezza delle deduzioni tratte dall'autopsia.

Cosa vedeva la dottoressa Tripathi?

Nell'inquadratura c'era un pezzo di tessuto intriso di sangue, infilato all'interno di un paio di mutandine.

Di cosa poteva trattarsi?

«Sembra uno degli assorbenti usati dalle donne dei villaggi durante il ciclo mestruale».

A scoprire il reperto nella biancheria di Lalli era stato

un altro gruppo di esperti di medicina legale, stavolta nello Stato meridionale indiano del Telengana, incaricati di esaminare gli indumenti delle vittime.

La dottoressa l'aveva visto nel corso dell'autopsia?

No, rispose la donna. «Non ho esaminato la biancheria intima». Lala Ram aveva rimosso gli abiti di Padma e Lalli e lei non aveva chiesto di controllarli.

«Qual è il suo parere sull'origine del sangue?»

«Sono ragionevolmente sicura che si tratti di sangue mestruale».

«Lei ha menzionato "la presenza di un ematoma sull'imene". Ha esaminato l'imene di questa vittima? E in caso affermativo, in quali condizioni l'ha trovato?»

«L'ho esaminato e l'ho trovato intatto, anche se ho omesso di precisarlo».

«Dato che l'imene era intatto e la ragazza aveva il ciclo mestruale, è possibile che lei abbia male interpretato i suoi accertamenti?»

«Sí...»

L'«abrasione nella zona dell'imene», spiegò la dottoressa Tripathi, era un graffio. «Essendo molto piccola, non l'ho misurata... È assai plausibile che se la sia procurata la ragazza stessa, grattandosi per alleviare il prurito che può insorgere durante il mestruo».

«Desidera modificare il suo parere?»

«Ammetto di essere incorsa in un errore di valutazione durante l'esame autoptico attribuendo a un possibile stupro la presenza della lesione. Pertanto ritengo che non ci fossero segni di recente penetrazione vaginale/violenza sessuale nel caso della defunta Lalli».

Dunque Lalli, affermava ora la dottoressa, non era stata stuprata.

Poi gli investigatori passarono al referto dell'autopsia di Padma. La dottoressa Tripathi aveva notato una lacerazione nella zona vaginale della sedicenne, giusto? Si trattava di una lesione recente?

Non c'erano segni di infiammazione né di sanguinamento, rispose la donna. «Se ne può dedurre che la lesione, non recente, fosse ormai guarita».

«Lei ha parlato di imene gonfio e bluastro. Sapeva che decolorazione e turgore possono dipendere dalla prolungata sospensione del cadavere?»

«No, non sono molto competente in fatto di medicina legale».

«Ha escluso che la tinta bluastra dell'imene fosse dovuta alla perdita di colore successiva alla morte in un corpo rimasto appeso per oltre dodici ore? Perché non ha preso in considerazione questa ipotesi?»

«... Per mancanza di preparazione. Inoltre, la luce era insufficiente... dato che l'autopsia è stata eseguita dopo il calare del buio, e questo può aver causato percezioni sbagliate».

«Desidera modificare la sua opinione?»

«Sono pienamente convinta che parlare di stupro durante l'esame autoptico sia stato un errore di valutazione da parte mia. Pertanto, sono del parere che non ci fossero segni di recente penetrazione vaginale/violenza sessuale nel caso della defunta Padma».

«Avvezza ai rapporti sessuali»

La dottoressa Tripathi era stata ambigua sulla questione della violenza sessuale, ma uno dei medici presenti all'autopsia aveva mentito esplicitamente. Tutti i membri della squadra avevano un compito da svolgere e non se n'erano dimostrati all'altezza. Eppure fu solamente lei, l'unica donna, a sentirsi cosí umiliata da evitare ogni apparizione pubblica. Di tanto in tanto era il dottor Rajiv Gupta, il collega che aveva supervisionato l'esame autoptico, a rilasciare dichiarazioni sul suo operato, per lo piú per evidenziarne gli errori.

Sebbene avesse visitato molte vittime di stupro, disse Gupta, la dottoressa Tripathi non aveva mai eseguito un'autopsia. Senza una paziente viva cui chiedere chiarimenti – il periodo cui risaliva una certa lesione, per esempio – aveva male interpretato le alterazioni fisiologiche provocate da una prolungata sospensione dei cadaveri. «Fuori la gente continuava a urlare "*rape hua!*[*] *rape hua!*"» aggiunse il dottor Gupta. «E la polizia pretendeva di sapere se le vittime fossero state violentate. La dottoressa doveva pur rispondere qualcosa».

Per completare il quadro criminologico, il referto dell'esame autoptico va messo in correlazione con una serie di rilievi eseguiti dalla Scientifica. A tale scopo, occorrono tessuti organici da analizzare, prelevati dal cuoio capelluto, dalla vagina, dalla zona pubica, dall'ano, dal retto e dalla bocca; ci vogliono campioni di sangue, di saliva e di qualsiasi sostanza estranea trovata sul cadavere. Di norma, è bene disporre del maggior nume-

[*] È stato uno stupro! (*N.d.T.*)

ro possibile di campioni. La dottoressa Tripathi si era limitata a farne prelevare un'unica serie dalla vagina.

E con questo, la tripletta di passi falsi, inaugurata dal ritardo nelle indagini e continuata con l'inquinamento della scena del crimine, era ormai completa.

L'agenzia investigativa, poi, continuava a trovarsi di fronte al dilemma delle contraddizioni sulla causa del decesso. Il dottor Gupta l'aveva attribuita a suicidio. Ma la relazione del laboratorio di Lucknow parlava di soffocamento, suggerendo un assassinio. In una situazione diversa, gli uomini del Cbi avrebbero scelto la diagnosi formulata dai medici che avevano eseguito l'autopsia e non da quelli che si erano limitati a visionare un filmato. Ma il dottor Gupta e la sua squadra avevano perso credibilità. Gli investigatori decisero di far esumare le salme di Padma e Lalli.

La ripetizione dell'esame autoptico non era una procedura molto insolita nei casi piú eclatanti, soprattutto quando appariva chiara l'inattendibilità del primo tentativo. Capitava che si arrivasse addirittura a una terza autopsia, com'era successo con Scarlet Keeling, la turista inglese quindicenne uccisa nel 2008 dopo una festa per San Valentino su una delle spiagge contornate di palme dello Stato occidentale di Goa[1].

Un primo esame autoptico condotto dalla polizia dello Stato era giunto alla conclusione che l'adolescente fosse annegata in seguito all'ingestione di alcolici. Su insistenza della madre della ragazza, era stata eseguita una seconda autopsia. Questa volta i medici avevano rilevato piú di cinquanta contusioni e ferite da taglio, oltre alle prove di una violenza sessuale. La polizia aveva ritrattato le precedenti affermazioni dichiarando che Scarlet era stata drogata, stuprata e assassinata. La salma era stata rimpatriata in Gran Bretagna, dove il tentativo di condurre una terza autopsia aveva rivelato che alcuni organi interni – l'utero e parti del fegato e dei reni[2] – non erano stati ricollocati nella loro sede.

Il caso era arrivato in tribunale a Goa e, dato lo scarso impegno nelle indagini, l'assoluzione degli imputati non era stata una sorpresa. In seguito, nel 2019, l'Alta corte avrebbe ribaltato la sentenza e condannato uno degli accusati a dieci anni di «carcere duro» e lavori forzati[3].

Verso la fine di giugno del 2014, il Cbi si rivolse ad alcuni specialisti di medicina legale impiegati presso uno dei piú importanti ospedali pubblici, collegato alla facoltà di Medicina di Delhi. La nuova squadra di medici alle dipendenze dell'All India Institute of Medical Sciences fu incaricata di stabilire se Padma e Lalli avessero subíto una violenza sessuale o meno e di indicare la causa della loro morte. Inoltre, in aperta trasgressione alle linee guida governative emanate in seguito allo stupro avvenuto nel 2012 sull'autobus della capitale, la squadra venne invitata a stabilire se le due ragazze fossero sessualmente attive. La formulazione esatta della richiesta recitava: «Se una qualsiasi delle vittime fosse avvezza ai rapporti sessuali».

Questa brutta frase ricorreva abitualmente nei referti delle autopsie e nei verbali dei processi. Era usata per mettere in dubbio le dichiarazioni delle vittime di stupro sessualmente attive all'epoca della violenza, nel tentativo di insinuare che cercassero di far passare per uno stupro un atto consensuale allo scopo di tutelare la propria rispettabilità. A volte l'argomento veniva introdotto per dipingere la vittima come una donna «di facili costumi». Una donna che con ogni probabilità voleva essere violentata.

La formula compariva persino nelle sentenze legali. Nel 2002, un tribunale dello Stato orientale dell'Orissa annullò la condanna di un uomo accusato di stupro in base al fatto che «le rilevazioni mediche ottenute dall'esame fisico [della presunta vittima] [avevano] rivelato che era avvezza al sesso... Sebbene la signora X non avesse motivi evidenti per muovere false accuse all'imputato» decretò la corte, «è possibile che abbia cambiato idea dopo aver scoperto che altri potevano venire a sapere della sua condotta»[4].

Per determinare se la vittima dello stupro fosse sessualmente attiva, alcuni medici ricorrevano a una prova di verginità chiamata «test delle due dita», invasiva e umiliante come fa pensare il suo nome. Controllavano le condizioni dell'imene e della vagina con le dita, anche se avrebbero dovuto sapere che tali condizioni non costituiscono una dimostrazione irrefutabile di verginità. Nel 2013, la Corte suprema fu costretta a intervenire: definí il test una violazione dell'«intimità, oltre che dell'integrità e della dignità fisiche e mentali». Il fatto che la vittima sia sessualmente attiva, precisò inoltre, non è una prova di consenso[5].

Sebbene nel caso delle ragazze Shakya i medici dell'All India Institute of Medical Sciences non intendessero utilizzare il test delle due dita per accertare la verginità di Padma e Lalli, la domanda sulle loro abitudini sessuali era degna di nota. Mostrava come Shukla continuasse a credere (e ritenesse che lo credessero anche i medici) nel mito pervicace della rottura dell'imene alla prima penetrazione vaginale. In realtà, secondo quanto sostengono ormai da tempo gli esperti di medicina, la prova della verginità è priva di valore scientifico. «È possibile accertare se una donna ha avuto un parto naturale, ma non se ha intrattenuto rapporti sessuali completi»[6] ha dichiarato un medico al *New York Times*.

La richiesta di un controllo dell'imene avanzata da Shukla rivelava che l'investigatore possedeva una mentalità scientifica solo relativamente a quanti lo circondavano. Voleva scoprire se le due ragazze fossero attive sul piano sessuale al momento della morte perché in tal caso il colloquio telefonico in cui Lalli aveva invitato Pappu nei campi quell'ultima sera e il fatto stesso del loro incontro avrebbero assunto un significato ben preciso.

Ovviamente non c'era modo di appurarlo, e chiedere ai medici di verificare una cosa del genere significava solo avviarli su una pista non meno falsa di quella che aveva tentato di indicare all'inizio il padre di Lalli.

Una madre ha «perduto la testa»

La donna nel cortile si rifiutava di aprire bocca. Sedeva con le spalle al muro e la faccia coperta. All'inizio si limitava a scacciare i giornalisti come se fossero insetti molesti. Poi smise di parlare con i figli. Se cercavano di consolarla, si mostrava contrariata dalla loro mancanza di comprensione. In seguito la madre di Lalli cominciò a rifiutare il cibo. Le *roti* le rimanevano appiccicate al palato, confidò all'unica figlia che le fosse rimasta, Phoolan Devi. La giovane donna era arrivata con i suoi bambini il 28 maggio, poche ore dopo il ritrovamento dei corpi, ed era rimasta con la madre, a settimane da quella data, per provvedere alle sue necessità. Se ne sarebbe dovuta andare a occuparsi della sua famiglia, le diceva Siya Devi.

In certi momenti, la donna schiudeva inaspettatamente le labbra quasi per dire qualcosa: invece prorompeva in un urlo.

Gli uomini si tenevano alla larga.

La matrigna di Padma sbrigava le sue faccende come al solito. Doveva continuare a preparare i pasti al marito. E la moglie di Ram Babu aveva sette figli a cui badare. Anche se entrambe passavano dalla cognata ogni volta che ne avevano il tempo, non potevano fare granché. Quando Siya Devi attaccava con uno dei suoi vaneggiamenti, le donne distoglievano la faccia in preda alla disperazione.

Phoolan Devi aveva già visto piangere la madre per la perdita di un figlio. La sorella maggiore di Phoolan, Sunita, era morta durante la sua seconda gravidanza. Ed era morto anche il piccolo che portava in grembo. Era stata Siya Devi a chiedere a Phoolan di sposare il cognato rimasto vedovo. C'era una bambina piccola da accudire, chiamata Khushboo, profumo. Una bambina ha bisogno di una madre, aveva detto Siya Devi.

Sebbene all'epoca Phoolan avesse appena diciotto anni, aveva obbedito: si era sposata con il marito della sorella per prendersi cura della loro figlioletta. La sua nuova casa si trovava in un villaggio dove la gente era la piú povera che avesse mai visto. I bambini legavano una cordicella ai sacchetti di plastica recuperati dalla discarica e li definivano aquiloni. Benché la giovane donna si fosse abituata alla famiglia del marito e avesse presto messo al mondo un figlio suo, aveva la mente lucida quando pronunciava frasi come questa: «*Dil ke arman dil mein reh jaate hain*». I desideri del cuore restano chiusi in fondo al cuore.

Phoolan Devi capiva almeno in parte ciò che provava la madre e si sforzava di confortarla meglio che poteva. In seguito avrebbe ricordato quei giorni come quelli in cui Siya Devi «aveva perduto la testa».

Intorno alle due donne, il cortile ferveva di attività. Giornalisti assistiti da troupe televisive e fotografi, addetti alla produzione e interpreti, oltre a individui che si qualificavano come leader politici, avvocati e attivisti, andavano e venivano a loro piacimento. Volevano conoscere il numero dei gabinetti del villaggio. Si informavano sull'elenco dei politici venuti in visita. Chiedevano di vedere il frutteto. Sohan Lal aveva perso il conto delle infinite occasioni in cui l'avevano messo in posa sotto l'albero dov'era stata trovata sua figlia.

Un giorno gli Shakya contarono venti furgoni mandati dai vari canali tv. Un altro giorno rimasero senza piú tè da offrire ai reporter.

I giornalisti volevano fotografie delle due ragazze: ma quante volte bisognava spiegare loro che in una famiglia come quella nessuno si faceva scattare fotografie? Sohan Lal e Jeevan Lal possedevano una sola immagine delle due cugine insieme: quella che le mostrava impiccate al mango. Qualcuno ne aveva dato una copia agli Shakya e Sohan Lal l'aveva appesa all'interno della porta.

Poi Sohan Lal si ricordò che Padma e Lalli si erano fatte fotografare per dei moduli scolastici. Chiese le due istantanee all'insegnante per fotocopiarle al bazar.

Nel suo ritratto, Padma ha i capelli lucidi divisi ordinatamente dalla riga in mezzo e pettinati in modo da scoprirle bene il viso. Indossa un *dupatta* rosso drappeggiato modestamente sulle spalle. Non sorride, ma non ha nemmeno l'aria infelice. È come se all'esortazione del fotografo a rimanere ferma avesse reagito placando qualsiasi agitazione interiore. Lalli porta un paio di orecchini e una collana. I suoi capelli sembrano un'aureola dai contorni sfuocati. Gli occhi sono grandi e sbalorditi.

Sohan Lal offriva le istantanee grandi come un francobollo a chiunque gliele chiedesse. Quasi ogni giorno, le minuscole immagini di Padma e Lalli lasciavano la casa sul palmo di qualche sconosciuto.

Nella frazione vicina, la porta degli Yadav era chiusa con un lucchetto. Erano i parenti che abitavano lungo la strada a badare ai loro due bufali. Se i suoi ragazzi erano colpevoli dei crimini di cui li accusavano, diceva Veere ai giornalisti, andavano puniti[1]. «Ma se sono innocenti» continuava con un nodo alla gola, «devono essere lasciati liberi». Sosteneva che la sua famiglia era stata costretta a lasciare Jati. «[Gli abitanti di Katra] non ci hanno permesso di restare» spiegava. «Sono venuti qui armati di *lathi*». Adesso lui e la moglie alloggiavano presso un amico ad alcuni villaggi di distanza. La nuora e la sua bambina stavano da un'altra parte. Tutti e tre i figli erano in carcere.

Già una volta il Gange aveva distrutto le loro vite. E adesso eccoli di nuovo senza casa.

Visitatori alla prigione

La costruzione del carcere distrettuale di Budaun risaliva al 1840, quando la zona era famigerata per gli atti di violenza, soprattutto infanticidi: l'uccisione deliberata di neonati, quasi sempre femmine, con il consenso dei genitori. Anche dopo che la mortalità infantile cominciò a diminuire, a distanza di oltre trent'anni, sull'almanacco geografico locale si osservava: «Di solito le bambine ricevono meno cure dei loro coetanei maschi»[1].

Nel 1857, durante i tumulti della prima guerra d'indipendenza dell'India, una guardia del tesoro forzò le porte della prigione e liberò trecento detenuti[2]. Il carcere venne distrutto insieme a molti altri edifici pubblici, probabilmente bruciati fino alle fondamenta, e questo indusse gli inglesi a usare un mausoleo per rinchiudere alcuni dei rivoluzionari. Dopo che i soldati britannici furono riusciti a sedare la rivolta, costruirono una fortezza di mattoni rossi sul luogo della prigione demolita.

Il nuovo carcere era comunque ancora molto piccolo e poteva ospitare solo poche centinaia di detenuti, un numero relativamente basso rispetto alla quantità di arresti tra i rivoltosi, i ladri di bestiame e coloro che si ribellavano per impadronirsi delle granaglie. Insorse la necessità di erigere baracche dove alloggiare i prigionieri in eccedenza. Negli anni Duemila la capienza della struttura rimaneva limitata a cinquecentoventinove persone, ma si riusciva chissà come a farcene stare il triplo[3]. I detenuti vivevano come in una caserma e dormivano fianco a fianco su stuoie sistemate in grandi stanzoni. Il carcere forniva regolarmente ai giornali notizie di violenti conflitti tra prigionieri.

Nel maggio del 2014, un detenuto adolescente fu trovato impiccato alla griglia di ventilazione di una latrina. Era accusato di sequestro e stupro. I funzionari del carcere attribuirono la morte a suicidio, ma l'autopsia – che evidenziò almeno nove ferite – rivelò le torture subite dal quindicenne prima di essere strangolato. Solo quando l'intera famiglia organizzò una protesta in grande stile – bloccando la strada principale, interrompendo il traffico e attirando l'attenzione dei media – la polizia si decise ad aprire un'indagine[4].

Si accertò che il giovane era stato sorpreso a intrattenere rapporti intimi con la sua presunta vittima. La famiglia di lei, per proteggerne la rispettabilità, aveva sostenuto che lui l'aveva stuprata. Poi, per tutelare il proprio buon nome, aveva pagato il secondino e alcuni dei suoi uomini perché eliminassero il ragazzo[5].

I fratelli Yadav sapevano di doversi tenere in disparte e non farsi notare, ma ogni svolta nel caso arrivava sui giornali, e il direttore del carcere li tormentava leggendo gli articoli ad alta voce in modo che li sentissero tutti. Ben presto i tre giovani acquistarono la dubbia notorietà di famigerati criminali, colpevoli del «duplice stupro di gruppo e assassinio del Budaun», sebbene fosse ormai certo che le vittime non avevano subíto violenze sessuali. I membri del Cbi, ovviamente, sapevano anche che quella notte i fratelli di Pappu non erano con lui nel frutteto.

Per rimanere il piú lontano possibile dagli sguardi altrui, Avdesh e Urvesh si candidarono volontari a lavorare nelle cucine della prigione.

Il padre andò a trovarli, per quanto i tre non avessero mai avuto molto da dirsi. Sí, sí, Pappu era innocente, confermarono annuendo i fratelli maggiori mentre il padre bofonchiava sulla sfortuna dell'ultimogenito. Eppure, se non fosse stato per Pappu, si sarebbero forse ritrovati in quella prigione? «Io ho una figlia» sottolineò Avdesh. E adesso per l'ennesima volta Urvesh non avrebbe potuto sostenere l'esame della seconda superiore. Il breve incontro si concluse su una nota amara. Persino se si comportavano bene, dissero Avdesh e Urvesh, finiva tutto male lo stesso. Lui non aveva certo avuto modo di prevederlo, protestò Veere. «Come se i giovani parlassero mai di qualcosa con il padre».

Pappu non si trovava insieme ai fratelli. Il figlio minore aveva quindici anni, aveva insistito Veere. Non poteva dimostrarlo, ma all'epoca nemmeno la polizia era in grado di smentirlo, perciò aveva incarcerato Pappu con gli altri minorenni: quando Veere andò da lui, il ragazzo si mostrò a disagio per essere stato colto in flagrante su una faccenda di sesso. «Non so nulla» dichiarò. «Sono innocente».

In un diverso reparto della prigione distrettuale, le conversazioni che si svolgevano durante le visite della moglie all'ex sergente Gangwar erano piú animate. Lei arrivava con pietanziere d'acciaio a piú livelli piene di cibo fatto in casa e ascoltava le lamentele del marito: in quel pasticcio si citavano in continuazione i figli degli altri, diceva l'ex poliziotto. Le figlie di questo, i figli di quello. E i suoi? Chi s'interessava a loro?

Come molti padri indiani, Gangwar concentrava l'attenzione sul primogenito, quello che avrebbe perpetuato il suo nome tra le generazioni future. Quello che avrebbe badato a lui in vecchiaia. I suoi figli erano tutti meravigliosi. Persino le femmine, per grazia degli dèi, erano intelligenti, lo ripeteva sempre. E Manoj? chiese un giorno alla moglie. Mangiava bene? Dormiva?

Manoj voleva studiare economia. Mentre arrestavano il padre, si trovava a Delhi, dove stava per affrontare l'esame di ammissione a una prestigiosa università. Aveva rinunciato per rientrare dalla famiglia. Gangwar si sentiva responsabile e si faceva un dovere di pregare ad alta voce ogni giorno, implorando il perdono degli dèi e chiedendo loro di restituirgli la libertà. I suoi compagni di prigionia ne erano colpiti. «*Daddu*» gli chiedevano, «nonno, prega per noi». Erano innocenti anche loro, dicevano.

Secondo Gangwar, il suo errore, il solo motivo per cui si trovava in quel frangente, stava nell'aver portato Pappu fuori dal villaggio. Vederlo in compagnia del giovane Yadav aveva suscitato l'ira degli Shakya, sosteneva l'ex sergente, che per punirlo l'avevano coinvolto nella faccenda.

«Se non l'avessi accompagnato, adesso non sarei qui» sosteneva.

Ma non era stata la sfortuna a piazzare Gangwar in sella alla moto diretta in città quella mattina. In qualità di ufficiale di grado piú alto, subordinato solo al capo della *chowki*, sarebbe stato naturale che toccasse a lui raggiungere il frutteto alla prima opportunità. E l'avrebbero invitato ad andarci se l'alcol non avesse compromesso la sua efficienza. Dopo il ritrovamento dei corpi si sarebbe sorbito una bella ramanzina dai suoi superiori. E l'avrebbero trasferito altrove, la stessa sorte toccata agli altri agenti. Però non l'avrebbero chiamato stupratore e assassino. E non sarebbe finito in gattabuia.

Adesso la sua pensione era a rischio, il che, con due mogli (dalla prima non si era mai risolto a divorziare) e cinque figli da mantenere, costituiva un serio motivo di inquietudine.

Gangwar non poteva permettersi un avvocato.

All'inizio pensava di dividere la spesa con il suo ex collega nonché compagno di carcere. In fin dei conti si trovavano nella stessa situazione.

Poi, grazie alle voci di corridoio, aveva scoperto che Sarvesh aveva già assunto un legale. Un uomo della nuova borghesia ricca della città, che vestiva all'occidentale, esibiva una sgargiante catena d'oro e guidava un'automobile giapponese con la targa personalizzata dal suo cognome, Mathur. Avvocato e cliente mostravano un'inquietante somiglianza: entrambi avevano la faccia chiusa come un pugno. Il professionista, però, a quanto si diceva, pretendeva una tariffa di diecimila rupie ogni volta che si presentava, e Sarvesh era un ex poliziotto che ne guadagnava appena ventisettemila al mese.

Dopo aver saputo dell'accordo, Gangwar si lasciò sfuggire un sospiro. Sarebbe stato disposto a mentire per un amico, ma Sarvesh gli aveva fatto capire che tra loro non c'era amicizia. E cosí, a chi gli chiedeva come riuscisse il suo ex collega a permettersi un'assistenza legale tanto costosa, Gangwar diceva la verità. E gli altri poliziotti gli davano manforte.

Sarvesh, sosteneva Gangwar, e in seguito il Cbi confermò le sue affermazioni, non sorvegliava le attività della mafia della sabbia per amore della legge. Né aveva stretto rapporti con gli Yadav solo perché appartenevano alla sua stessa casta. Teneva d'occhio i mafiosi per poter pretendere denaro in cambio del suo silenzio.

Sarvesh era l'agente piú corrotto della *chowki*, e sfruttava la casa degli Yadav come punto di osservazione.

Il mistero dei telefoni scomparsi

Secondo le previsioni, le piogge dovevano cominciare il 1° giugno, ma erano già in ritardo di due settimane. La temperatura continuava a salire. L'aria era densa come lana. I fiumi che irrigavano i campi, e che la gente sfruttava per lavarsi, rigovernare i piatti, fare il bucato e rinfrescare il bestiame, si stavano prosciugando. Partendo dai villaggi, i bambini percorrevano lunghe distanze con capre e bufali per andare in cerca d'acqua. Nelle città, molti ricorrevano a pompe sommerse per attingerla dal sottosuolo. Persino le costose scuole private esortavano i genitori a non mandare i figli a lezione se non erano disposti a lasciare che si svuotassero le viscere all'aperto. Pompe, ventilatori, cooler e condizionatori mettevano a dura prova le forniture di energia elettrica.

La calura fece arrivare i termometri a 48,3 gradi centigradi.

I contadini temevano che la siccità fosse inevitabile.

Poi cominciarono le interruzioni di corrente, che innescarono i disordini.

Migliaia di persone inferocite assaltarono una sottostazione elettrica nei pressi di Lucknow e tennero in ostaggio i dipendenti per diciotto ore prima della comparsa delle forze di polizia, esauste dopo aver già sedato altri tumulti. Piú di una sottostazione venne data alle fiamme[1].

Una ricerca pubblicata quell'anno dalla Harvard Business School evidenziò una correlazione tra alte temperature accompagnate da scarse precipitazioni e rischio di violenze e conflitti in India[2]. Mentre la rabbia saliva alle stelle, una petizione presentata all'Alta corte di Allahabad insinuava che le uniche zone dell'Uttar

Pradesh dove non si verificassero tagli di elettricità erano le circoscrizioni elettorali del primo ministro Narendra Modi, del capo del governo Akhilesh Yadav e dei membri del partito al potere[3]. Secondo un quotidiano, «a esacerbare la collera degli abitanti dello Stato era il fatto che le forniture fossero rimaste regolari fino all'ultimo giorno delle votazioni, il 16 maggio»[4].

Appena cominciarono finalmente a soffiare venti carichi di umidità, la gente esalò un sospiro di sollievo collettivo. Le piogge arrivavano quasi sempre in grande stile, precipitando al suolo in forti scrosci grigi per almeno due mesi. Se il Cbi intendeva far esumare le salme, doveva agire per tempo.

Una mattina, gli investigatori si presentarono nel cortile degli Shakya per chiedere notizie di due cellulari. Uno era l'apparecchio nero e oro che Padma aveva portato con sé nei campi la sera della sua scomparsa. Sebbene fosse acceso quando la ragazza era uscita di casa, risultava spento all'ora in cui i familiari angosciati avevano iniziato a chiamarla. Il secondo, che conteneva la registrazione del colloquio tra Lalli e Pappu, apparteneva al padre di Lalli, Sohan Lal. Dopo averlo usato nell'ultimo giorno della sua vita, la figlia gliel'aveva restituito. In seguito, quella notte, Sohan Lal aveva riprodotto la conversazione di Lalli, registrata sull'apparecchio, in presenza di numerosi abitanti di Katra. Molti di loro avevano parlato agli agenti della registrazione, e ovviamente gli uomini del Cbi volevano sentirla con le proprie orecchie.

Sohan Lal dichiarò che non c'era nessun cellulare.

In realtà, non solo sapeva dove si trovavano i telefoni, ma era stato proprio lui ad architettare la sparizione di quello di Padma la mattina del ritrovamento delle due ragazze, parecchi giorni prima. Gli investigatori l'avevano già saputo da uno dei poliziotti presenti sulla scena del crimine.

Sohan Lal aveva avuto l'idea guardando il corpo della nipote.

«Chissà cosa c'è in quel cellulare» aveva detto a un parente. «Utile o dannoso, sarà meglio toglierlo di mezzo. E i colloqui e messaggi che contiene vanno cancellati».

Il parente era il maggiore degli zii materni di Padma, Ram Chander, che abitava nel villaggio di Nabiganj. Lui e i suoi quattro fratelli si erano impegnati a fondo per mantenere un rapporto con la nipote. Negli ultimi mesi casa loro era divenuta un rifugio per l'adolescente. Ma Ram Chander comprendeva le preoccupazioni di Sohan Lal e le condivideva. C'era in gioco l'onore, quello di Padma e dell'intera famiglia. Infilò la mano sotto la *kameez* della nipote e recuperò l'apparecchio.

Il padre della ragazza, Jeevan Lal, si trovava accanto a lui e osservava la scena. Ci furono molti altri testimoni di quella sottrazione di prove. «Secondo gli abitanti del villaggio, il telefono conteneva le registrazioni dei colloqui tra Pappu e Padma» rammentò in seguito uno spettatore.

Evidentemente Sohan Lal non sapeva molto di gps né dei sistemi grazie ai quali è possibile rintracciare con facilità l'ubicazione di un cellulare. Credeva che nascondere l'apparecchio bastasse per impedire che venisse ritrovato. Chiese allo zio di Padma di portarlo con sé. Nabiganj distava due ore di tragitto da Katra, e nessuno avrebbe pensato di cercarlo laggiú.

La batteria era scarica, e appena il telefono venne collegato a una presa, cominciò a ricevere «una pioggia di messaggi» ricordò in seguito Ram Avtar, il figlio diciottenne di Ram Chander. I cinque o sei messaggi in arrivo esprimevano tutti la stessa preoccupazione su dove fosse finita Padma. «Stiamo tentando di metterci in contatto con te» era un tipico esempio. Ram Avtar non riconobbe immediatamente i numeri, ma date le circostanze era quasi certo che fossero di persone della famiglia. Nonostante questo, li cancellò lo stesso, come voleva Sohan Lal. «Intendevo proteggere i familiari di Padma dallo scandalo» spiegò poi.

Il giorno successivo Sohan Lal cambiò parere. Era meglio che fosse lui a custodire il cellulare, cosí poteva tenerlo d'occhio. Aveva anche tolto dalla base dell'albero le ciabatte delle due ragazze – per metterle al riparo dalla folla, si giustificò in seguito – e forse, disse ora ai fratelli, avrebbe fatto meglio a conservare con sé anche il telefono. Lo portò a casa e lo infilò in un mucchio di letame nell'angolo del cortile.

Gli investigatori decisero di non affrontare subito Sohan Lal: andarono invece a Nabiganj a parlare con gli zii di Padma. Minacciarono di arrestarli se non avessero confessato la verità. Inorriditi, quelli imprecarono contro Sohan Lal. Aveva mandato il nemico a bussare alla loro porta! Gli uomini del Cbi addolcirono il tono. Il cellulare costituiva un potenziale indizio per arrivare all'identità dell'assassino di Padma. Non volevano scoprire chi aveva ucciso la nipote? Intendevano mandare i colpevoli dietro le sbarre, no?

Quando gli agenti se ne andarono, uno dei fratelli chiamò Sohan Lal. Era il 20 giugno, circa una settimana dopo l'inizio delle indagini.

«Siamo nei pasticci per colpa tua» disse Kanhaiya Lal. «Se non consegnerai il telefono al Cbi entro domattina, interromperemo ogni rapporto con la tua famiglia».

In una comunità strettamente legata come la loro, quella era la peggiore delle minacce.

Sohan Lal accondiscese alla richiesta, ma poi accantonò la cosa. Aveva problemi piú seri da affrontare con urgenza. Alcuni degli abitanti di Katra, parlando con i giornalisti che giravano per il villaggio alla ricerca di un angolo fresco, insinuavano che la morte delle due cugine poteva essere imputata a un delitto d'onore. «Una ragazza non dovrebbe usare il cellulare» sostenevano quegli uomini. «Le brave ragazze non parlano con i ragazzi» aggiungevano; e quelle che lo facevano disonoravano il villaggio. «Se fossi stato io il padre» millantò un tizio con aria tronfia, «le avrei ammazzate a colpi di pistola».

Gli zii di Padma a Nabiganj si rendevano conto delle pressioni subite da Sohan Lal: era diventato famoso. Ormai piú nessuno ignorava chi fosse. Loro avevano le proprie idee su quello che era successo a Padma e Lalli. Sohan Lal poteva ricorrere a un solo sistema per perorare la propria causa: sfruttare i media. E a quanto avevano saputo, parlava con chiunque varcasse la sua soglia, anche se non era sempre convinto che il visitatore fosse chi sosteneva di essere. In piú di un'occasione, aveva chiesto ai giornalisti se lavoravano in segreto per il Cbi.

Con tutto ciò, gli zii di Padma non erano disposti a lasciarsi prendere in giro.

Kanhaiya Lal richiamò il padre di Lalli, e questa volta gli disse senza mezzi termini che lui e i suoi fratelli si chiedevano se non avesse qualche altro motivo per rifiutarsi di consegnare il telefono alla polizia.

«Non ti daremo il nostro appoggio se nascondi la verità» aggiunse. «E se hai fatto qualcosa di male, sarai punito, stanne certo». Kanhaiya Lal non alludeva alla giustizia terrena. Intendeva dire che Sohan Lal si sarebbe attirato il castigo degli dèi.

Anche gli investigatori tenevano gli Shakya sotto pressione. Li informarono che stavano controllando la fedina di Sohan Lal e di altri membri della famiglia per verificare se avessero precedenti penali. (Non era vero.)

Poi, una sera, gli uomini del Cbi andarono a prelevare Ram Chander, lo zio di Padma che le aveva sfilato il cellulare dalla *kameez*, e lo portarono a Katra. Erano giunti alla conclusione che solo un confronto diretto potesse condurre alla verità. Si fermarono nel cortile degli Shakya sotto gli sguardi di tutti: parenti, amici e vicini.

«È stato lui a chiedermi di farlo» disse Ram Chander.

«*Nahin ji*» sbottò Sohan Lal di rimando. «*Jhoot*». No, signore. Sono solo bugie.

«E il giorno dopo hai preteso che ti restituissi il telefono!»

«*Theek hai,* forse sarà qui da qualche parte».

Era già notte fonda. Sohan Lal congiunse le mani e giurò che l'indomani avrebbe perlustrato personalmente la casa, ma gli investigatori non si lasciarono convincere. L'apparecchio era la prova di qualcosa che il padre di Lalli voleva tenere nascosto. Shukla, il capo delle indagini, era sicuro che se ne avesse avuto l'opportunità, Sohan Lal l'avrebbe distrutto. Diede ordine alla squadra di perquisire la casa. I suoi uomini cercarono ovunque: quando passavano vicino al mucchio di letame, però, arricciavano il naso e giravano alla larga.

La verità sul telefono

Sohan Lal infilò la mano nel mucchio di letame. Tirò fuori il cellulare che Padma aveva con sé al momento della morte. Lo ripulí e lo sbatté a terra piú volte per far uscire ciò che conteneva. Spaccò la batteria, la tastiera e il guscio di metallo. L'etichetta del fabbricante si staccò. Ormai riusciva a reggere sui palmi delle mani i numerosi pezzi. Li infilò in un sacchetto di plastica e lo annodò in silenzio.

L'apparecchio era ridotto in «briciole», precisava il rapporto del Forensic Science Laboratory (Laboratorio della polizia scientifica) dello Stato occidentale del Gujarat. Sohan Lal aveva consegnato anche il proprio telefono, quello con la registrazione del colloquio tra Lalli e Pappu. Quest'ultimo cellulare era intatto, ma mancava la scheda di memoria originale, senza la quale sarebbe stato impossibile ascoltare le conversazioni registrate.

Pur avendo riconosciuto di aver manomesso i due apparecchi, all'inizio Sohan Lal si rifiutò di spiegare perché. L'ultimo che aveva acquistato era sempre stato destinato a Padma, ammise. «Me l'aveva chiesto lei» disse. «Sapeva leggere e scrivere, e quasi tutte le chiamate in arrivo erano per lei».

La giustificazione non parve molto convincente a Shukla. Le ragazze del villaggio usavano il cellulare, ma non ne possedevano uno personale. E Sohan Lal non era certo un uomo dalla mentalità aperta. Se la nipote avesse ricevuto telefonate, ne sarebbe stato contrariato.

Come in altre circostanze precedenti, alcuni membri della sua stessa famiglia si fecero avanti per smentirlo, forse preoccupati che la caparbietà di Sohan Lal finisse per indisporre gli investigatori. Tra quelli che integrarono quanto aveva dichiarato c'era il maggiore dei suoi figli maschi, Virender: questi rivelò agli uomini del Cbi che il padre aveva «fracassato il cellulare» in preda alla rabbia, perché qualcuno l'aveva usato per «contattare e incontrare le ragazze».

Shukla riteneva che Sohan Lal l'avesse comprato per spiare Padma, forse allo scopo di affrontarla. E che l'avesse distrutto per eliminare qualsiasi prova di un legame con Pappu, in modo da chiudere la questione. Chiedendo l'intervento del Cbi, non pensava che sarebbe venuta a galla quella storia.

In cerca di conferme alla sua teoria, Shukla mandò alcuni dei suoi uomini alla Keshav Communications. Il 26 giugno, Keshav mostrò loro una fattura intestata a una certa Vidyawati, una donna di cinquantun anni. Gli investigatori rimasero di stucco. Chi era costei?

Keshav assunse un'aria imbarazzata. Aveva usato i dati della carta d'identità di un'altra cliente, ma solo per aiutare Sohan Lal, sprovvisto di un documento. Keshav presumeva che non lo possedesse. Non era cosí, lo informarono gli uomini del Cbi. Sohan Lal aveva una tessera elettorale che si era procurato tre anni prima.

Keshav si strinse nelle spalle. Nella sua esperienza, gran parte della gente non infrangeva la legge a fini criminali; lo faceva semplicemente perché, proprio come lui, pensava di farla franca.

Adesso basta con le menzogne, gli intimarono gli investigatori. «Di che genere di apparecchio si trattava?»

Sohan Lal aveva voluto vedere cellulari con una batteria di lunga durata, rispose Keshav. Nulla d'insolito in tale richiesta. Nel villaggio le prese di corrente non abbondavano.

E poi?

Keshav deglutí a fatica. Non aveva mai interagito con un poliziotto prima di allora. E quegli agenti lo scrutavano in un silenzio incredulo. Era chiaro che lo considerävano un bugiardo. Keshav non voleva guai. Ancora una volta pensò al padre morto, alla madre vedova, allo zio con il quale era in debito e via dicendo, finché non si sentí la fronte in fiamme. Cominciò a parlare a un ritmo molto rapido. «Non avevo le idee chiare» spiegò in seguito, rammentando il terrore di essere arrestato dal Cbi per frode.

Parlò talmente tanto da perdere il filo del discorso. A un certo punto si limitò a percepire i movimenti della bocca senza piú udire le parole. Ma in tutto ciò che disse, ci fu solo una frase che suscitò il reale interesse degli investigatori.

«Sohan Lal voleva un apparecchio in grado di registrare lunghe conversazioni».

«È tutto ciò che ho»

Ram Sakhi era appena un'adolescente quando lasciò la famiglia per sposarsi. Aveva diciotto o forse diciannove anni: un po' troppi per una sposa. Eppure le avevano trovato un buon partito, anche se lei non ne sapeva nulla perché non aveva mai visto in faccia il fidanzato.

Nemmeno il nome del futuro marito aveva importanza, dato che lei l'avrebbe definito solo il padre dei suoi figli.

Lo sposo, Jeevan Lal, possedeva un pezzo di terra e una casa. Non beveva. Non aveva debiti né precedenti attività criminali note. Benché magro, godeva di buona salute: zigomi alti, baffi tagliati con cura e orecchie a sventola. Parlava in tono sommesso e sembrava garbato nei modi, peculiarità che lo mettevano in risalto in una regione in cui il machismo costituiva un atteggiamento necessario per ostentare forza e senso di appartenenza.

Con il tempo cominciarono a emergere le differenze tra le famiglie d'origine dei due coniugi. Ram Sakhi era analfabeta, ma i suoi fratelli sapevano scrivere il proprio nome in due lingue, hindi e inglese. Jeevan Lal firmava con l'impronta digitale. Man mano che passavano gli anni, i fratelli di Ram Sakhi iniziarono a viaggiare. Uno andò in Punjab a lavorare in una fattoria, l'altro trovò il modo di guadagnarsi da vivere nei cantieri edili dell'Haryana. Jeevan Lal non si era mai mosso dal villaggio. Le nuove esperienze innescavano nuove abitudini, e i fratelli di Ram Sakhi costruirono un bagno all'occidentale nella loro casa. La sorella invece, ricordavano con amarezza, era costretta a recarsi nei campi per svuotarsi le viscere persino quando aveva il ventre gonfio come un sacco di angurie.

Ram Sakhi mise al mondo una figlia teneramente

amata, Padma: ma le femmine erano solo un preludio a nascite migliori. Il secondo figlio sarebbe stato un maschio, dicevano tutti, e se non il secondo, il terzo. La coppia però non riuscí ad averne altri, perché quando Ram Sakhi stava per partorire di nuovo, si ammalò. Mentre la moglie giaceva costretta a letto in un villaggio privo di medici, di automobili e di telefoni, Jeevan Lal si tormentava le mani con aria preoccupata. Nell'imminenza della nascita, si affrettò a portare Ram Sakhi all'ospedale, dove la donna morí. Jeevan Lal non sapeva perché: non era riuscito a capire le spiegazioni dei dottori.

Morí anche il bambino.

Jeevan Lal desiderava ardentemente un maschio, e la perdita lo colpí con la violenza di una pugnalata al cuore. La madre si trasferí da lui per cucinare e badare alla piccola Padma, che all'epoca aveva due anni. Jeevan Lal andava e tornava dai campi come un automa. I suoi familiari erano certi che non sarebbe stato piú capace di sorridere.

I fratelli di Ram Sakhi erano sempre andati d'accordo con il cognato, ma la morte della sorella li aveva prevedibilmente allontanati dagli Shakya. «Volevamo mantenerci in contatto con nostra nipote» rammentò il minore, Khanaiya Lal. «Però avevamo la sensazione che i rapporti con il resto della famiglia si fossero chiusi».

Benché continuassero a chiamare Jeevan Lal *bahnoi*, cognato, non amavano piú fargli visita.

Jeevan Lal non aveva ancora trent'anni, e si risposò. Si trovava molto bene con la nuova moglie. La ragazza parlava pochissimo, anche perché la tradizione le imponeva di tenere il volto coperto e di non esprimere le sue opinioni. Il silenzio era rilassante. I due coniugi andavano d'accordo, notò la famiglia con un sospiro di sollievo.

In qualità di nuora piú giovane, Sunita Devi occupava l'ultimo gradino della scala sociale, dopo gli uomini, la suocera e le nuore piú anziane. Non doveva sottostare ai bambini, ma man mano che i maschi crescevano, salivano nella gerarchia familiare e i loro desideri assumevano la precedenza sui suoi. Sunita Devi era consapevole del proprio posto. Si rannicchiava curvando la schiena per alimentare il fuoco, accudire i bufali, lavare pentole e padelle. Se voleva qualcosa dagli altri membri della famiglia, lo sussurrava all'orecchio del marito, che intercedeva per lei.

Presto apparve chiaro che tra loro era nato un sodalizio, nella misura del possibile, date le circostanze. Forse spinto dalla gratitudine per quella possibilità di una nuova vita, Jeevan Lal prendeva sempre le parti della moglie.

I fratelli di Ram Sakhi si preoccupavano che la nipote rischiasse di essere trascurata rispetto ai figli naturali di Sunita Devi. Chiesero agli Shakya di poter tenere con sé Padma. Comprensibilmente Jeevan Lal rifiutò. «È la mia ragione di vita» disse.

Nel corso degli anni gli zii di Padma sentirono circolare delle voci. Padma chiamava mamma la matrigna, ma non era Sunita Devi ad allevarla. L'intero compito gravava ancora sulle spalle della nonna. Sunita Devi non preparava nemmeno i pasti alla bambina. Jeevan Lal fu costretto a dare spiegazioni. «Mia madre e mia figlia mangiano il pesce» si giustificò. «Mia moglie invece è strettamente vegetariana». Maneggiare il pesce poteva contaminarla.

Inoltre la famiglia era afflitta da un problema piú personale. Jeevan Lal e la nuova moglie stavano cercando di avere figli, ma Sunita Devi aveva avuto diversi aborti. Per quanto i «medici» del villaggio non fossero laureati e qualcuno li definisse scherzosamente «dottori provvisori» (nel senso che per il momento gli abitanti di Katra dovevano accontentarsi di loro), Sunita Devi li frequentava ugualmente. Si rivolgeva anche a esperti di rimedi erboristici i cui preparati a volte uccidevano i pazienti. E andava da medici in piena regola, a Budaun e altrove. Prendeva qualsiasi farmaco le prescrivessero. Con il cuore angustiato, il corpo stanco e gli occhi di tutti addosso, non parlava quasi piú.

Gli zii di Padma iscrissero la nipote a una scuola del loro villaggio, sperando di convincere il padre a rinunciare a lei. Tuttavia, nonostante la ragazza avesse frequentato qualche lezione, ben presto Jeevan Lal andò a riprenderla. Una sua amica di quel periodo ricordò in seguito che mentre Padma esprimeva spesso il suo affetto per la nonna, non menzionava mai l'esistenza della matrigna.

Alla fine della terza media, nel 2013, il padre decise che da allora in poi Padma doveva restare a casa. Nel villaggio non c'erano istituti superiori, è vero, ma poiché era anche vero che alcuni genitori mandavano le figlie a studiare fuori, gli zii della ragazza dedussero che Jeevan Lal volesse cercarle marito.

Tornarono a interpellarlo. «Gli chiedemmo di aspettare» disse uno dei fratelli. «Lasciamola studiare, lasciamola crescere». Nella loro famiglia c'era almeno una mezza dozzina di bambini che andavano a scuola. Padma sarebbe stata felice di vivere con loro. Gli zii l'avrebbero iscritta alle superiori ed erano persino disposti a sobbarcarsi le spese. Jeevan Lal insistette nel suo rifiuto.

«Non siamo in condizioni di accettare» dichiarò con fermezza.

In seguito Jeevan Lal avrebbe attribuito la nascita delle tensioni familiari alla propria riluttanza a far proseguire gli studi alla figlia. Padma però aveva confidato alla cugina Manju che la scuola non le piaceva. Gli insegnanti della Saraswati Gyan Mandir adottavano il sistema tradizionale di apprendimento meccanico basato sulla ripetizione e non sullo sviluppo dello spirito critico. Le punizioni corporali costituivano la norma. Padma non era sempre attenta e diligente, e questo influiva sui risultati. Il professore d'inglese della terza media la definiva una studentessa «mediocre». Non tra le migliori e nemmeno tra le peggiori.

Nella primavera del 2014, i rapporti tra Padma e la matrigna, e di conseguenza quelli con il padre, peggiorarono. Quando la ragazza andò a trovare gli zii in marzo, non aveva previsto una data di ritorno. L'ultimo litigio familiare della nipote, vennero a sapere i fratelli, era stato un bisticcio con Sunita Devi del tipo chiamato «*roti paani*», pane e acqua, scatenato dalla presunta lentezza di Padma nel servire il pasto. Quei battibecchi per motivi apparentemente banali si ripetevano cosí spesso che gli zii non ci badavano piú di tanto. In ogni caso non sapevano bene cosa pensare.

Nei periodi trascorsi con loro, Padma si dimostrava pronta a sbrigare ogni faccenda. Era talmente coscienziosa che quando una cugina si ammalò, fu lei tra tutti ad assumersi il compito di assisterla. Lavava le stoviglie, ma le piaceva anche giocare a Ludo con gli altri bambini. Ricamava in silenzio mentre gli adulti conversavano. La sua ultima creazione per gli zii era stata un pappagallo dal grosso ventre verde, con il becco rosso in rilievo. Dopo cena, durante le gare di canto fra i trenta membri della famiglia allargata, Padma era la concorrente piú entusiasta. In quella casa sprizzava gioia.

Era un'ospite perfetta. Una compagna incantevole. Una brava ragazza.

Passarono due settimane.

La festa di Holi, un'allegra ricorrenza da celebrare in famiglia, arrivò e trascorse.

Poi Jeevan Lal, esasperato, si presentò dagli ex cognati sul sellino posteriore di una moto, per reclamare la figlia.

Pur non capendo bene la natura delle presunte trasgressioni di Padma, i suoi zii ritenevano che il padre avesse il diritto di insegnarle la disciplina. D'altro canto, però, appariva chiaro che l'ambiente di Katra aveva effetti deleteri sulla ragazza.

Si offrirono di nuovo di tenerla con sé. E di nuovo Jeevan Lal non ne volle sapere.

«È tutto ciò che ho» disse.

«Non c'è nessun bisogno di vagabondare in continuazione»

A Katra ricominciarono i dissidi. Il motivo apparente era l'amicizia tra Padma e Lalli. Jeevan Lal rimproverava la figlia: «Sei sempre in giro con lei. Perché non ti concentri sulle tue faccende?»

«Non voglio che tu vada a casa d'altri» insisteva con Padma. «Né da mio fratello, né da sconosciuti. Rimani qui. Non c'è nessun bisogno di vagabondare in continuazione».

Quelle tensioni sorpresero alcuni abitanti del villaggio. Faceva parte delle consuetudini incoraggiare le ragazze a stringere amicizie nell'ambito della famiglia. Cosí non avrebbero cercato la compagnia di estranei. E Padma e Lalli erano cugine di primo grado e abitavano in due edifici attigui. Erano stati i genitori a mandarle a portare gli animali al pascolo insieme. Il fatto che fossero Jeevan Lal e Sunita Devi a mostrarsi preoccupati (mentre il padre e la madre di Lalli non lo erano ancora) non stupí nessuno. Padma era piú grande. Era arrivata a un punto di non ritorno: l'età adatta al matrimonio. Poi i pettegolezzi s'intensificarono, e Sunita Devi fu costretta a giustificarsi. «Quando vedevo Padma fare qualcosa di sbagliato, o uscire di casa senza permesso, allora sí, la sgridavo» ammise.

«Non voleva bene alla figliastra» osservò un amico di famiglia. «Per questo Padma le stava quasi sempre alla larga».

Litigarono per l'ultima volta in maggio, due settimane prima della scomparsa di Padma e Lalli. «Sei una scansafatiche!» urlò Jeevan Lal alla figlia.

Ne aveva avuto abbastanza. Padma doveva smetterla di starsene seduta con la cugina; doveva finirla di uscire insieme a lei. Sconvolta, la ragazza ficcò qualche indumento in una borsa e corse al bazar con l'intenzione di trovare un passaggio per raggiungere gli zii. La nonna la seguí zoppicando. Si sedettero l'una accanto all'altra sul bordo della strada. Al villaggio, questo equivaleva a dare spettacolo.

Una certa Vishaka, che per caso stava oziando davanti a casa sua, rimase colpita dall'espressione di quella ragazza gracile. «Aveva un'aria cosí triste» osservò in seguito. Non passarono macchine dirette verso la destinazione di Padma. Vishaka si preoccupò. Cos'avrebbe detto la gente?

«Venite dentro» esortò nonna e nipote.

«Mi hanno reso la vita un inferno» esclamò Padma piangendo. Il padre la insultava. La matrigna le addossava colpe di ogni genere.

Il marito della donna arrivò carico di fieno per i bufali. Insistette sulla necessità di telefonare subito a Jeevan Lal. «Tua figlia vuole andare a casa dei suoi zii da sola. Devo fermarla o lasciare che vada?»

«Non lasciarcela andare!» esclamò Jeevan Lal. Era nei campi. «Arrivo immediatamente».

Sulle prime Jeevan Lal accusò la madre. «È un'impicciona, e semina zizzania tra le donne della famiglia». Ma la coppia di fronte a lui aveva capito che la nonna di Padma non aveva nessuna colpa.

Jeevan Lal spiegò che aveva proibito alla figlia di far visita alla cugina, ma lei non voleva dargli ascolto. «Questa ragazza va in giro per tutto il giorno. Cosa posso fare se non sgridarla?»

Entrò un altro abitante di Katra, venuto a prendere alcune casse di liquore locale immagazzinate lí in cambio di un piccolo compenso. Sentí dire dalla nonna di Padma che la nipote non mangiava da parecchi giorni. L'anziana donna usò l'espressione «rapporti illeciti» per descrivere le accuse rivolte all'adolescente dalla matrigna. L'uomo ne fu allarmato. Al villaggio non esisteva un modo gentile per definire una ragazza sessualmente attiva prima del matrimonio.

Con l'arrivo del nuovo venuto, era praticamente certo che la voce si sarebbe diffusa. L'uomo l'avrebbe riferita al suo capo al negozio di liquori e anche ai clienti. Una faccenda di sesso dava sempre scandalo.

Anche Vishaka e il marito ne avrebbero parlato, sollevando l'argomento durante le telefonate con le figlie, già sposate in villaggi lontani, e affrontandolo sicuramente quella sera stessa durante la cena, mentre chiacchieravano con i figli maschi.

Perciò la notizia avrebbe cominciato a circolare, con l'effetto di mettere in discussione le capacità genitoriali di Jeevan Lal e di sottolineare il fatto che Sunita Devi non era riuscita a sfuggire allo stereotipo della matrigna cattiva. Tutti si sarebbero domandati come mai la situazione fosse degenerata fino a quel punto. Jeevan Lal e la moglie avevano un'unica figlia!

Le ragazze vanno tenute sotto controllo, per il loro bene e per quello della società, avrebbe commentato la gente. In fin dei conti una mela marcia rischia di contaminare tutte le altre. Quello che stava accadendo dagli Shakya non era solo la sconfitta di due genitori, ma il fallimento sociale di due membri della comunità.

Il nuovo arrivato reagí con rabbia. «Se non riesci a farti obbedire» gridò a Jeevan Lal, «trovale un marito».

I battibecchi tra Padma e i genitori continuarono. Avvelenavano le loro giornate, creando ulteriori problemi in un periodo già difficile. La nipote diciottenne di Jeevan Lal stava per sposarsi, e la dote richiesta dalla famiglia del futuro marito comprendeva pentole e padelle, un armadio e una bicicletta. Poi occorrevano i sari, i sandali e la cipria che la sposa doveva portare con sé perché i suoceri non potessero accusarla di essere un peso fin dall'inizio. Inoltre avrebbero presenziato alla cerimonia ben cento invitati: sei grosse automobili li avrebbero portati avanti e indietro. Le spese sarebbero state senza dubbio molto ingenti, e ci si aspettava che tutti i fratelli Shakya contribuissero.

Assumersi l'onere di un altro matrimonio era fuori questione. Eppure Jeevan Lal aveva compreso chiaramente di non poter piú tenere la figlia in casa con sé.

Non c'è occasione migliore di una festa di nozze per andare in cerca di un fidanzato. Pochi giorni piú tardi, a un matrimonio celebrato fuori da Katra, Jeevan Lal scrutò gli ospiti in cerca di un potenziale genero. Visitò altri due villaggi allo stesso scopo, ma non gli piacque nessuno dei giovani che gli furono presentati. Possedevano i requisiti fondamentali: erano indú e appartenevano alla medesima casta e sottocasta degli Shakya, per cui facevano lo stesso mestiere degli uomini della famiglia, mangiavano lo stesso cibo cucinato dalle loro donne, celebravano le stesse feste e avevano valori e norme sociali comuni, cosa che minimizzava i rischi comunque presenti in un accordo nuziale destinato a durare tutta la vita pur essendo stipulato tra due perfetti sconosciuti.

Ma come ogni padre, Jeevan Lal voleva qualcosa di piú per Padma, la sua unica figlia, colei che portava in sé lo stampo della donna un tempo amata. Voleva un bravo ragazzo.

Due giorni dopo Padma era morta.

«Hai ucciso tu Padma e Lalli?»

Una volta chiarite le principali ingerenze della famiglia Shakya, il ritmo delle indagini finalmente accelerò. Poi, a metà giugno, gli uomini del Cbi presero una decisione alquanto strana.

Sottoposero i cinque indiziati al test della macchina della verità, una procedura cosí controversa che i suoi risultati non costituiscono una prova riconosciuta in sede di processo né in India né in molti altri paesi del mondo.

La dottoressa Asha Srivastava era una professionista esperta, che lavorava da oltre vent'anni al Central Forensic Science Laboratory del Cbi di Delhi. Dirigeva il reparto di Psicologia del laboratorio, ed era responsabile dei test della verità, delle analisi vocali e delle valutazioni psicologiche.

Nel 2013, l'anno precedente, la polizia di Mumbai le aveva chiesto di esaminare i sospetti dell'ultima violenza sessuale che aveva fatto scalpore in India[1]. Lo stupro di gruppo del complesso di Shakti Mills, come veniva identificato il misfatto, era avvenuto in agosto, otto mesi dopo l'aggressione perpetrata sull'autobus di Delhi. La vittima era una fotogiornalista ventiduenne al servizio di una rivista pubblicata in città. Si trovava sul posto insieme a un collega per scattare fotografie destinate a una serie di articoli sugli edifici in disuso della metropoli. Sebbene il complesso di Shakti Mills, un ex cotonificio, fosse abbandonato, si trovava nel centro di Mumbai, in una zona piena di uffici, frequentata da un gran numero di impiegati. Circa un'ora prima del tramonto, due uomini avevano avvicinato i reporter e si erano offerti di accompagnarli a esplorare la zona. Li avevano lasciati soli a scattare le loro foto, ma poi erano tornati con un terzo individuo. «Il nostro capo vi ha visti e dovete venire subito con noi» aveva detto quest'ultimo. Piú tardi, minacciando la giovane donna con una bottiglia rotta, aveva aggiunto: «Non sai che razza di bastardo hai davanti. Tu non sei la prima che violento»[2].

Mumbai aveva fama di garantire alle donne una certa sicurezza in confronto al resto dell'India, e la notizia dell'aggressione, pubblicata in prima pagina, fu uno shock per il pubblico. La polizia agí tempestivamente e arrestò tutti e cinque i sospetti nel giro di pochi giorni. Abitavano nelle baraccopoli vicine al cotonificio dismesso. «Ovviamente è colpa della ragazza» dichiarò in seguito la madre di uno dei colpevoli in un'intervista a un giornale. «Cos'era andata a fare in mezzo a quella giungla? La responsabilità è anche sua. E per di piú era poco vestita»[3].

Il compito della dottoressa Srivastava consisteva nell'interrogare gli uomini implicati nella violenza per capire i loro moventi, valutare il rischio di future aggressioni e comunicare i risultati dei suoi test al tribunale affinché la corte ne tenesse conto nella sentenza. Dopo averli ascoltati a lungo, si convinse che quella non era la loro prima violenza sessuale. Dovevano aver scelto accuratamente la fabbrica dismessa come luogo adatto a tendere un agguato; poi, incoraggiati dal successo, avevano insistito piú volte con la stessa tattica. «Sul piano mentale erano molto svegli» osservò la dottoressa.

Quando una centralinista diciottenne si fece avanti per accusare tre di quegli uomini di averla stuprata nell'ex cotonificio, le conclusioni della dottoressa Srivastava si rivelarono esatte. Gli imputati avevano aggredito sessualmente anche una raccoglitrice di rifiuti, una prostituta e un travestito. In tutto le loro vittime erano almeno dieci, stabilí la polizia, stuprate nell'arco di cinque o sei mesi[4]. I violentatori le definivano «prede», e per ricattarle e costringerle al silenzio registravano le scene dello stupro con i cellulari.

Uno dei colpevoli disse alla polizia che dopo le prime due aggressioni non denunciate, lui e i suoi complici si erano sentiti «incoraggiati» a organizzarne altre[5]. «Alla sera si appostavano spesso nel cotonificio abbandonato per insidiare donne inconsapevoli» dichiarò un agente[6]. All'inizio del 2014, la corte emise un verdetto di colpevolezza per tutti e cinque gli imputati. Le nuove leggi sullo stupro prevedevano la pena di morte per i recidivi, e tre dei condannati furono giustiziati.

La dottoressa Srivastava stava cercando di smaltire il lavoro arretrato quando si sentí chiedere di collaborare alle indagini sul caso di Katra. Il Cbi voleva incaricarla di sottoporre i cinque indiziati al test del lie detector e di valutare il loro stato mentale.

Il 24 giugno, insieme a un collega, la dottoressa spiegò la procedura a Pappu Yadav. Gli avrebbero fissato al torace e all'addome due cinture pneumatiche per registrare il ritmo e la profondità della respirazione, disse. Un monitor avrebbe mostrato i valori della pressione e del battito cardiaco, mentre i due elettrodi all'indice e all'anulare sarebbero serviti a misurare le reazioni al questionario preparato dagli investigatori. Pappu doveva rispondere solo sí o no, con un intervallo di venticinque secondi per riprendersi tra una domanda e l'altra. Sarebbero seguiti altri test nella forma di colloqui con regole meno rigide.

«Padma ti ha telefonato il giorno dell'incidente?»

«Sí» replicò Pappu.

«È vero che quella sera hai avuto uno scontro fisico con Nazru?»

«Sí».

«È vero che dopo la colluttazione con lui sei corso via?»

«Sí».

«Il giorno dell'incidente Nazru ha portato via con sé le due ragazze?»

«Sí».
«Hai ucciso tu Padma e Lalli?»
«No».
Pappu non distolse lo sguardo mentre parlava, riferí la dottoressa Srivastava. Dall'esame delle sue risposte e delle sue reazioni, dedusse che diceva la verità.
La dottoressa si sbagliava. Almeno una delle risposte di Pappu, come ammise lui stesso in seguito, era una menzogna.
Quando fu sottoposto al test Avdesh, il fratello maggiore di Pappu, gli venne chiesto a piú riprese e in diverse formulazioni se avesse partecipato al presunto stupro e assassinio delle due adolescenti. Era stato complice del fratello nel sequestro, nello stupro e nell'impiccagione di Padma e Lalli? Aveva prestato la sua complicità alla polizia negli stessi reati? Sapeva chi fossero i colpevoli? Aveva violentato le due cugine? Le aveva uccise?
No, disse Avdesh. No, no, no.
Era sincero, concluse la dottoressa. E rimase franco e rilassato finché non fu introdotto l'argomento delle «attività di suo fratello».
«Ogni volta che veniva menzionato Pappu, Avdesh distoglieva lo sguardo in preda alla frustrazione, e sosteneva che per colpa sua stavano soffrendo tutti».
Anche gli altri indiziati superarono il test con un verdetto di assoluzione. Si dichiararono innocenti e la dottoressa Srivastava li giudicò sinceri. Solo una delle risposte dell'ex agente Sarvesh risultò ambigua.
La relativa domanda era esplicita e diretta.
«Sa chi ha ucciso Padma e Lalli?»
L'uomo aveva risposto di no, rammentò in seguito la dottoressa, ma lei non era riuscita a capire se stesse dicendo la verità.
«Forse era nervoso» ipotizzò stringendosi nelle spalle.

«Le macchine non mentono»

Gli istituti scientifici e giuridici contestano l'attendibilità della macchina della verità fin dall'epoca della sua invenzione, avvenuta a Berkeley, in California, nel 1921.

Gli specialisti concordano quasi al completo sul fatto che si tratta soprattutto di uno strumento per misurare lo stress. Il test registra i sintomi innescati dalla paura – l'accelerazione del ritmo cardiaco, l'incremento della pressione sanguigna, della traspirazione e della frequenza del respiro –, interpretati come segnali di falsità. Ma è assolutamente plausibile ipotizzare reazioni dello stesso genere da parte di un innocente, e una condotta calma, invece, in chi è abituato a mentire. «Non è difficile ingannare una macchina della verità» disse un esperto parlando alla Bbc nel 2013. «Non c'è bisogno di essere una spia professionista né un sociopatico. Basta saper riconoscere le domande di controllo e, quando vengono poste, intensificare le proprie reazioni mediante tecniche semplici quali un morso al lato della lingua»[1].

La dottoressa Srivastava non era di questo parere. «Le macchine non mentono» affermò citando una frase usata comunemente al Cbi. «La fisiologia umana è uguale in ogni individuo, che sia un criminale incallito o meno. È molto difficile manipolare i risultati di un test della macchina della verità. Purché la prova sia condotta da esperti, il suo esito è affidabile al cento per cento».

Ma sebbene la principale agenzia investigativa indiana credesse nell'attendibilità dei test con la macchina della verità – nel cento per cento dei casi –, ne utilizzava i risultati solo quando lo riteneva opportuno.

Nel caso di Aarushi, l'esame aveva stabilito che i

genitori dell'adolescente dicevano la verità negando di essere implicati nell'assassinio della figlia. Eppure il Cbi – a torto, come si scoprí in seguito – continuò a perseguire la teoria della loro colpevolezza.

In realtà l'agenzia, chiarí un ex funzionario di alto livello del Cbi, si serviva del test in modo «orientativo». «Se un indiziato tentenna, se il suo ritmo cardiaco accelera di fronte a una domanda spinosa, entra nel numero dei sospetti» spiegò. «Ma questo non lo trasforma subito nel colpevole. È necessario trovare altre prove».

Di fatto il Cbi sfruttava l'esito dei test con la macchina della verità a uno scopo diverso, e questo apparve evidente nel caso di Katra quando tale esito venne fatto trapelare ai media.

Per la maggior parte delle persone, soprattutto al di fuori del villaggio, quello di Padma e Lalli era un caso semplicissimo. I fratelli Yadav avevano stuprato e poi ucciso le due ragazze con la collusione della polizia. Secondo l'opinione comune, il Cbi non doveva far altro che compilare l'elenco dei capi d'accusa insieme a quello delle leggi che i sospetti avevano infranto: poi la faccenda poteva passare nelle mani dei giudici. L'agenzia, però, sapeva che i fatti non corroboravano tale teoria largamente diffusa. E gli investigatori, dal loro punto di vista, non si trovavano ad affrontare solo lo spinoso problema di accertare cosa fosse accaduto, ma anche un'altra questione, piú delicata.

Se si fossero persuasi dell'innocenza di Pappu Yadav, avrebbero dovuto trovare il modo di convincere anche i media e l'opinione pubblica. Questo non faceva parte del loro lavoro, ma l'avrebbe reso piú facile. Se molti ammiravano il Cbi, c'era anche chi lo denigrava apertamente per i suoi errori e perché si lasciava manovrare dai politici. La parola *botched** veniva ripetuta cosí

* Incasinato, raffazzonato (*N.d.T.*).

spesso nei notiziari televisivi in riferimento all'operato dell'agenzia, che ormai persino gli investigatori con una limitata padronanza dell'inglese ne comprendevano il significato.

Il Cbi poteva evidenziare il fatto che il referto dell'autopsia era pieno di errori, cosa che capitava spesso. Poteva affermare che le vittime non erano state stuprate, come aveva ammesso anche la dottoressa Tripathi, e sostenere che secondo il dottor Gupta, il supervisore dell'esame autoptico, la morte delle due ragazze andava imputata a suicidio. Poteva anche dimostrare che Nazru aveva mentito ripetutamente nelle sue diverse testimonianze. Sebbene gli investigatori si fossero persuasi che avesse sorpreso Pappu nei campi con le ragazze, sugli eventi successivi la sua parola valeva quanto quella di Pappu. Inoltre, né Nazru né nessun altro aveva visto insieme alle vittime i due poliziotti accusati di stupro e femminicidio, e neppure i fratelli di Pappu. Queste persone erano sospettate di aver commesso crimini assai violenti, mentre le prove non attestavano nulla di piú di un incontro tra un ragazzo e due adolescenti in cerca di un po' di privacy.

Sottolineare tutto ciò avrebbe fatto qualche differenza?

La ricostruzione delle ultime ore di Padma e Lalli veniva ripetuta a non finire ormai da settimane. Appariva in diverse lingue dovunque la si volesse cercare: alla televisione, in rete, sui giornali. Era cosí consolidata che sarebbe stato quasi impossibile smantellarla. Lasciando trapelare l'esito del test della verità, gli uomini del Cbi speravano di insinuare nell'opinione pubblica il seme del dubbio sulla possibile innocenza di Pappu, che gli investigatori credessero o meno nello scarso valore scientifico di quella prova.

«Si è mai innamorato?»

«È mai stato a Bombay?» chiese al padre di Lalli la dottoressa Srivastava, l'esperta di medicina legale.

Era il 7 luglio: due settimane dopo che i cinque sospetti erano stati sottoposti al test della verità. Sohan Lal aveva ricevuto le loro stesse informazioni preliminari, ma senza comprendere del tutto la procedura.

La dottoressa gli aveva applicato delle apparecchiature mediche, riferí in seguito, simili a quelle usate per misurare la febbre. (Forse lo pneumografo, lo strumento per registrare le variazioni del respiro, gli era sembrato simile a uno stetoscopio.) La donna l'aveva esortato a inspirare ed espirare. Poi si era messa a rivolgergli strane domande, pretendendo che rispondesse soltanto con un sí o con un no.

Perché voleva sapere se fosse mai stato a Bombay? Cosa c'entrava con la morte di sua figlia?

«No, *sir*» replicò, non sapendo bene come chiamare la dottoressa Srivastava.

Nel sentirsi chiedere: «Si è mai innamorato?», Sohan Lal rinunciò a capire. Lavorava duro per garantire un tetto alla sua famiglia. Procurava cibo e abiti alla moglie e ai figli, pagava le spese per la scuola e per i matrimoni. Onore e dovere erano gli unici princípi guida della sua esistenza.

«No, *sir*» rispose con sincerità.

Quanto alla prima serie di domande inerenti al caso, l'agenzia conosceva già le risposte.

«È vero che dopo la richiesta del Cbi di consegnare agli investigatori il telefono usato da Padma lei invece l'ha ridotto in frantumi?»

«Sí».

«Ha distrutto anche la sim dell'apparecchio?»

«Sí».

«È vero che le due ragazze sono state uccise a causa di una controversia sulla proprietà di un terreno?»

«No».

Fino a questo punto, tutto bene. Poi la macchina segnalò una menzogna.

A Sohan Lal era stato chiesto se si trovasse lontano dal villaggio quando l'avevano avvertito della scomparsa di Padma e Lalli.

«Sí» disse.

Ed era cosí, come avrebbero poi attestato i testimoni presenti e gli estremi delle telefonate.

La macchina della verità registrò erroneamente la risposta come una bugia.

Concluso l'esame, ebbe inizio la valutazione psicologica. Sohan Lal fu esortato a rispondere con parole sue a una domanda sul cellulare di Padma. Ammise di averlo rotto. I «dettagli contenuti in quel telefono... potevano danneggiare l'onore della famiglia» dichiarò. «Le ragazze sono l'onore della famiglia».

La registrazione del colloquio tra Lalli e Pappu dimostrava che i tre adolescenti si conoscevano, affermò la dottoressa Srivastava. «Se le ragazze non fossero morte, quali misure avreste preso per tutelare l'onore della famiglia?»

«Le avremmo uccise» rispose Sohan Lal.

Nazru venne esaminato quello stesso giorno. Prevedibilmente, l'esito dei vari test fu un disastro.

Durante l'esame comportamentale, Nazru dichiarò di aver riconosciuto Pappu, ma di non aver capito chi fossero gli altri. Incalzato a fornire ulteriori particolari, iniziò a «deglutire; gli si seccarono le labbra e chiese dell'acqua».

«Fingeva di essere sopraffatto dall'emozione» osservò la dottoressa Srivastava. «Tuttavia, il tempismo e la durata delle reazioni emotive erano anomali... L'emozione si manifestava in ritardo, durava pochi secondi e poi cessava di colpo».

Nazru cambiò di nuovo versione. Nel sentirsi chiedere se avesse visto Pappu che portava via Padma e Lalli, rispose di no.

Nazru colpí molto la specialista di medicina legale. A distanza di cinque anni e di varie decine di casi, era lui quello che la dottoressa Srivastava rammentava con piú chiarezza tra tutte le persone esaminate all'epoca. Quando le si era seduto di fronte, tremava, nel vero senso della parola, ricordava la donna. Non riusciva a guardarla negli occhi. Non che avesse paura, precisò. Cercava di manipolarla.

Dopo aver ammesso di essere stato comprato dagli Shakya, Nazru era stato preso da una tale agitazione che aveva cominciato a urlare.

La dottoressa Srivastava rammentava ancora le sue parole.

«Restituirò i soldi! Restituirò i soldi!»

Dopodiché Nazru aveva tentato la fuga.

INONDATE!

Il cielo si spaccò, inzuppò la terra assetata e riportò ogni cosa alla gioia della vita. Mentre i bambini del villaggio si tuffavano nei fiumi tornati a scorrere per festeggiare con una nuotata l'inizio delle piogge, le previsioni meteorologiche locali parlavano di precipitazioni da moderate a forti, e calcolavano che il monsone si sarebbe manifestato nella sua «piena potenza» a partire dall'11 luglio. La commissione sanitaria dell'All India Institute of Medical Sciences di New Delhi fissò l'esumazione delle salme di Padma e Lalli al 20 luglio: quasi otto settimane dopo il ritrovamento dei corpi.

I medici di Delhi pretesero di avere a disposizione una scorta personale ventiquattr'ore su ventiquattro durante la loro permanenza in Uttar Pradesh. Lo stato disastroso della sala autoptica descritto dal rapporto del Cbi li aveva comprensibilmente scoraggiati, ma invece di proporre una sede alternativa (una stanza d'ospedale, per esempio), vollero condurre l'esame dei cadaveri sul greto del fiume. Chiesero che fosse allestito un riparo attrezzato di tavolo, teli di plastica, mascherine, camici, guanti e stivali di gomma. Chiesero anche la presenza di un assistente, nella fattispecie Lala Ram: «Dovrà essere presente l'addetto alle pulizie dell'obitorio di Budaun che ha collaborato con i medici all'esecuzione dell'autopsia, con tutti gli strumenti necessari per accedere alle cavità dei cadaveri, scatola cranica compresa».

Gli uomini del Cbi avevano aspramente criticato il contributo di Lala Ram all'autopsia. L'uomo si era servito di un «coltello da macellaio», avevano dichiarato nel loro rapporto. Effettivamente quello usato da Lala Ram era un comune coltello da cucina per tagliare la carne, acquistato al bazar in un negozio qualsiasi. Il fatto che i medici avessero deciso di rivolgersi a lui, e di usare la sua attrezzatura, indicava come le procedure adottate in un luogo arretrato come Budaun fossero le stesse cui si ricorreva a Delhi.

Nelle prime ore del 20 luglio, una domenica, Lala Ram si armò di grembiule e di un paio di guanti nuovi e si preparò a lasciare la sua stanza presso gli alloggi del personale ospedaliero. Gli avevano ordinato di arrivare prima dell'alba per non mettere in allarme i media.

Il giorno precedente, sabato, i violenti acquazzoni previsti avevano iniziato a sferzare il suolo. Mancò l'elettricità e tutti si arrabattarono a procurarsi torce, candele e lampade a olio. Ben presto le strade si trasformarono in acquitrini torbidi e turbolenti.

I poliziotti messi di guardia alle sepolture in riva al Gange informarono i superiori che il livello del fiume stava salendo rapidamente. Aveva già coperto le tombe con trenta centimetri d'acqua. All'ora in cui arrivarono le troupe televisive, non era piú possibile raggiungere il posto a piedi. Un uomo che ci aveva provato si era ritrovato sommerso fino alla vita.

Quando apparvero i suv del Cbi sui quali viaggiavano i medici di Delhi, non rimaneva altro da fare che contemplare la situazione drammatica dall'alto degli argini. I fratelli Shakya se ne stavano poco lontano. «Mi avvicinai agli investigatori a mani giunte» rammentò in seguito Sohan Lal. «"Vi prego, sbrigatevi a recuperare i corpi" li implorai». Non riusciva a credere che gli uomini del Cbi intendessero affrontare il Gange, il fiume piú possente e piú sacro dell'India, aspettandosi di avere la meglio.

L'agenzia chiese che l'ufficio governativo locale responsabile di gestire le inondazioni organizzasse il pompaggio dell'acqua, in modo da riportare all'asciutto le tombe. In attesa della risposta, gli investigatori radunarono cinquanta persone dei dintorni, le misero a bordo di una barca e le mandarono a cercare il luogo delle sepolture. Furono gettati nel fiume sacchi di sabbia nel tentativo di contenere la piena. Iniziarono a circolare bizzarre proposte: chiamiamo i sommozzatori! Costruiamo un ponte!

Alle sette di sera le tombe erano sommerse sotto due metri e mezzo d'acqua. Poi le pompe esaurirono il carburante. Ovviamente non c'erano sommozzatori, perciò furono cinque abili nuotatori a spogliarsi e a tuffarsi nel fiume torbido e turbinoso.

«È un gioco?» pensò Sohan Lal.

Un funzionario di polizia ordinò ai suoi uomini di piantare una bandiera rossa in uno dei sacchi di sabbia, per sicurezza. Altrimenti, quando la piena fosse defluita, sarebbe stato impossibile distinguere le tombe di Padma e Lalli tra le centinaia di sepolture lungo la riva del fiume.

Nel sentirsi chiedere quando pensava di poter eseguire l'autopsia, il capo della commissione medica, il dottor Adarsh Kumar, con la sua linda camicia fresca di bucato, rispose in tono disinvolto: «Forse verso settembre». Quattro mesi dopo la morte delle vittime[1].

Mentre Shukla, il responsabile delle indagini, scrutava tetro la scena del disastro, i giornalisti condannavano apertamente l'inefficienza della sua squadra, senza preoccuparsi che lui li sentisse. «Il fiasco di Budaun!» esclamavano, usando di nuovo la loro parola preferita, *botched*. «Pubblica umiliazione» del Cbi, infierivano, colpevole di «essersela presa comoda» nell'organizzare l'esumazione[2]. «INONDATE!» strombazzò un canale televisivo di informazione riferendosi alle tombe[3]. La piena del Gange rischiava di «precludere qualsiasi opportunità di un'indagine corretta».

In realtà, a meritare queste critiche non erano gli uomini del Cbi, bensí i medici incaricati dell'esumazione.

Gli scambi di messaggi con l'agenzia dimostravano che la commissione era stata istituita fin dal 23 giugno. Il primo incontro dei suoi membri risaliva a quattro giorni piú tardi, ma non aveva portato a fissare una data per l'esame delle salme. La decisione era stata rimandata al meeting successivo, programmato di lí a piú di tre settimane per non intralciare le ferie dei medici. Poi uno degli incaricati aveva rinunciato, rendendo necessaria la ricerca di un sostituto.

In luglio, Shukla aveva inviato un fax alla commissione per sollecitare il suo intervento. «L'analisi della situazione e i media segnalano che l'aumento di livello previsto per il Gange rischia di inondare quanto prima il luogo dove sono sepolte le vittime». Nel fax, l'investigatore esortava i medici a indire una «riunione di emergenza» per fissare una data. La scelta era caduta sul 20 luglio.

Ormai il recupero delle salme era fuori questione, per cui non ci sarebbe stata una seconda autopsia.

L'unica alternativa, concluse il Cbi, consisteva nel mostrare alla commissione i filmati del primo esame autoptico. Anche il dottor Ghyasuddin Khan del Forensic Science Laboratory di Lucknow aveva espresso il proprio parere sulla morte di Padma e Lalli dopo aver visionato quei filmati. A suo avviso le vittime erano state soffocate, e tale affermazione, essendo in contrasto con il referto dell'autopsia, costituiva uno dei motivi per i quali si era ritenuto necessario procedere a un secondo esame autoptico.

Per avere un'idea piú chiara del contesto, la commissione medica venne condotta a Katra. C'era un'aria frizzante, si sentiva odore di capre bagnate. I medici avanzarono con cautela nei campi fino all'albero dov'erano state trovate le vittime. Guardando la scena da una certa distanza, con i piedi piantati nella terra fradicia, gli abitanti del villaggio scuotevano il capo sbalorditi.

Durante il monsone, le acque di Ganga-*ji* si gonfiavano al punto che il fiume era visibile da ogni tetto di Katra. La gente del villaggio si aspettava che quelli di città fossero un po' piú preparati.

Poi gli agenti del Cbi accompagnarono la commissione alla sala autoptica, presumibilmente perché i suoi membri potessero rendersi conto delle ragioni per le quali si nutrivano dei dubbi sull'esito dell'autopsia. Consegnarono loro fotografie, verbali e tutte le relazioni mediche e scientifiche pervenute fino a quel momento.

Anche una volta ricevuto il materiale necessario, i medici non riuscirono ad accordarsi sulla data della riunione successiva. Un primo meeting fu annullato perché uno dei professionisti venne convocato altrove per un lavoro urgente. Se ne rimandò un secondo per ragioni misteriose: per usare il linguaggio dell'agenzia, l'incontro «non aveva potuto concretizzarsi».

«Siete pregati di monitorare la situazione» scrisse Shukla disperato ai suoi sottoposti, delegando loro l'ingrato compito di incalzare i medici. Ricordò a tutti che il Cbi aveva a disposizione novanta giorni per formalizzare le accuse a carico dei sospetti. Se l'agenzia non avesse rispettato quella scadenza, i cinque indiziati avrebbero avuto il diritto di ottenere la libertà provvisoria.

Voci e dati di fatto

Per l'analisi del Dna potevano occorrere mesi, dato il carico di arretrati che opprimeva i laboratori: tuttavia, dopo che un'organizzazione non-profit aveva promosso una vertenza d'interesse pubblico sul caso di Katra, l'Alta corte di Allahabad, la cui giurisdizione comprendeva l'intero Stato, si era messa a seguire le indagini di Shukla. I magistrati pretendevano di essere aggiornati regolarmente, e l'investigatore si sentiva tenuto a presentare loro qualche risultato.

Tempestò di lettere il Centre for Dna Fingerprinting and Diagnostics (Cdfd) di Hyderabad, nello Stato del Telengana, dichiarando che il caso aveva rilievo a livello nazionale. Esortò gli scienziati a dare priorità alle sue esigenze. «Le indagini riguardano questioni delicate che vanno approfondite senza indugio» scrisse loro in giugno. «Si richiede pertanto che i campioni sopra citati vengano analizzati con urgenza e che sia inoltrato al piú presto a questo ufficio il relativo rapporto».

Pochi giorni piú tardi, Shukla raccomandò ai tecnici del laboratorio di conservare «polvere e terriccio» trovati sugli abiti delle vittime. I medici incaricati di eseguire l'autopsia avevano tralasciato di esaminare le condizioni dei *salwar-kameez* indossati da Padma e Lalli, e l'investigatore voleva evitare il ripetersi di simili errori, in apparenza trascurabili, ma che rischiavano di avere conseguenze significative. «Il rapporto non è ancora pervenuto» sottolineò in un'altra lettera al Cdfd.

Gli oggetti da analizzare comprendevano la biancheria intima delle due ragazze, i loro abiti e sciarpe, oltre ad anelli, fasce per capelli e gioielli da naso.

Alcuni di tali oggetti non presentavano tracce adeguate di Dna. Un fatto poco sorprendente, considerato il trattamento subíto dai corpi. Era assai probabile che vestiti ed effetti personali fossero stati contaminati da chi li aveva prelevati, oppure durante il tragitto per arrivare al laboratorio. La formula poteva anche alludere all'esiguità dei campioni. In altri casi, però, fu possibile ricostruire profili genetici utili al confronto con il Dna dei cinque indiziati.

Ciò nondimeno, l'elenco dei vestiti dei sospetti appariva cosí incompleto da lasciare sgomenti. Il fagotto degli abiti di Pappu conteneva una camicia bianca con una macchia rossa e la biancheria, che presentava «chiazze biancastre». Ma dov'erano finiti i pantaloni che il ragazzo si era infilato per accompagnare i poliziotti alla *chowki* nelle prime ore del 28 maggio, presumibilmente gli stessi che portava durante l'incontro con Padma e Lalli? Inoltre, era quasi certo che si fosse messo le scarpe per andare in un campo di solito infestato dai serpenti.

E il fratello maggiore, Avdesh, aveva indubbiamente addosso qualcosa di piú della biancheria e di una camicia.

Era stata la polizia dell'Uttar Pradesh a prelevare i campioni degli indiziati: sangue, unghie, capelli e tamponi penieni di ciascuno dei fratelli Yadav. Con i propri colleghi, invece, gli agenti si erano limitati al sangue: probabilmente pensavano che il resto fosse privo d'importanza, dal momento che ogni cellula dell'organismo contiene lo stesso corredo genetico. Eppure non è facile capire perché i poliziotti non abbiano conservato tutti i capi di abbigliamento indossati dai cinque uomini la notte del 27 e la mattina del 28 maggio.

Gli esami del Dna effettuati sugli abiti, sui campioni e sui tamponi dei cinque sospetti non mostravano tracce di materiale genetico femminile. Poi (quasi per miracolo, considerati i sistemi usati da Lala Ram per gestire i corpi delle vittime) i tamponi vaginali delle due ragazze rivelarono due diversi Dna femminili. Il materiale genetico del tampone di Padma corrispondeva a quello ricavato dal suo *dupatta*. Il Dna di Lalli coincideva con quello trovato sui suoi *salwar*. Non furono riscontrate tracce di Dna maschile né nei campioni, né sugli abiti delle due ragazze.

I medici addetti all'autopsia avevano già riconosciuto di essersi sbagliati nel concludere che Padma e Lalli avessero subíto una violenza sessuale. Adesso l'analisi genetica lo confermava.

«Grandi novità!»

«Una svolta nelle indagini!»

«Un capovolgimento nella ricostruzione dei fatti!»

«Gli ultimi esami della scientifica non attestano la presenza dei cinque indiziati sulla scena del crimine: a questo punto i sospetti si orientano sui parenti delle vittime. Parenti che, ovviamente insoddisfatti della situazione, minacciano di impiccarsi all'albero di mango dove sono state trovate le due ragazze se non otterranno giustizia»[1].

Come temevano gli uomini del Cbi, questa notizia dell'ultima ora suscitò reazioni incredule. La convinzione che le vittime fossero state stuprate non aveva bisogno di essere suffragata da prove. Il nuovo scenario, invece, appariva implausibile a molti di coloro che avevano seguito il caso sui media. Risultava inaccettabile anche per la famiglia di Padma e Lalli. «Pappu ha ammesso che era insieme alle ragazze» disse Sohan Lal a un giornalista.

Il padre di Lalli si chiese addirittura se il Cbi non avesse fatto esaminare indumenti di qualcun altro. «Potevano essere i vestiti di chiunque. Non ho nessuna prova che fossero quelli di mia figlia e di sua cugina»[2]. Nemmeno la ciocca di capelli e le foglie macchiate trovate nel frutteto avevano rivelato indicazioni utili, e Sohan Lal trovava strano anche questo.

Era difficile capire fino a che punto il padre di Lalli credesse davvero nelle proprie affermazioni. Pensava sul serio che le due ragazze fossero state stuprate, nonostante gli accertamenti dimostrassero il contrario? E in tal caso sperava che i cinque indiziati fossero puniti per questo, o voleva semplicemente che qualcuno pagasse per la morte di Padma e Lalli? Qualcuno come i cinque sospetti, che corrispondevano bene agli stereotipi dei *goonda*, criminali capaci di commettere un misfatto simile. La sua condotta forní un indizio illuminante in merito.

La mattina del ritrovamento dei corpi, Nazru aveva confidato a un amico: «Sohan e Jeevan vogliono che dica una cosa, ma loro ne dicono un'altra. Prima mi hanno fatto dichiarare che i fratelli Yadav hanno rapito Padma e Lalli, e poi hanno detto che i colpevoli sono Veerpal Yadav e Sarvesh *sipahi*. Cambiano idea in continuazione e io non so piú chi ascoltare. Sto diventando matto!»

Lo stesso giorno, anche Sohan Lal aveva parlato con un amico. «Nazru ha visto tre o quattro uomini» gli aveva riferito. «Non è riuscito a identificarli, perciò perché non dire che erano i fratelli Yadav? Probabilmente è proprio cosí».

Chiunque fosse propenso a parteggiare per lui la pensava nello stesso modo.

Il padre di Lalli si era conquistato la simpatia e la fiducia dei telespettatori. Quando affermava: «Lotterò per la giustizia fino all'ultimo respiro» e poi si spingeva ancora oltre dichiarando: «Sono pronto a sacrificare la vita per questo», impersonava ogni indiano che avesse combattuto con tutte le sue forze per essere trattato equamente. Nemmeno i dati di fatto evidenziati dalla scienza potevano minare ciò che la gente *si sentiva* nelle ossa. Ed era facile appellarsi alle gravi iniquità commesse in precedenza da agenti di polizia e persino dal primo ministro[3] per dimostrare che in India tutto è possibile e nulla è ciò che sembra.

«Se il Cbi non dipendesse dallo Stato dell'Uttar Pradesh» sosteneva Sohan Lal, facendo confusione, «le indagini sarebbero state condotte con integrità. Invece gli investigatori erano sottoposti alle pressioni del governo statale».

Non era vero. Il responsabile delle indagini, il suo supervisore e la squadra quasi al completo provenivano dall'esterno dell'Uttar Pradesh. Se in passato il Cbi aveva compromesso la propria autonomia d'azione, non era accaduto per qualche ingerenza dei governi statali, che non avevano alcun controllo sull'agenzia, ma per intromissioni di quello centrale, come aveva dichiarato la Corte suprema nel 2013[4].

Shukla, il capo delle indagini, doveva sapere come andavano certe cose. In precedenza aveva lavorato a un caso in cui le forze armate per la sicurezza dei confini erano sotto accusa per aver ucciso piú di cinquantacinque persone a colpi d'arma da fuoco e dato alle fiamme centinaia di case e negozi in un atto di ritorsione collettiva alla morte di un militare caduto per mano di un gruppo terroristico separatista. Alti funzionari indiani avevano riconosciuto la smodata furia della reazione, definendola «vergognosa»[5], ma Shukla aveva chiuso l'inchiesta senza neppure un arresto.

La strage aveva avuto luogo nel Jammu e Kashmir, una regione settentrionale dov'era attivo da tempo un movimento indipendentista: il conflitto tra i suoi esponenti e le forze armate aveva provocato oltre settantamila vittime a partire dagli anni Ottanta. L'esercito, stanziato in permanenza nella regione, era in continuo contrasto con la popolazione civile. Due leggi molto controverse concedevano ai militari il potere indiscriminato di arrestare civili, aprire il fuoco contro gli abitanti del posto e ucciderli senza rischi di incorrere in provvedimenti disciplinari. Gli investigatori del Cbi avevano subíto piú di una sconfitta nei loro tentativi di mandare sotto processo gli ufficiali dell'esercito.

Quel particolare crimine era stato commesso negli anni Novanta, al culmine delle violenze, e a quanto pare le forze di sicurezza (forse con il sostegno del governo centrale) avevano fatto ricorso al pretesto della necessità di una corte marziale per indurre il Cbi a chiudere il caso senza arresti.

Le morti avvenute a Katra erano una faccenda completamente diversa. Il capo del governo locale, Akhilesh Yadav, non esercitava alcuna autorità sul Cbi. Il primo ministro avrebbe potuto orientarne l'operato, ma non aveva motivo di proteggere gli Yadav. L'antagonismo tra Narendra Modi e Akhilesh, membro di un partito ideologicamente opposto al suo, era ben noto. I due avevano trascorso l'intera campagna elettorale per le votazioni nazionali appena concluse a lanciarsi frecciate. Secondo Modi, l'Uttar Pradesh era famigerato per «le atrocità contro le donne»[6].

Ma un conto sono i fatti, e un altro le convinzioni basate sull'emotività. E gli Shakya erano convinti che il Cbi li avesse traditi perché non aveva indicato alcun colpevole. Sohan Lal e Jeevan Lal facevano circolare l'insinuazione che l'agenzia avesse accettato denaro dai simpatizzanti degli Yadav per riaggiustare le cose a loro favore.

Come le dicerie sullo stupro di Padma e Lalli, quelle sulla corruzione degli investigatori apparivano assai plausibili. E acquistarono ulteriore credito quando nel villaggio cominciarono a diffondersi le voci sul passato del funzionario di polizia incaricato di supervisionare le indagini.

Il poliziotto malvagio

Molti conoscevano il cinquantaquattrenne Anil Girdhari Lal Kaul per il suo ruolo nel caso di Aarushi Talwar. Erano state le indagini di Kaul a far condannare all'ergastolo i genitori della ragazza. L'investigatore si era convinto che avessero assassinato la figlia e il domestico dopo averli trovati in «atteggiamento compromettente»[1], un eufemismo per alludere al sesso.

Nel 2017, un tribunale di livello superiore aveva ribaltato la sentenza[2]. Si era scoperto che Kaul aveva alterato le prove per incastrare i genitori[3]. Nel 2014, peraltro, i coniugi Talwar si trovavano ancora in carcere, e in apparenza il caso che aveva riempito le prime pagine dei giornali e magnetizzato l'intera nazione era stato risolto. In teoria, Kaul aveva avuto successo, cosa che spiegava la sua presenza a Katra.

L'agenzia adottava una prassi di supervisione attiva, e questo significava che il funzionario incaricato partecipava personalmente alle indagini. Shukla ne era responsabile (quello di Katra era il *suo* caso), ma il supervisore gli stava al fianco, o meglio davanti: passeggiava su e giú per il villaggio con una mano in tasca, convocando imperiosamente con l'altra i testimoni chiamati a deporre. Kaul li scrutava con attenzione, e coloro che osavano sfidare il suo sguardo si trovavano di fronte ciuffi di capelli bianchi, occhi sottili e le pieghe di un doppio mento al quale il sole cocente aveva dato una sfumatura color melanzana. Gli occhiali da lettura del poliziotto penzolavano da una catenella appesa al collo massiccio. Kaul teneva diverse penne nel taschino della camicia svolazzante. E sebbene parlasse un buon inglese, quando punzecchiava le persone che interrogava – cosa che succedeva spesso, secondo gli abitanti del villaggio – lo faceva sempre in hindi, una lingua piú ricca di espressioni colorite. Concluso il colloquio, si allontanava a passo spedito, quasi per sottolineare i molti impegni che lo aspettavano.

Fu durante i loro contatti con lui che gli Shakya ebbero un'esperienza diretta dei suoi metodi. E la condotta di Kaul confermò la loro sfiducia nel Cbi.

Gli investigatori avevano interrogato piú volte Pappu Yadav. L'avevano persino riportato a Katra perché ricostruisse i suoi movimenti nella notte della scomparsa di Padma e Lalli. Sull'esatto svolgersi degli eventi, la sua versione continuava a essere in contrasto con quella di Nazru, e in un'occasione Pappu arrivò a rivelare agli uomini del Cbi che Padma si era lamentata con lui di Nazru. «Si comportava come se volesse fare sesso con lei».

La notte del 27 maggio, raccontò Pappu, quando Nazru l'aveva sorpreso insieme alle due cugine aveva preteso di avere un rapporto sessuale con le ragazze. Di fronte al loro rifiuto, le aveva trascinate via con la forza.

Gli investigatori avevano già accertato che Nazru spiava Padma e Lalli. All'inizio pensavano che volesse ricattarle. In seguito si erano chiesti se non intendesse spingersi oltre. Sapevano che le due ragazze non avevano subíto violenze sessuali nella notte della loro scomparsa, ma esisteva la possibilità che Nazru avesse *tentato* di violentarle? Poi però sentirono delle voci sul suo conto, voci secondo le quali Nazru non era «né completamente uomo né completamente donna», e furono colti di sorpresa.

Kaul convocò Nazru nell'ufficio distaccato dell'agenzia e pretese che si sottoponesse a una visita medica. Il giovane acconsentí, sebbene sia improbabile che abbia accettato spontaneamente. Fu il dottor Rajiv Gupta, l'incaricato dell'autopsia delle vittime, a chiedere a Nazru di calarsi i pantaloni. Osservò per bene il coltivatore di tabacco e diagnosticò una «malformazione congenita».

Piú tardi il dottor Gupta non fu in grado di rammentare il termine esatto per indicare l'anomalia, anche se si trattava di un nome facile da ricordare, ma all'epoca della visita aveva detto a Kaul che per Nazru sarebbe stato impossibile avere rapporti sessuali con una donna. E con ciò Kaul abbandonò l'idea di includerlo tra i sospetti. Se non aveva tentato di stuprare le vittime, riteneva, Nazru non aveva motivo di ucciderle per garantirsi il loro silenzio.

Pur non essendo piú un indiziato, Nazru rimaneva comunque un testimone oculare, e continuava a cambiare versione a ogni interrogatorio. A quanto sembra, un giorno Kaul s'inalberò al punto da afferrarlo, tenerlo fermo e ordinare a un sottoposto di colpirlo. Secondo Nazru, Kaul lo fece malmenare anche in altre due occasioni.

Quando certe insinuazioni giunsero all'orecchio di Shukla, il responsabile delle indagini le dichiarò false. «Non avrei tollerato una condotta del genere» disse. «Non avrei permesso neppure uno schiaffo. Noi non crediamo nell'abuso della forza». Shukla lasciò intendere che Kaul si era già attirato accuse simili in precedenza. «Conoscendo il suo carattere» soggiunse, «non gli consentivo di interferire. Nei casi in cui ci provava, nascevano diverbi». Inoltre, continuò, il caso di Katra attirava talmente l'attenzione pubblica che persino Kaul si asteneva dalle sue solite intemperanze.

Poi un'altra persona lo accusò di maltrattamenti. A lamentarsi di lui fu il figlio di Sohan Lal, Parvesh, un ragazzino di dieci anni. Robusto e dai lineamenti marcati, era ammirato per la sua viva intelligenza. Studiava presso una scuola privata. Come il resto degli Shakya, parlava braj bhasha e hindi, ma a differenza dei familiari padroneggiava un po' d'inglese.

Parvesh riferí che Kaul gli aveva mostrato una fotografia.

Dov'è stata scattata? gli aveva chiesto il poliziotto.

Nell'immagine sgranata apparsa sullo schermo del cellulare di Sohan Lal si vedeva Parvesh appollaiato tra i rami in cima a un albero.

Gli Shakya avevano sempre sostenuto che il mango dov'erano stati rinvenuti i corpi fosse troppo alto perché Padma e Lalli potessero arrampicarcisi. Il primo appiglio dove appoggiare il piede si trovava a quasi un metro dal suolo, e se Padma era alta un metro e cinquantadue, Lalli aveva una statura inferiore di parecchi centimetri. Altri abitanti del villaggio smentirono l'affermazione degli Shakya. Dissero che i bambini s'inerpicavano spesso sugli alberi del frutteto, e che i piú grandi aiutavano i piú piccoli. Secondo Ramnath, il proprietario, «anche un undicenne o un dodicenne sarebbe riuscito a salire con facilità» su quello al quale erano state trovate impiccate le due cugine.

Gli investigatori avevano messo alla prova la sua teoria chiedendo a due donne della stessa statura e corporatura delle vittime di arrampicarsi sul mango. C'erano riuscite agevolmente.

A quanto pare, Kaul stava raccogliendo prove a sostegno di questa tesi. Voleva dimostrare che bambini piú giovani e piú bassi di Lalli erano in grado di salire sull'albero. Il suo fratello minore, per esempio.

In effetti il frutteto era un luogo di ritrovo molto popolare tra i bambini del villaggio. Era il loro parco giochi. Scalavano i tronchi come se avessero dei gradini. Se qualcuno gliel'avesse chiesto con gentilezza, Parvesh l'avrebbe confermato. Avrebbe detto che tutti i bambini della famiglia, maschi e femmine, avevano l'abitudine di arrampicarcisi, compresc sua sorella Lalli e sua cugina Padma.

Ma Parvesh non ricordava dove fosse stata scattata

l'istantanea che gli stava mostrando il poliziotto. Invece di lasciar perdere, Kaul cominciò a punzecchiarlo. Poi, raccontò il ragazzino, il nerboruto investigatore, di oltre quarant'anni piú vecchio di lui, si chinò in avanti e lo schiaffeggiò. Sohan Lal, seduto accanto al figlio, rimase cosí sbalordito da non reagire. Kaul continuò a schiaffeggiare Parvesh e lo colpí altre cinque o sei volte. Quindi gli sferrò un calcio nelle costole con la punta della scarpa di cuoio. «C'eri anche tu nei campi la notte della scomparsa di tua sorella» sbraitò.

«Chi l'ha detto?» ribatté Parvesh in preda allo shock, alzandosi da terra.

«Non l'ha detto nessuno. Ti ho visto io».

«Lei mi ha visto? E quando sarebbe venuto qui? E poi, anche se fossi stato nei campi, cos'avrei potuto fare? Sono un bambino!»

«Dove l'ha pescato questo marmocchio?» chiese Kaul a Sohan Lal. «Soltanto i ricchi hanno figli cosí».

Il complimento a doppio taglio non fu colto dal padre né dal ragazzo, che uscirono dall'ufficio distaccato del Cbi disgustati dalla condotta di quel potente funzionario.

Anni piú tardi, nel sentirsi chiedere se ricordava la sorella, Parvesh sospirò: «Ero solo un bambino». Ma quando gli chiesero se rammentava Kaul, si rabbuiò in volto.

«Le cose che diceva quell'uomo ci stringevano il cuore».

Amici, non sconosciuti

In una giornata di luglio, il padre di Padma stava irrigando i campi. Il padre di Lalli si trovava con Nazru, sprofondato fino alle ginocchia nelle zolle rivoltate del suo terreno. Sunita Devi lavava i piatti e Siya Devi si era coricata sulla *charpoy*. Gli investigatori li convocarono per comunicare loro la notizia: erano arrivati i tabulati telefonici dei cellulari della famiglia.

La lista evidenziava lo scambio di trecentosettantasette chiamate tra l'apparecchio di Pappu e uno di quelli degli Shakya in un lasso di tempo di sei mesi. C'erano state altre quarantotto comunicazioni tra il telefono di Pappu e un secondo cellulare della famiglia.

L'elenco forní indicazioni utili per ricostruire la cronologia degli eventi, soprattutto quando era suffragato dalle dichiarazioni dei testimoni oculari. Il giorno della scomparsa delle due cugine, Pappu aveva ricevuto una chiamata da Lalli alle 5:58 del mattino. L'aveva richiamata alle 6:01. Questi orari confermavano la testimonianza di Prem Singh, il parente degli Shakya che quella mattina aveva visto Lalli parlare al telefono di Sohan Lal. Poi la ragazza aveva restituito l'apparecchio al padre, che l'aveva portato con sé alla distilleria insieme alla menta da cui estrarre l'olio.

Secondo i membri della famiglia, alla sera Padma e Lalli avevano lasciato la casa verso le nove per andare nei campi. Pappu era uscito intorno alla stessa ora, avevano detto le donne Yadav. Presumevano che intendesse trascorrere la notte dal cugino. Le due ragazze l'avevano cercato piú volte, con ogni probabilità per avvertirlo del loro arrivo e dargli appuntamento in un punto preciso.

Le chiamate erano partite alle 21:04, alle 21:05, alle 21:16 e di nuovo alle 21:18.

Alle 21:18 Pappu aveva richiamato.

I tre ragazzi si erano incontrati, e poco dopo Nazru li aveva sorpresi. Forse Nazru aveva seguito Padma e Lalli fino al luogo dell'incontro, ma era altrettanto probabile che le avesse aspettate dove le aveva già viste insieme a Pappu. Lui e Pappu concordavano sul fatto che ne fosse seguita una colluttazione. Nazru sosteneva di essere stato minacciato con una pistola, cosa che l'aveva costretto a ritirarsi. In base alla sua versione, aveva puntato direttamente verso la stalla di Jeevan Lal ai margini del campo. «*Khet mein admi hai!*» aveva gridato. Ci sono dei ladri nel tuo campo.

Jeevan Lal si era precipitato là con Nazru, e lungo il tragitto aveva chiamato il fratello Ram Babu. Erano le 21:29. Ram Babu aveva reagito prontamente. «Ladri nel campo di tabacco! Ladri nel campo di tabacco!»

A Jati, intanto, Pappu entrava nella capanna del cugino Raju lamentando disturbi di stomaco per qualcosa che aveva mangiato alla fiera. Era stato nei campi, gli aveva detto. Erano circa le nove e mezzo, ricordò Raju in seguito. Dopo aver condiviso un po' di frutta con Pappu, Raju si era addormentato.

Non era stata registrata nessun'altra chiamata dal telefono di Padma, spento dopo l'ultima telefonata a Pappu e, presumibilmente, dopo l'uscita di scena di Nazru. L'apparecchio era stato riacceso alle 23:41, consentendo la memorizzazione di sette chiamate di parenti preoccupati. Quindi, pochi secondi piú tardi, il cellulare era stato spento di nuovo, come risultava dai tabulati.

Alla successiva accensione le ragazze erano morte. Il telefono si trovava in un altro villaggio, nelle mani del cugino di Padma, che aveva cancellato tutti i messaggi su richiesta di Sohan Lal, preoccupato dell'onore della famiglia.

Alle dieci meno un quarto di sera del 27 maggio, molti degli Shakya si trovavano a casa, confusi e intimoriti. Jeevan Lal e il fratello erano già scattati all'inseguimento dei ladri, e le mogli li avevano raggiunti di corsa per avvertirli che Padma e Lalli erano scomparse. Una volta individuato il colpevole in Pappu grazie alla testimonianza di Nazru, Siya Devi, la madre di Lalli, si era affrettata a rientrare. Jeevan Lal aveva chiamato Sohan Lal, ma il cellulare del fratello non aveva piú batteria, per cui le telefonate successive erano arrivate al cugino Harbans.

Piú tardi alcuni uomini erano andati a cercare le ragazze scomparse. Sohan Lal, procuratosi un mezzo di trasporto, aveva fatto ritorno a Katra alle 23:16. Si era unito alla squadra di ricerca. C'era stata la comparsa della motocicletta misteriosa. Il colloquio registrato sul cellulare di Sohan Lal, udito da numerosi testimoni, attestava che Padma e Lalli conoscevano il ragazzo della frazione attigua al villaggio.

Altre informazioni telefoniche contribuirono a documentare gli spostamenti dei cinque sospetti, ma solo in parte. La prima chiamata ricevuta da Pappu il 27 maggio era stata quella di Lalli. Poi il suo apparecchio era entrato in funzione diciassette volte. L'ultima telefonata di quel giorno risaliva alle 21:23, mentre Pappu avrebbe dovuto trovarsi in cammino verso la capanna di Raju. Era durata appena un secondo, perciò forse si trattava di un errore. I tabulati non segnalavano il numero della persona che l'aveva chiamato.

Un fatto risultava chiaro: Pappu non aveva parlato con suo fratello Avdesh né con i due poliziotti indiziati in nessun momento del 27 maggio. Urvesh, il terzo fratello Yadav, non possedeva un cellulare, a differenza di Avdesh. Il maggiore dei tre era a Jati, impegnato insieme alla moglie a tagliare il tabacco di un vicino. Pur avendo ricevuto quattro chiamate quel giorno, non era stato contattato da nessuno degli uomini successivamente collegati al caso.

Due giorni prima, invece, il 25 maggio, Avdesh aveva telefonato all'agente Sarvesh a mezzogiorno. Il colloquio era durato cinquantadue secondi. Impossibile verificarne la natura, ma il giovane Yadav aveva dichiarato di essere l'informatore del poliziotto: ogni volta che notava qualche attività apparentemente connessa alle cave di sabbia, avvertiva l'amico alla *chowki*.

In seguito Avdesh aveva sentito l'agente il 28 maggio, alle 3:04 del mattino. Secondo gli uomini di servizio al posto di polizia, gli abitanti di Katra si erano presentati da loro tra le due e le due e mezzo. Tenendo conto del ritardo dei poliziotti nel reagire alle richieste d'aiuto e poi nel prepararsi, presumibilmente la chiamata aveva lo scopo di avvertire gli Yadav che stavano per arrivare le forze dell'ordine.

Alle 5:01 fu Avdesh a telefonare a Sarvesh. «Abbiamo saputo che hanno trovato le ragazze nel frutteto» gli disse senza comunicargli altri particolari. Avdesh chiamò Sarvesh una seconda volta quella mattina, alle 7:37. A quel punto il poliziotto non si trovava piú a Katra: stava portando Pappu alla stazione di polizia di Ushait.

Riferite agli Shakya le informazioni sui tabulati telefonici, gli investigatori se ne andarono e la famiglia riprese le sue consuete attività. Ormai era tardo pomeriggio. Soffiava un vento caldo. Un trattore rosso, incrostato di fango, avanzava rumorosamente in mezzo ai campi. Le patate sono cresciute bene quest'anno, disse qualcuno superando Sohan e Jeevan Lal. I fratelli annuirono. Sí, era vero. Le patate avrebbero dato un buon raccolto.

Agosto trascorse nel caldo e nella pioggia. Sugli alberi del frutteto restavano solo foglie. Le indagini continuarono.

In settembre, uno dei fratelli di Sohan Lal, Ram Babu, ritrattò ufficialmente la propria falsa testimonianza, negando di aver visto Pappu e altri uomini rapire Padma e Lalli.

In quello stesso mese, i sospetti dovevano essere rilasciati su cauzione. Gli investigatori avrebbero potuto chiedere piú tempo al tribunale, ma non lo fecero. «Il Cbi al momento non intende incriminare i cinque indiziati in custodia cautelare perché le analisi della scientifica hanno escluso la violenza sessuale» dichiarò un portavoce dell'agenzia. «Ciò nonostante, nessuno di loro è stato ancora scagionato. Lo stupro è fuori questione, ma l'omicidio no. Le indagini proseguono»[1].

Nella frazione di Jati, il padre di Pappu, ormai rientrato a casa, non sapeva bene come regolarsi. Aveva assunto un avvocato per assistere i figli: tuttavia il professionista, alla prima parcella non pagata, aveva smesso di rispondere alle sue telefonate. «Sí, mi hanno letto l'annuncio del Cbi ieri» disse Veere a un giornalista. «Ma non so come si presenta la domanda di libertà su cauzione, e dovrò vendere uno dei miei bufali per procurarmi il denaro necessario»[2].

I primi a essere rilasciati, il 1° settembre, furono i due poliziotti. L'ex sergente Gangwar, nonostante fosse stato licenziato, tornò nell'appartamento assegnatogli insieme al posto a Katra, sperando che i suoi ex capi si dimenticassero di sfrattarlo. Per non farsi vedere in giro, rimaneva chiuso nell'alloggio praticamente tutto il giorno, ed evitava persino di accendere l'apparecchio per rinfrescare l'aria: il forte ronzio rischiava di attirare l'attenzione. Il suo ex collega, l'agente Sarvesh, raggiunse la fattoria di famiglia nel distretto di Etah; quando i giornalisti gli telefonavano, li insultava chiamandoli fottuta gentaglia e chiudeva la comunicazione.

Il 4 settembre toccò ai fratelli Yadav presentarsi in tribunale[3]. Non erano ammanettati, perché mancavano le manette. Li avevano legati con un pezzo di corda, come capi di bestiame. Pappu, in pantaloni da ginnastica, aveva il cranio rasato e i piedi scalzi. Gli zigomi sporgevano dal volto come schegge di cemento.

Una volta liberi, i tre fratelli ripresero a lavorare sull'altra sponda del fiume, dove coltivavano le angurie. Certe sere il padre li invitava ancora a sedersi fuori con lui sulla *charpoy*, ma loro rifiutavano.

Pappu e Nazru faccia a faccia

La mattina del 10 ottobre, Anil Girdhari Lal Kaul morí d'infarto. Un necrologio pubblicato sui giornali lo definiva «un gentiluomo dignitoso e un onesto funzionario, che amava la vita e si dedicava con impegno a servire il paese grazie alla sua professione»[1].

«Com'è possibile che sia morto?» si chiese Sohan Lal sorridendo da un orecchio all'altro. «Mi aveva detto di essere un dio».

Pochi giorni dopo gli investigatori tornarono a prendere Pappu. Andarono a prelevarlo a Jati e lo portarono nel loro ufficio distaccato.

Era ora di colmare le lacune.

Aveva conosciuto le ragazze nei campi, mentre portavano gli animali al pascolo, raccontò Pappu. Lui aveva con sé i bufali, loro le capre. Non gli avevano rivelato i loro veri nomi. Quella che si era presentata come Rajni, ormai lo sapeva, in realtà si chiamava Padma. La piú giovane aveva detto di chiamarsi Rina. «Padma voleva fare amicizia. La loro nonna sedeva poco lontano. Io ero cosí spaventato che quasi non spiccicai parola». Pochi giorni dopo si erano ritrovati per caso nello stesso posto, e quella volta le due ragazze gli avevano dato un numero di cellulare. Gli avrebbero fatto uno squillo, avevano spiegato, e solo allora lui poteva richiamarle.

Avevano iniziato a vedersi regolarmente nei campi. Padma e Lalli lo canzonavano per la sua timidezza. Poi lui e Padma avevano fatto sesso. Lalli era rimasta di guardia. Una volta, affermò Pappu, Lalli gli aveva chiesto se poteva provarci anche lei. Doveva scegliere una delle due, aveva detto Padma. E lui aveva scelto Padma.

La mattina del 27 maggio, continuò Pappu, Lalli

gli aveva fatto uno squillo. Lui l'aveva richiamata. Voleva sapere dove fosse e se sarebbe andata alla fiera. Avevano scherzato, accordandosi per incontrarsi piú tardi.

Alla sera era stata Padma a chiamarlo, per invitarlo a raggiungerla nei campi, vicino ai terreni della famiglia. Pappu era in pantaloni e canottiera, e aveva con sé del denaro per entrambe. «Io e Padma ci abbracciammo e ci preparammo a fare l'amore. Poi la ragazza piú giovane disse di aver sentito qualcuno che si avvicinava. A quel punto io e Padma eravamo seduti per terra. Ci alzammo immediatamente. Io mi tirai su i pantaloni e anche lei si rese presentabile».

«"Vattene di qui!" mi ordinò lei».

Troppo tardi.

«Nazru mi schiaffeggiò due o tre volte e mi gettò al suolo. Ci accapigliammo per un po'. Vidi Lalli che correva via. Non so dove fosse andata Padma. Quindi Nazru mi puntò la torcia in faccia e pronunciò il mio nome: "Pappu!" In quel momento mi liberai dalla sua presa e scappai. Raggiunsi la casa di mio cugino e là mi addormentai».

Pappu ammise che ignorava se le ragazze fossero tornate indietro con Nazru o meno. «L'ultima volta che le ho viste vive è stato quando Nazru mi ha buttato a terra».

Padma gli aveva chiesto di sposarla, aggiunse.

«Quel giorno volle sapere se la amavo. Le dissi di sí».

Poi si fece avanti un verduraio adolescente che si chiamava Pintoo Shakya: raccontò che la notte del 27 maggio si stava inoltrando nei campi per svuotarsi la vescica quando in mezzo ai terreni degli Shakya, a una quarantina di passi di distanza, aveva visto qualcuno che si sollevava da terra come se fosse reduce da una colluttazione.

«Sei tu, Rajiv?» gli aveva domandato l'uomo.

«No, sono Pintoo».

«Aah» aveva risposto Nazru. Si era alzato goffamente in piedi per poi allontanarsi di corsa in direzione del villaggio.

Rajiv Kumar era l'amico di Nazru, l'uomo che aveva notato le ragazze mentre parlavano al telefono e aveva deplorato la cosa.

Verso le 21:30, riferí un altro abitante di Katra, il rumore dei passi di qualcuno che correva aveva allarmato il suo cane, che si era messo ad abbaiare.

«Mia madre è andata a vedere chi fosse e ha riconosciuto Nazru».

Perciò divenne chiaro, senza ombra di dubbio, che Nazru era stato coinvolto in uno scontro di qualche genere. Secondo lui, però, alcuni uomini avevano rapito Padma e Lalli.

Per risolvere le contraddizioni emerse durante gli interrogatori, gli investigatori ricorsero di nuovo alla tecnica chiamata *amna samna*, faccia a faccia. Pappu e Nazru furono convocati insieme presso l'ufficio distaccato dell'agenzia e piazzati, letteralmente, uno di fronte all'altro. Dovevano ripetere le loro versioni davanti agli uomini del Cbi, che le avrebbero registrate in un filmato. Era inoltre presente un testimone neutrale, per evitare che i due riferissero il confronto in modo distorto alle rispettive comunità.

La scelta del testimone cadde su Neksu Lal. Trattandosi dello zio di Sohan Lal, non lo si poteva definire esattamente neutrale. Uno dei suoi figli, Yogendra, aveva aiutato il cugino nell'acquisto del cellulare per Padma. Un altro, Prem Singh, aveva sentito Lalli parlare al telefono con Pappu. Lui stesso aveva partecipato alle ricerche delle due ragazze. Ma Neksu Lal era innanzi tutto un ricco proprietario terriero, con una grande casa dotata di tre bagni, padrone di due trattori e di un suv. Faceva affari con gli abitanti di Katra e Jati ed era rispettato dai membri di ogni casta.

Anche Sohan Lal e Jeevan Lal presenziarono all'incontro.

Mentre la videocamera riprendeva la scena, Pappu descrisse ancora una volta gli eventi della notte in cui erano scomparse Padma e Lalli. Era andato da solo all'appuntamento, disse.

In quell'occasione Nazru concordò. «Avvistai una luce nei pressi dei terreni [della famiglia Shakya] e mi avvicinai in punta di piedi» raccontò. «Vidi un ragazzo insieme a Padma, entrambi spogliati dalla vita in giú. Li raggiunsi, afferrai il ragazzo e gli diedi qualche schiaffo. Lo gettai a terra. Gli puntai la torcia in faccia e quando lo riconobbi gridai: "Pappu!" Ma poi lui si liberò e corse verso casa sua. Io mi girai e mi precipitai a casa di Jeevan Lal. Non so dove andarono le ragazze».

Non c'erano altri uomini con Pappu, ammise. Quel particolare se l'era inventato. E si era inventato anche la storia della pistola.

«Perché ti eri messo a correre?» gli domandarono gli investigatori.

«Avevo paura che Padma e Lalli mi accusassero di qualcosa».

«Di cosa?»

«Non sapevo cos'avessero in mente. Ecco perché mi spaventai e scappai. Le avevo colte sul fatto con Pappu. Nude. Temevo che per salvare lui accusassero me di averle violentate».

Aveva mentito al padre di Padma, Jeevan Lal, parlando di ladri, continuò, perché gli serviva un motivo per convincerlo ad andare nei campi, un motivo che non fosse compromettente per lui. Jeevan Lal doveva vedere con i suoi occhi cosa stavano facendo Padma e Lalli, altrimenti le ragazze avrebbero potuto incolpare Nazru di essersi comportato male. Ma dopo le prime ricerche infruttuose, con le due cugine tuttora irreperibili, Nazru si era convinto che Padma e Lalli fossero preoccupate delle sue possibili rivelazioni alla famiglia.

«Non potevano tornare a casa» disse.

Poi toccò a Pappu correggere il tiro.

«Ho mentito» riconobbe. Nazru non aveva mai preteso di fare sesso con Padma e Lalli. Non aveva inveito contro di loro e non le aveva trascinate via.

«E allora dove andarono?»

«Non lo so» rispose Pappu.

Non si era preso il disturbo di tornare indietro a vedere cosa fosse successo alle due ragazze.

«Le ragazze sono l'onore della famiglia»

Il 21 ottobre la commissione medica consegnò il suo rapporto al Cbi. Secondo il referto dell'autopsia, le due ragazze erano morte per impiccagione, ma il Forensic Science Laboratory di Lucknow aveva espresso un parere diverso. Questo nuovo rapporto, basato essenzialmente sui filmati dell'esame autoptico, serviva a chiarire le cose.

Non c'erano indizi di lotta prima del decesso, dichiarò la commissione. I corpi non mostravano alcuna ferita, a parte i segni lasciati dal capestro. Non c'erano lesioni interne. Le vittime non avevano subito violenze sessuali prima della morte, che secondo i medici era avvenuta tra la mezzanotte del 27 e le quattro del mattino del 28 maggio.

A mezzanotte il gruppo partito per cercarle stava perlustrando i campi. Alle due e mezzo aveva raggiunto la *chowki*. Alle quattro era impegnato a discutere con la polizia sul luogo dove potevano trovarsi Padma e Lalli.

Quanto alla causa del decesso, il rapporto si esprimeva in termini medici. «La pelle sotto i segni lasciati dal capestro appariva appiattita e incartapecorita, la lingua sporgeva dalle labbra, era presente materia fecale nella regione del perineo; tali condizioni indicano che l'impiccagione ha avuto luogo mentre le vittime erano ancora in vita. In base ai suddetti elementi, la commissione esprime il ponderato parere che la morte sia dovuta a suicidio».

Dunque Padma e Lalli, conclusero i medici, si erano tolte la vita.

Gli Shakya respinsero questa tesi.

«Perché avrebbero dovuto suicidarsi?» domandava

il padre di Lalli alle persone intorno a sé. «Ditemelo. Datemi una sola buona ragione».

I suoi compaesani non gli rispondevano direttamente, ma conoscevano la risposta bene quanto lui. «Le ragazze sono l'onore della famiglia» aveva affermato Sohan Lal parlando con la dottoressa Asha Srivastava, esperta di medicina legale. L'onore di Padma aveva cessato di esistere dal momento in cui era stata sorpresa insieme a un ragazzo con i *salwar* abbassati fino alle caviglie. E lo stesso valeva per Lalli, a causa della sua complicità.

La famiglia aveva tolto Padma dalla scuola per farla sposare, ma ormai nessuna dote, per quanto cospicua, sarebbe riuscita a procurarle un marito. I vicini che avevano accolto con gioia la sua nascita, che l'avevano guardata mentre imparava a camminare, che avevano ammirato i suoi bei ricami, si sarebbero rifiutati di lasciar avvicinare le proprie figlie a lei o a Lalli. Gli uomini del villaggio non avrebbero piú voluto fare affari con i loro padri, le donne avrebbero sparlato delle loro madri. Sfuggire al disonore sarebbe stato impossibile, come minimo per tutta quella generazione di Shakya.

Non c'era da chiedersi perché Padma e Lalli si fossero uccise, dicevano gli abitanti di Katra alle spalle di Sohan e Jeevan Lal. Se mai bisognava domandarsi come avrebbero potuto evitare di farlo.

Il dottor Adarsh Kumar, il capo della commissione medica, era dello stesso avviso. Pensava che le due ragazze fossero fuggite e si fossero nascoste, e nel vedere tante persone che le cercavano affannosamente, con «torce dappertutto... per tre o quattro ore... dovevano essere spaventatissime». Avevano la certezza che il gruppo partito alla loro ricerca, nonostante includesse i loro padri, zii e cugini, «le avrebbe uccise se le avesse trovate».

Del resto, l'aveva detto anche Sohan Lal parlando

con la dottoressa Srivastava. «Se le ragazze non fossero morte, quali misure avreste preso per tutelare l'onore della famiglia?» gli aveva chiesto la donna. «Le avremmo uccise» aveva risposto lui.

Impossibile sapere se Sohan Lal parlasse sul serio o se quella frase fosse solo una reazione istintiva innescata dal rispetto delle convenzioni sociali. Gli abitanti di Katra non lo consideravano un uomo di quel genere. Ma certi impulsi oscuri non erano affatto rari in quella zona.

Alcuni membri del clan Shakya ritenevano che la responsabilità della morte di Padma e Lalli ricadesse sulla famiglia. Quanto meno la pensava cosí Lalitha, moglie di Yogendra Singh, il cugino degli Shakya. In primo luogo i genitori avevano permesso alle due ragazze di usare i cellulari. E poi, disse la donna, le avevano lasciate prive di servizi igienici.

«Se in casa ci fosse stato un bagno, non avrebbero avuto alcun motivo di uscire» continuò. «E nel caso avessero chiesto di farlo, i familiari avrebbero potuto opporsi: "Per quale ragione volete andare fuori?"» Il suocero di Lalitha, Neksu Lal, aveva fatto costruire tre gabinetti, aggiunse, e lei non si muoveva mai di casa.

Inoltre, continuò, gli Shakya avevano consentito a Padma e Lalli di visitare il *mela*, dove suo suocero, l'uomo piú rispettato del villaggio, le proibiva di mettere piede persino alla sua età. Cos'era un *mela* se non una *dhakka mukki*, una mischia di uomini? Neksu Lal aveva aggiunto alla casa un grande cortile: quando le donne della famiglia volevano sgranchirsi le gambe, passeggiavano lí senza bisogno di varcare i limiti della recinzione. E se desideravano fare acquisti, Neksu Lal si affacciava al cancello e invitava i negozianti del vicolo a portare all'interno le loro mercanzie, in modo che le donne potessero passarle in rassegna.

Nessuno però aveva il diritto di dire certe cose, per evitare di pregiudicare gli Shakya e anche il villaggio.

Dopo la scomparsa delle ragazze, gli uomini della famiglia avevano messo l'onore al di sopra di tutto, comportandosi come avrebbero fatto molti dei loro vicini nelle stesse circostanze.

Perciò gli abitanti di Katra si limitavano a definire terribile quanto era successo e a chiedersi chi fossero i veri colpevoli. Avevano ben chiaro un solo fatto: le due ragazze non dovevano morire. E grazie a questo sentimento condiviso, riuscivano a confortare la famiglia e anche a trovare un po' di consolazione.

Novembre annunciò Diwali, la festa delle luci, e a Katra ci fu chi la celebrò con dolciumi e abiti nuovi. I bambini fecero esplodere petardi nei campi. Gli Shakya aprirono porte e finestre e accesero qualche *diya*. Il baluginare dorato delle fiammelle nelle minuscole ciotole di terracotta simboleggiava la sconfitta delle tenebre e la vittoria del bene sul male.

Poi arrivò l'inverno. La nebbia invase il villaggio come fumo. Nei campi, i contadini avvolti nelle coperte si rannicchiavano intorno ai mucchi d'immondizia cui avevano dato fuoco. Sohan Lal si trovava spesso in mezzo a loro, con un maglione a righe e una sciarpa bianca, le dita gonfie rese grigie e bluastre dal freddo. Le donne camminavano in fretta, affaccendate ad accudire i bufali. Protetti dai passamontagna, i bambini si appisolavano nelle stalle riscaldate dagli animali e dal fieno. Ormai tutti giravano armati di torce elettriche.

Quindi iniziarono le piogge invernali, che colpivano il terreno in gelidi scrosci. Le scuole erano chiuse, le strade impercorribili. Gli abitanti del villaggio controllavano le scorte di foraggio, granaglie, lenticchie e olio. Il destino di Padma e Lalli aveva stretto Katra nella sua morsa per mesi, suscitando discussioni a non finire, ma il freddo non aveva pietà per nessuno e tutti avevano una famiglia da nutrire.

Il 12 dicembre il Cbi chiuse il caso con un rapporto

finale presentato alla Corte speciale di Budaun, costituita in seguito alla nuova legge per la tutela dei minori[1]. La relazione riportava gli accertamenti dell'agenzia, secondo i quali le due vittime si erano tolte la vita. A suffragare tale conclusione c'erano quarantadue referti medici e medico-legali, e gli interrogatori di oltre duecento persone.

A Jati, il fratello maggiore di Pappu ripeteva che gli Yadav avevano detto la verità fin dal primo giorno. «Non abbiamo niente da nascondere» dichiarò Avdesh, seduto sulla *charpoy* davanti a casa, rivolgendosi a un giornalista. La madre, accovacciata ai suoi piedi, aveva l'aria tetra. «Per grazia di Dio le indagini del Cbi ci hanno scagionati» continuò il giovane. «Non avremmo avuto abbastanza soldi per difenderci in tribunale e dimostrare la nostra innocenza nemmeno se avessimo venduto tutte le terre che possediamo».

La famiglia Shakya respinse anche le conclusioni di quell'ultimo rapporto, ma con un motivo pienamente giustificabile.

Sebbene gli uomini del Cbi, stando alle loro stesse affermazioni, avessero interrogato Pappu almeno dieci volte, non avevano preso alcun provvedimento basato su una delle informazioni piú cruciali fornite dal ragazzo. Il diciannovenne aveva ammesso di aver avuto diversi rapporti sessuali con Padma – quattro secondo le sue dichiarazioni – e di aver tentato di fare sesso anche con Lalli. L'anno precedente l'età del consenso era stata portata da sedici a diciotto anni grazie a un emendamento di legge del 2013[2], approvato in seguito all'aggressione perpetrata sull'autobus di Delhi[3].

Padma aveva sedici anni, Lalli quattordici: questo significava che Pappu, per sua stessa ammissione, e a prescindere dal consenso, era colpevole di stupro di minore. Rischiava di essere messo sotto accusa per aver abusato sessualmente di due ragazzine.

Invece, nella loro relazione finale, gli investigatori puntavano il dito contro gli Shakya. Sostenevano che nel presentare alla polizia una falsa denuncia, avevano infranto la legge e risultavano colpevoli di cospirazione criminale. Erano loro quelli da sottoporre a indagine.

La famiglia reagí con una petizione di protesta, un'azione legale per esprimere dubbi sulla qualità di un'inchiesta della polizia e chiedere giustizia. Gli Shakya erano determinati a ottenere una punizione per Pappu: e forse per questo nella loro petizione dichiararono erroneamente che la notte del 27 maggio, quando l'avevano portato alla *chowki*, il giovane Yadav aveva confessato lo stupro e l'assassinio delle due ragazze. Come potevano testimoniare molti abitanti di Katra presenti in quell'occasione, Pappu non aveva detto niente di simile.

L'anno successivo, in ottobre, il tribunale stabilí che alcuni dei principali accertamenti del Cbi erano corretti. Tutte le prove dimostravano che Padma e Lalli erano morte suicide. In ogni caso, dichiarò il giudice, Pappu sarebbe stato arrestato e processato per sequestro di persona, aggressione e abuso sessuale di minore.

Shukla, il responsabile delle indagini, cercò di giustificare la propria decisione di lasciare Pappu a piede libero. Il giovane Yadav non aveva rapito le due ragazze, sottolineò. Se mai erano state loro a dargli appuntamento nei campi. Quanto allo stupro, argomentò: «La legge indiana non riconosce la validità di una confessione resa a un funzionario di polizia. L'imputato deve confessare davanti a un magistrato».

Nel sentirsi chiedere se avesse pensato di condurre Pappu di fronte a un magistrato, Shukla rispose: «*Nahin*».

No.

Pappu in prigione, gli Shakya in tribunale

A Katra, Nazru aveva ripreso le sue vecchie abitudini. L'agente incaricato di tenerlo d'occhio lamentava il fatto che il giovane «gironzolava di notte senza scopo». «È molto difficile controllarlo: va sempre in cerca di guai» aggiunse. Quando lo avvertí che non poteva allontanarsi senza informarlo, Nazru parve non capire. «Fategli una domanda e vi darà la risposta piú assurda che si possa immaginare» sospirò il poliziotto.

Gli abitanti del villaggio l'avevano preso in antipatia. Che bisogno aveva di spiare le due ragazze? I genitori di Padma stavano per farla sposare. Presto se ne sarebbe andata per trasferirsi a casa del marito. Ma Nazru doveva darsi importanza. Per sentirsi autorevole, aveva spaventato quelle due povere bambine al punto che non avevano piú osato tornare a casa.

Pappu Yadav fu arrestato il 26 gennaio 2016.

Gli Shakya sfruttarono l'arresto per presentare all'Alta corte di Allahabad una petizione contro altri quattro uomini. Se Pappu aveva commesso un crimine, argomentarono, l'aveva fatto con la collaborazione dei fratelli e di due agenti della polizia. Gli abitanti di Katra non capivano come la famiglia sperasse di vincere la causa quando il tribunale di Budaun aveva già riconosciuto l'innocenza degli indiziati.

Ma Sohan Lal custodiva un segreto.

Di recente Nazru si era rivolto a lui in confidenza. Stavolta era sicuro di ciò che aveva visto: Padma e Lalli trascinate via da alcuni uomini. Ne aveva la certezza. «Non cambierò piú versione fino al giorno della mia morte» gli garantí.

«Abbiamo un testimone oculare» disse Sohan Lal, rinfrancato, ai suoi compaesani.

Epilogo

Nascita

Era il 2016. La morte di Padma e Lalli risaliva a due anni prima.

A chi gli chiedeva come stava, Jeevan Lal, il padre di Padma, rispondeva: «*Theek hi to hain*». Tiro avanti.

«Sto come sto» era la risposta della madre di Lalli alla stessa domanda.

Oppure Siya Devi spiegava che pur continuando a pulire e cucinare – in fin dei conti aveva anche altri figli – non andava piú nei campi a dare una mano con il raccolto, a portare i bufali al pascolo o a ritrovarsi con le donne del villaggio. Riusciva a fare il necessario, ma sarebbe stato troppo pretendere che fosse rimasta quella di un tempo. «Le mie mani e i miei piedi non si muovono piú come dovrebbero» diceva.

«È passato tanto tempo» osservava Sunita Devi, la matrigna di Padma. O magari commentava: «Cosa si può dire?» Se non arrivava ad affermare: «È difficile ricordarle». In un angolo, la suocera ingobbita poteva dichiararsi d'accordo sul tempo trascorso. Però non diceva mai che il ricordo delle nipoti stava svanendo. «Non sono morta» concludeva con le lacrime che le rigavano la faccia, «ma non sono neppure viva».

Intorno a loro, la gente andava avanti. La cugina Manju, ormai quattordicenne, aveva imparato a capire meglio cosa significa perdere una persona cara. Sua madre era morta di cancro. Manju frequentava ancora la scuola, e sperava di proseguire gli studi nonostante i dubbi del padre. «Sono un semplice sarto» l'aveva avvertita.

Anche Kanhaiya Lal, lo zio materno di Padma che abitava nel villaggio di Nabiganj, aveva dovuto affrontare un tragico evento: la scomparsa di un figlio maschio in tenera età. I medici, raccontava, non erano stati in grado di capire la causa della morte.

Somwati, sedicenne quando passeggiava alla fiera con Padma e Lalli, era ormai una donna sposata. Viveva in Gujarat insieme al marito, che coltivava un campo di cotone. Rekha, l'altra amica delle due ragazze, si era trasferita a qualche villaggio di distanza. I suoceri non avevano piacere di sentirla nominare Padma e Lalli; forse li preoccupava il rischio della malasorte. «Non le avevo viste quel giorno» diceva Rekha ai compaesani. «Le conoscevo appena».

Una delle compagne di classe di Lalli si era iscritta a una scuola privata, e forse si sarebbe diplomata, perché anche suo fratello studiava nello stesso istituto. Andavano e tornavano insieme dalle lezioni, e i genitori pensavano che in quel modo la ragazza non corresse rischi. Le altre amiche di Lalli, invece, tutte sedicenni, cucivano arazzi e decoravano ventagli fabbricati a mano per farsi ricordare dalla famiglia. Presto si sarebbero sposate. Dopodiché, una volta passate sotto la tutela del marito, avrebbero avuto bisogno del suo permesso per visitare i familiari.

Brillava il sole della primavera il giorno in cui la matrigna di Padma mise al mondo la sua prima figlia. Ci erano voluti anni e anni, ma il momento della nascita era perfetto, come la piccola, partorita in una clinica privata. La battezzarono Saraswati, in onore della dea della conoscenza e della musica, delle arti e della natura: tuttavia, essendo ancora troppo giovane per un nome cosí importante, in famiglia la chiamavano Kajol. Le infilarono braccialetti ai polsi e le contornarono gli occhi castani con il *kajol*. La cosparsero di unguenti perché rimanesse sana e non corresse pericoli.

Accanto a Kajol, raggomitolata sotto un telo su una *charpoy* in ombra, assopita, calda e profumata del delizioso aroma dei neonati, nessuno degli Shakya, neppure Siya Devi, riusciva a impedirsi di sorridere con la felicità negli occhi.

Molti neogenitori sperimentano un affetto immediato e immenso per i propri figli: se qualcuno pensava che la sofferenza o i sensi di colpa per la morte di Padma potessero indurre alla cautela il cuore di Jeevan Lal, si sbagliava. Il padre di Kajol fremeva di gioia nel vedere la piccola. La sua voce diventava oro liquido.

«È un dono del cielo» diceva con aria raggiante.

Nella *chowki* c'era una nuova squadra di agenti. Non che fossero meglio addestrati di quelli che li avevano preceduti, ma non bevevano durante le ore di lavoro. E rispondevano con prontezza alle chiamate. Quando un abitante di Katra si precipitava al posto di polizia per lamentarsi della cattiva condotta di un invitato a un matrimonio con le giovani donne presenti, gli uomini di turno alla *chowki* lo allontanavano dalle danze e gli rinfrescavano i bollenti spiriti con qualche sonoro ceffone.

La solerzia dei poliziotti stimolò la gente del villaggio a contribuire alla costruzione dei servizi igienici per la *chowki* con mattoni, cemento e mano d'opera gratuita. Il governo di Akhilesh Yadav assegnò agli agenti una lustra jeep perché non fossero piú costretti a usare le proprie moto per spostarsi. A sei ore di tragitto, nella capitale del paese, Vijay Kumar Shukla fu insignito della medaglia per meriti di servizio nella polizia. L'onorificenza conferita ogni anno, concessa ad appena sei funzionari nel 2016, gli venne assegnata per il lavoro svolto a Katra.

Virender, il figlio maggiore di Sohan Lal, ormai ventunenne, si era dato al lavoro nei campi. Aveva abbandonato l'impiego nella fabbrica di Noida per aiutare il padre, il cui fisico gracile attestava quanto avesse sofferto per la morte di Padma e Lalli. Sohan Lal stentava a comprendere il linguaggio giuridico della causa che stava affrontando, per cui Virender, capace di leggere e scrivere, lo accompagnava dagli avvocati. Era lui ad accogliere i politici che ogni tanto visitavano ancora il villaggio. Si domandava se non potesse seguire le loro orme. In fin dei conti l'avevano aiutato. Virender si conquistò la fama di giovanotto dal futuro promettente, e cominciò a ricevere diverse proposte di matrimonio.

Sposarsi significava avere figli, e presto la casa divenne troppo piccola per ospitare comodamente tutti gli Shakya. Jeevan Lal iniziò a costruire una nuova stanza per la propria famiglia.

Giusto in tempo, perché l'anno successivo Sunita Devi mise al mondo una seconda bambina. La chiamarono Anjali, che significa «offerta divina».

Sebbene gli Shakya non lo sapessero, all'incirca nello stesso periodo anche una donna di Jati ebbe una figlia.

Basanta, la moglie di Avdesh Yadav, battezzò la secondogenita con il nome di Kamini, bellissima. Come in passato, la giovane mamma trascorreva gran parte del tempo per conto suo: solo che adesso aveva una bambina legata al seno e l'altra alla vita.

La madre di Pappu, Jhalla Devi, continuava a dedicare le proprie energie alla cura dei bufali. Il marito, Veere, era sempre sull'altra riva del fiume. Urvesh non aveva ancora rinunciato al tentativo di superare l'esame del primo biennio delle superiori. In effetti, per nessuno degli Yadav era cambiato granché dopo gli eventi di quella notte del 2014, a parte il fatto che adesso tutti li conoscevano e sapevano ogni cosa dei loro affari. Una punizione severa per chi, come loro, credeva che non farsi notare fosse il modo migliore per sopravvivere.

I fratelli maggiori di Pappu biasimavano il piú giovane per le accuse ingiuste di stupro e di femminicidio che si era attirato addosso. Quelle accuse avevano distrutto la vita della famiglia. E nessun politico era mai venuto a far loro visita, neppure un esponente del loro partito, né tanto meno si erano visti offrire assistenza di alcun genere. Sebbene non parlassero inglese, usavano l'espressione *media trial*, processo mediatico. Ecco cosa significa essere poveri, commentavano, di casta bassa e soprattutto Yadav.

La famiglia ricavava un po' di conforto dal fatto che nella frazione di Jati non ci fosse una sola persona che avesse creduto vere le accuse mosse a Pappu. Appartenere agli Yadav equivaleva a essere facili prede dei pregiudizi altrui, concordavano tutti. *Chalo*, dicevano, stavolta polizia, uomini politici e media si sono schierati dalla parte avversa; un giorno saranno dalla nostra.

Quanto a Pappu, l'avevano di nuovo rilasciato su cauzione.

Ma il giovane che amava andarsene in giro a corteggiare le ragazze e combinare guai non esisteva quasi piú. Il nuovo Pappu se ne stava per conto suo e si concentrava nel lavoro, sostenevano i vicini.

A ragion veduta o per pura coincidenza, la famiglia di Pappu cominciò a riempire di nuovi edifici il proprio cortile. Prima venne ingrandita la stalla per i bufali, poi Veere permise ad altri Yadav di costruire lí i loro ripari. Adesso non era piú cosí semplice sconfinare nei campi di Katra. E quasi non si riusciva a vedere il frutteto.

Rinascita

A tre anni dalla morte di Padma e Lalli, dopo che Ram Babu, il fratello di Sohan Lal, aveva accettato una proposta di matrimonio per uno dei suoi figli, la famiglia venne a sapere delle gemelle. Vivevano in un villaggio chiamato Nagla Khamani, a un'ora di macchina da Katra.

Un giorno, avendo le mammelle vuote, Raj Rani, la madre delle piccole, le sfamò con il latte di bufala. Le bambine, abituate a quello materno, trovarono sgradevole e poco digeribile il nuovo nutrimento dal forte aroma, e ben presto riempirono il cortile di cacca, esasperando la povera Raj Rani, che, incapace di trattenersi, esclamò: «Da dove siete venute a tormentarmi cosí?»

«Da Katra» risposero le figlie in coro.

Sbalordita, la donna chiamò il marito, che riferí l'episodio ad alcuni contadini. Poi fu solo questione di tempo prima che la notizia giungesse all'orecchio degli Shakya, i quali non pensarono neppure per un attimo che la madre delle gemelle avesse una fantasia troppo sbrigliata.

Il patriarca della famiglia, Sohan Lal, si assunse il compito di andare a Nagla Khamani con il pretesto di invitare al matrimonio Raj Rani e suo marito, fino ad allora due perfetti sconosciuti, mentre in realtà il suo vero scopo era quello di conoscere le bambine.

Le gemelle avevano morbidi capelli neri, frangette dritte come spaghetti e occhi enormi. Erano davvero identiche, notò Sohan Lal meravigliato. Se una delle due andava da qualche parte, l'altra la seguiva. Appena lo videro, raccontò poi, una delle piccole gridò: «Papà!»

Il giorno delle nozze del figlio di Ram Babu, gli Shakya erano tutti molto emozionati, ma nessuno quanto la madre di Lalli, Siya Devi. Non aveva ancora visitato la tomba della figlia. Era coperta di immondizia, le aveva detto qualcuno, e non si riusciva piú a distinguerla dalle altre. Ma ormai questo non aveva piú importanza.

Se fosse stato vero!

Ma anche in tal caso, cosa si poteva fare?

Le bambine avevano già dei genitori.

Quando Raj Rani entrò nel cortile degli Shakya, sorrise a ciascuno dei presenti e posò a terra le gemelle. Le bambine, elettrizzate, corsero dappertutto, una reazione che la famiglia considerò la manifestazione della loro gioia per essere tornate a casa. Indicarono un arazzo cucito da Padma e Lalli e poi puntarono il dito verso sé stesse come per dire: «L'abbiamo fatto noi!»

Nel vederle toccarsi le orecchie, gli Shakya si chiesero se le spine che avevano visto impigliate negli abiti delle ragazze morte non stessero pungendo le loro reincarnazioni. E notando che le piccole tendevano a ribellarsi se qualcuno le prendeva in braccio, si convinsero che reagivano cosí per paura di essere riportate nel frutteto, il luogo dov'erano morte.

«Le nostre figlie sono rinate!» si rallegrò Sohan Lal.

Siya Devi aspettò che le gemelle se ne andassero.

Poi pianse.

Amore, speranza, voto

Arrivò la vigilia del quarto anniversario della morte di Padma e Lalli. Nel cortile degli Shakya, la madre di Lalli mise in una ciotola gli avanzi del pranzo e li coprí con un telo. Poi cominciò a lavare i piatti. Una volta finito, li dispose in fila ad asciugare al sole.

Dalla porta accanto, sua nipote Kajol si lamentò per la fame.

«Mamma, *roti*».

«Non ce ne sono piú» rispose Sunita Devi.

«Mamma, *roti*», insistette la piccola con le lacrime che le scendevano lungo le guance.

«Cosa ti ho appena detto?»

«Mamma...»

«Bevi» la sollecitò Sunita Devi, offrendole un po' d'acqua.

Siya Devi distolse lo sguardo.

Non vedeva le gemelle dal giorno delle nozze, ma pensava spesso a loro. La sua bambina non era sepolta nella sabbia, né vagava nel frutteto, come sostenevano alcuni. Le due cugine erano rinate. Erano vive!

Siya Devi avrebbe voluto andarle a trovare. Stavano crescendo cosí in fretta. Di sicuro chiacchieravano e ridevano in continuazione.

Ma sarebbe riuscita a rivederle?

«Mia figlia è rinata» disse a sé stessa. Si esaminò le mani. Le dita lunghe, la pelle bruna e indurita, le linee sul palmo. Pensò al proprio cuore. Alla propria vita. E che vita. Piena di difficoltà e sofferenze. Ma anche d'amore: una vita piena d'amore.

Nascose il volto nel sari.

«Me la daranno? Me la daranno? No, ormai è la loro bambina».

Fuori, il villaggio ferveva di attività, perché il raccolto era in pieno svolgimento. Ancora una volta le nubi ribollivano nella calura. Un vento caldo e secco s'infilava tra gli steli crepitando. Il sole aveva scolorito il paesaggio e quanti vi abitavano. Passavano ciclisti carichi di ceste gremite di polli. Pallidi cavalli trainavano carichi di canna da zucchero, menta e aglio. Con un sottofondo di latrati e belati, bambini dalle facce polverose inseguivano un aquilone nel frutteto.

L'albero che per lo piú evitavano era festonato da un pezzo di tessuto bianco, forse una canottiera maschile. Non erano loro i responsabili della birichinata, spergiurarono i ragazzini, doveva essere stata una scimmia a razziare il bucato di qualcuno.

Grano e tabacco non c'erano piú: li avevano già venduti, lasciando la terra piena di spaccature. Ma i prezzi bassi e deludenti di quei prodotti avevano depresso gli Shakya, che parlavano tra loro in tono scoraggiato mentre lavoravano nei campi di taro e di menta. Cinquecento rupie per l'aglio, novecento per il tabacco. Calcolando il denaro speso per l'irrigazione, i fertilizzanti, la mano d'opera e il trasporto fino al grossista, non sembrava che ne fosse valsa la pena.

Tenendosi lontano dalle chiacchiere, un diligente lavoratore se ne stava per conto proprio, avvolto nella sua *lungi*, il volto parzialmente nascosto dalla barba a punta. Il padre di Nazru era morto, il che significava una bocca in meno da sfamare, ma la vita rimaneva indicibilmente dura. In quella stagione del raccolto, Nazru era tornato ad aiutare gli Shakya, collaborando con i cugini. Aveva trascorso con Sohan Lal e Jeevan Lal il quarto anniversario della morte di Padma e Lalli. E adesso, mentre la musica del *mela* aleggiava nel frutteto, Nazru canticchiava sottovoce tra sé. Piú tardi il suo amico Rajiv Kumar l'avrebbe raggiunto per scambiare quattro parole con lui sulle novità della giornata.

Intanto gli Shakya erano passati a discutere di politica. All'inizio il nuovo capo del governo, Yogi Adityanath, esponente del partito nazionalista indú Bharatiya Janata Party, si attirava battute di spirito perché stravedeva per le vacche ed esaltava il valore terapeutico della loro urina, ma poi era finito sotto accusa per tentato omicidio e istigazione al tumulto[1]. Veniva descritto come «l'uomo politico piú violento e fazioso dell'intero paese»[2].

«In effetti» disse Sohan Lal «Akhilesh Yadav non era poi tanto male, glielo riconosco. Si è impegnato a fondo per i contadini e per i poveri. Erano i *goonda*, i delinquenti che sostenevano di parlare a suo nome, a metterlo in cattiva luce».

A parte la condotta incoraggiante dei nuovi poliziotti assegnati alla *chowki*, Sohan Lal non vedeva effetti positivi innescati dalla morte di Padma e Lalli. Se il successo di un'azione di protesta si misura dalle sue conseguenze, quella degli Shakya aveva ottenuto vantaggi solo a breve termine. Impedendo alle autorità di rimuovere i corpi delle vittime, la famiglia era riuscita ad attirare molta attenzione e a coinvolgere funzionari della polizia e personaggi politici; in seguito a ciò si erano svolte ben tre indagini, anche se nessuna aveva soddisfatto gli Shakya. Avevano ricevuto un po' di denaro, e un'organizzazione non-profit aveva costruito alcuni gabinetti nel villaggio, ma molti abitanti di Katra li usavano per custodire i raccolti. Persino gli Shakya, che se ne servivano per lo scopo al quale erano destinati, vi lasciavano entrare una capra o due nelle giornate piú calde.

Con ogni probabilità i due processi, quello in cui Pappu era imputato di stupro e quello per giudicare i cinque uomini accusati di violenza sessuale e femminicidio dalla famiglia Shakya, si sarebbero trascinati per anni, se non per decenni. Le figlie di Jeevan

Lal avrebbero quasi sicuramente avuto la stessa età di Padma quando i giudici fossero giunti a pronunciare il verdetto.

Sohan Lal aveva infine accettato che tra sua nipote e Pappu ci fosse stata quella che lui chiamava una «storia d'amore». Padma si era tolta la vita, lo riconosceva anche lui. Ma non riusciva a capire perché si fosse uccisa sua figlia Lalli.

Comunque stessero le cose, era deciso ad arrivare fino in fondo con i processi. In definitiva era in gioco l'onore della famiglia, e che messaggio avrebbero trasmesso gli Shakya se si fossero ritirati prima della conclusione?

A giudicare dalle informazioni riportate sui giornali, in India i crimini contro le donne continuavano senza tregua. Impossibile capire quanto fosse grave la situazione, perché per la prima volta dal 1953 il National Crime Records Bureau, l'agenzia governativa per la raccolta e l'analisi dei dati sull'attività criminale, non aveva pubblicato il suo rapporto annuale[3]. Tale inadempienza veniva largamente imputata agli sforzi del governo per minimizzare i problemi del paese[4]. Quell'estate, un'inchiesta organizzata dalla Thompson Reuters Foundation aveva concluso che l'India era il posto piú pericoloso al mondo per le donne[5]. Sei anni dopo lo stupro perpetrato a bordo dell'autobus di Delhi, la popolazione femminile indiana rischiava di subire una violenza sessuale o di rimanere coinvolta nel traffico di esseri umani ancor piú delle donne di paesi lacerati dalla guerra quali l'Afghanistan e la Siria[6].

In quel periodo buona parte delle brutte notizie riguardava il primo ministro. Narendra Modi era salito al potere promettendo *achhe din*, giorni buoni, ma all'epoca correvano tempi piú cattivi che mai. L'economia aveva rallentato fin quasi a fermarsi[7] e la disoccupazione aveva raggiunto il massimo livello degli ultimi quarantacinque anni[8].

Il governo aveva persino disatteso il suo impegno di istituire un congruo numero di centri di assistenza per le donne abusate. Dopo l'accordo iniziale di costruirne almeno uno per ciascun distretto, si era ridotto a prevederne la realizzazione di uno per Stato. In altri termini, invece di seicentosessanta centri, il paese ne avrebbe avuti appena trentasei[9]. Considerate le dimensioni di alcuni Stati, tra cui l'Uttar Pradesh, e la densità della popolazione, una simile scelta non aveva alcun senso. Secondo un sito di notizie, l'ufficio del primo ministro aveva «affermato che le forze di polizia possiedono la delicatezza necessaria per affrontare certi problemi, e i centri di assistenza non sono necessari»[10]. Nel frattempo, il Nirbhaya Fund, l'ente finanziato con dieci miliardi di rupie dal governo precedente per sostenere i progetti volti a garantire la sicurezza delle donne, restava quasi del tutto improduttivo[11]. Gli attivisti insinuavano che i fondi venissero dirottati verso altri scopi. Il numero di atrocità commesse ai danni della popolazione femminile, sostenevano, aveva raggiunto «un picco sotto l'amministrazione del Bjp»[12].

Il primo ministro fu addirittura accusato di essersi servito del Cbi per accanirsi contro i suoi avversari, e la reputazione dell'agenzia toccò il minimo storico[13]. Ma a commettere crimini erano i colleghi stessi di Modi. Un esponente del Bjp stuprò una giovane donna in Uttar Pradesh. E quando lei lo avvertí che intendeva rivolgersi alla polizia, l'uomo politico minacciò di ucciderle il padre e il fratellino di quattro anni. La ragazza lo denunciò comunque, in trentatré diverse occasioni, finché il fratello e alcuni assistenti del violentatore non aggredirono il padre della poveretta davanti ai poliziotti. La vittima del pestaggio morí pochi giorni dopo, in stato d'arresto. Alla fine, disperata, la giovane andò alla residenza del capo del governo statale e dichiarò che voleva darsi fuoco[14].

Che altro si poteva fare, dicevano gli Shakya, se non continuare a votare per candidati non troppo diversi dagli elettori? Per qualcuno che, anche se adesso era diventato ricco, sapeva cosa significa soffrire la fame? Solo gente cosí sarebbe riuscita a capire i loro sforzi per tenerne a bada i morsi.

Bisognava continuare a votare, continuare a sperare.

Non era facile rimanere aggrappati alla speranza in tempi come quelli, infidi come i serpenti che infestavano i campi del villaggio.

Solo pochi giorni prima, nei pressi della capitale dello Stato, nientemeno, avevano trovato una ragazza scomparsa impiccata a un albero[15].

Nota dell'autrice

Non conoscevo la vittima dello stupro perpetrato sull'autobus di Delhi, ma quando è morta, nell'inverno del 2012, mi è sembrato di aver perduto una persona cara: una sensazione comune a molte donne indiane. Ero vissuta a Delhi fino a venticinque anni, prima come studentessa e poi come giornalista. Un periodo entusiasmante, pieno di sogni e di opportunità, ma guastato dalla condotta maschile. Avevo sempre l'impressione che i commenti salaci e i pizzicotti potessero degenerare da un momento all'altro. Le amiche che avevano già subíto aggressioni, per strada e a bordo dei mezzi pubblici, mi consigliavano di portare con me del peperoncino in polvere. Una di loro era arrivata ad aprire la borsetta per mostrarmi il coltello da cucina che ci aveva infilato.

Malgrado la famigerata insicurezza della capitale, spesso le notizie delle violenze sessuali non venivano divulgate dai mezzi di comunicazione. Le cose sono cambiate dopo lo stupro commesso a bordo dell'autobus, a causa degli aspetti sconvolgenti del crimine e anche grazie alle caratteristiche della vittima: ad appena ventitré anni, la studentessa di medicina aveva già raggiunto obiettivi che tante delle sue coetanee si limitavano a sognare. In un paese dove le donne sono sistematicamente represse, la figlia di un facchino dell'Uttar Pradesh era riuscita a emergere.

La sua morte ha innescato un mutamento culturale senza precedenti: innanzi tutto il tema delle violenze sessuali è entrato a far parte del dibattito pubblico a livello nazionale. L'esplosione emotiva che ha provocato ha incoraggiato i media a dare rilievo a vicende simili: l'hanno fatto con tale diligenza che ben presto Delhi si è conquistata la fama di capitale mondiale dello stupro. La cultura della violenza esisteva da sempre, ma io stessa mi sono ritrovata a chiedermi cosa stesse succedendo. Chi erano tutti quei violentatori, e perché nessuno li fermava? Ho deciso di approfondire la questione e di esporre i risultati della mia indagine in un saggio sugli abusi sessuali in India.

Nel maggio del 2014, il caso di Katra ha riempito le prime pagine dei giornali. Io sono venuta a sapere dell'accaduto su Twitter, dove circolavano immagini estremamente inquietanti delle due ragazze impiccate, diffuse insieme alla notizia che erano state stuprate e assassinate da uomini della casta dominante. Per la sua efferatezza, il delitto è stato considerato paragonabile allo stupro perpetrato sull'autobus di Delhi. Di fatto, è divenuto il reato sessuale piú eclatante dopo l'aggressione avvenuta nella capitale, e per questo l'ho scelto come pezzo forte del mio saggio. In ottemperanza alla legge indiana che aveva proibito ai media di rivelare l'identità della vittima stuprata sull'autobus, ho assegnato alle due ragazze di Katra i nomi fittizi di Padma e Lalli.

Nella primavera del 2015, un anno dopo il ritrovamento dei corpi, sono partita da Londra, dove mi ero stabilita, per raggiungere la mia città di un tempo, Delhi. Mi sono recata a Katra direttamente dall'aeroporto: un tragitto in macchina di oltre sei ore.

Per ascoltare le varie testimonianze, sono dovuta tornare piú volte al villaggio, e, in capo a parecchi anni di questi andirivieni, ho capito di avere tra le mani una storia molto diversa da quella che avevo sentito inizialmente.

Avevo trascorso mesi a intervistare i membri della famiglia Shakya, ma avevo anche perlustrato Katra. Avevo inoltre visitato i villaggi delle immediate vicinanze, e in seguito mi ero spinta ancora piú lontano.

L'Uttar Pradesh ha la vastità di una grande nazione – qualcuno l'ha addirittura paragonato al Brasile – e in certi giorni riuscivo a ottenere un solo colloquio. Questi intralci hanno rallentato notevolmente il ritmo del mio lavoro, per cui un'indagine che poteva concludersi in un paio d'anni ne ha richiesti quattro.

Quella che ho scoperto è una verità agghiacciante. Lo stupro commesso sull'autobus di Delhi evidenzia i micidiali pericoli dei luoghi pubblici per una donna, ma la storia di Padma e Lalli rivela un fatto ancora piú terribile: la prima sfida per le donne indiane è riuscire a sopravvivere alla propria famiglia.

Per ricostruire gli eventi descritti in questo libro, ho intervistato oltre cento persone. Tutti questi colloqui sono incisi su nastro, e alcuni sono registrati su supporti video. Solo pochi si limitano a essere verbalizzati per iscritto, nei casi in cui gli intervistati sono stati riluttanti a lasciarsi registrare. Il materiale raccolto tra il 2015 e il 2018 costituisce la base di *Le brave ragazze*.

Ho integrato queste testimonianze dirette con le varie centinaia di pratiche e documenti presentati dal Cbi al tribunale. Tali documenti comprendono trascrizioni di interrogatori, referti di medicina legale, relazioni sulla scena del delitto, verbali di riunioni, lettere, promemoria e altre testimonianze, per un totale di 3272 pagine.

Nel testo, dove uso le virgolette o attribuisco un'affermazione ai pensieri di una persona, la fonte può essere la persona stessa, un testimone o una trascrizione. Ho inoltre collaborato con un redattore specializzato nel controllo dei dati e mi sono avvalsa della consulenza di un legale. Parlo scorrevolmente hindi, ma ho fatto ricorso all'aiuto di un interprete per i colloqui in braj bhasha.

Capita spesso che le ripetute visite di un giornalista inducano certe fonti a ritenere che la loro versione della storia avrà la preminenza. Io invece intendevo sforzarmi di offrire al lettore un punto di vista obiettivo sulla vita delle due ragazze e sugli eventi collegati alla loro morte. Non volevo limitarmi a presentare l'opinione di uno o due individui, per quanto empatici e convincenti potessero rivelarsi. Per evitare fraintendimenti, mi sono fatta un dovere di comunicare con chiarezza i miei propositi alla famiglia Shakya. Mi sono regolata nello stesso modo con gli Yadav, con la polizia e con gli investigatori.

Riporto qui alcuni esempi dei metodi da me utilizzati per ricostruire le scene piú vivide del libro. L'episodio ambientato alla *chowki* durante il quale Pappu viene percosso dal viceispettore Ram Vilas si basa su interviste registrate con Ram Vilas stesso e con i suoi ex colleghi Chattrapal Singh Gangwar, Raghunandan Singh e Satinder Pal Singh. C'erano parecchie altre persone presenti, e io ho parlato con molte di esse, tra cui i fratelli Shakya – Sohan Lal, Jeevan Lal e Ram Babu –, i loro parenti Nazru, Neksu Lal, Yogendra Singh e Prem Singh, e i fratelli di Pappu, Avdesh e Urvesh Yadav.

Anche la scena che si svolge nei campi di Katra il giorno del ritrovamento dei corpi è basata su interviste registrate; tra le persone coinvolte ci sono i membri della famiglia Shakya e del loro clan, uomini politici quali Sinod Kumar Shakya e il suo assistente Shareef Ahmed Ansari, oltre ai funzionari di polizia Ganga Singh, Mukesh Kumar Saxena e Maan Singh Chauhan.

Ho potuto rievocare le circostanze dell'autopsia parlando con quanti erano presenti durante la procedura: il dottor Rajiv Gupta, responsabile dell'esame autoptico, il suo collega, il dottor Avdhesh Kumar, il farmacista dell'ospedale A.K. Singh e naturalmente Lala Ram. Negli incartamenti relativi alle indagini, il Cbi afferma che Lala Ram aveva sezionato i cadaveri delle vittime con un «coltello da macellaio». L'autopsia, secondo l'ente investigativo, era stata «eseguita in condizioni deplorevoli, senza un'illuminazione adeguata, strumenti adatti e acqua corrente». Un giudizio che mi è parso esagerato, perciò ho chiesto l'autorizzazione ad assistere al lavoro di Lala Ram.

In una mattina del 2015, durante una mia visita a Budaun, Lala Ram mi ha telefonato per convocarmi con urgenza nell'edificio adibito a sala autoptica. Un giovane era finito sotto le ruote del proprio trattore e la polizia aveva portato la salma a Lala Ram perché la esaminasse. Sotto i miei occhi, l'uomo si è messo in canottiera e ha cominciato a eseguire l'autopsia nel giardino posteriore dell'edificio. Usava effettivamente coltelli da macellaio – me l'ha detto lui stesso –, e mentre incideva e sezionava, eliminava il sangue in eccesso sciacquando le lame in un secchio d'acqua attinta dal rubinetto del giardino. Sono rimasta a osservarlo per l'intera durata dell'esame, e poi l'ho guardato lavare gli strumenti e ripulirsi mani e piedi al rubinetto del giardino.

Per descrivere le due ragazze – la loro vita quotidiana, i loro passatempi, le loro gioie e le loro delusioni – ho interpellato i genitori, i fratelli e le sorelle maggiori, come Virender e Phoolan Devi, le amiche, tra cui Rekha, e la cugina Manju che viveva a Noida. Gli zii materni di Padma a Nabiganj mi hanno offerto una fondamentale fonte di informazioni. Volevano bene alla nipote e si sentivano devastati dalla sua morte.

Considerata l'attenzione suscitata dal caso e i molti errori sulla vicenda, assai pubblicizzati, era inevitabile che non tutti fossero disposti a incontrarmi. La dottoressa Pushpa Pant Tripathi si è rifiutata di lasciarsi intervistare. E l'ex agente Sarvesh Yadav, quando l'ho chiamato al telefono, mi ha apostrofata con epiteti impossibili da citare qui e mi ha minacciata, intimandomi di non contattarlo piú. Una seconda richiesta, presentata tramite l'agente Raghunandan durante un viaggio successivo, ha suscitato lo stesso tipo di reazione.

Quanto a Pappu, sono andata a casa sua a ogni mia visita nella sua piccola frazione, ma lui non c'era mai. Stando alla famiglia, si trovava sempre in giro. Poi, un giorno, sono capitata in quel poco che rimane di Badam Nagla, e là ho intervistato il fratello maggiore di Veere. Un tizio mi si è avvicinato per chiedermi chi fossi. Aveva il volto affilato, un ciuffo di capelli nerissimi e la corporatura gracile di un bambino. Gli ho detto il mio nome e gli ho chiesto il suo, ma lui non mi ha risposto. «Sei Pappu?» gli ho domandato. «No» ha replicato. Si è allontanato e non l'ho piú rivisto.

Tra gli uomini del Cbi e gli Shakya non correvano buoni rapporti, e all'inizio, quando leggevo alla famiglia i verbali degli interrogatori condotti dall'agenzia, tutti sostenevano che le loro dichiarazioni erano state deliberatamente alterate. Mi sono allarmata. Poi ho cominciato a capire la logica della situazione.

Sohan Lal mi ha detto di non aver mai nascosto né distrutto alcuna prova, e ha aggiunto che il Cbi mentiva affermando una cosa del genere. Poco piú tardi, Ram Babu, il fratello di Sohan Lal, ha ammesso che la versione del Cbi rispecchiava la verità. Mentre mi parlava, Ram Babu rideva con aria imbarazzata, forse nella consapevolezza che la sua condotta comprometteva la posizione della famiglia e minava le pretese che il caso venisse risolto. Gli zii materni di Padma mi hanno rivelato il ruolo che avevano svolto nel mistero, corroborando cosí le conclusioni del Cbi.

Da allora in poi, ogni volta che gli Shakya screditavano l'operato dell'agenzia, cercavo nel loro clan un testimone attendibile per chiarire la questione.

Durante il mio ultimo incontro con Nazru, nel 2018, gli ho domandato se si rammaricasse di aver cambiato versione tante volte. Mi ha risposto che non era vero.

«All'inizio ha detto di aver visto dei ladri» gli ho ricordato. Si è fatto prendere dall'agitazione. «Ma *erano* ladri!» ha ribattuto.

Questo libro parla della situazione delle donne nell'India di oggi. Però affronta anche il problema di cosa significa essere poveri. Il paese sta cambiando; secondo alcuni si sta rapidamente avviando verso la modernità. Eppure per gli indigenti, per quelli che hanno sempre sofferto di piú, le cose non sono poi cosí diverse. Nei villaggi come Katra, ad appena poche ore di tragitto dalla capitale nazionale, la gente ha il cellulare, ma non ci sono servizi igienici. Le donne hanno accesso all'istruzione, almeno fino a un certo livello, ma non possono lavorare. Il timore dell'ostracismo sociale e di una giustizia sommaria esercitata dalla collettività costringe gli abitanti a rinunciare ai loro diritti. Coloro che vivono in questi villaggi subiscono, e a volte impongono, forme di repressione. Nessuno è in grado di sviluppare appieno il proprio potenziale.

La situazione non fa che peggiorare. Secondo numerosi studi, durante la pandemia del Covid-19 è aumentato il numero delle donne rimaste disoccupate, di quelle che hanno espresso preoccupazione per il futuro e di quelle che si sono ritrovate a svolgere mansioni di assistenza e cura non retribuite. La Bbc ha rilevato un incremento dei matrimoni tra bambini e del traffico di esseri umani.

Il cambiamento promesso deve iniziare subito. La gente ha bisogno di acqua pulita e cibo sostanzioso, di case sicure e servizi igienici. Ha bisogno di istruzione, di posti di lavoro e di empowerment. E i giovani meritano il diritto di sperare e di sognare.

Sonia Faleiro
Londra, 2020

Note

Qualcuno muove un'accusa

1. indiatoday.in/india/north/story/up-panchayat-bans-love-marriages-bars-women-from-using-mobile-phones-109131-2012-07-12
2. thehindu.com/data/just-5-per-cent-of-indian-marriages-are-intercaste/article6591502.ece
3. pib.gov.in/PressReleaseIframePage.aspx?PRID=1540824; hindustantimes.com/india-news/792-spike-in-honour-killing-cases-up-tops-the-list-govt-in-parliament/story-x0IfcFpfAljYi15yQtP0YP.html
4. Jim Yardley, «In India, Castes, Honour and Killings Intertwine», in *The New York Times*, 10 luglio 2010, nytimes.com/2010/07/10/world/asia/10honor.html

Esseri inqualificabili

1. dnaindia.com/india/report-mulayam-caught-bribing-voters-1238446
2. http://documents.worldbank.org/curated/en/187721467995647501/pdf/105884-BRI-P157572-ADD-SERIES-India-state-briefs-PUBLIC-UttarPradesh-Proverty. pdf
3. ndtv.com/india-news/in-drought-hit-uttar-pradesh-the-poor-are-eating-rotis-made-of-grass-1252317
4. bbc.co.uk/news/world-asia-india-17254658
5. caravanmagazine.in/reportage/everybodys-brother-akhilesh-yadav
6. adrindia.org/content/lok-sabha-elections-2014-analysis-criminal-background-financial-education-gender-and-other
7. rediff.com/news/report/fifty-four-pc-of-akhilesh-yadavs-cabinet-has-a-criminal-record/20120413.htm
8. blogs.wsj.com/indiarealtime/2012/03/20/samajwadi-partys-goonda-raj-appears-alive-and-well/

Ladri nel campo di tabacco

1. indiaspend.com/cover-story/uttar-pradesh-awash-in-illegal-guns-shooting-deaths-80762

Dove sono?

1. hindustantimes.com/lucknow/up-is-the-murder-capital-of-india/story-YXx35AZhrSvnXXHehbSNYP.html

Ogni otto minuti
1. bbc.co.uk/news/world-south-asia-12696470
2. nytimes.com/2007/01/07/world/asia/07india.html
3. *Ibid.*
4. ndtv.com/india-news/nithari-rape-and-murder-case-moninder-singh-pandher-surender-koli-sentenced-to-death-1728506
5. tribuneindia.com/news/sunday-special/kaleidoscope/wanted-most-wanted-search-for-kids/105492.html
6. hrw.org/world-report/2014/country-chapters/india
7. ncrb.gov.in/sites/default/files/crime_in_india_table_additional_table_chapter_reports/Chapter%2023_2014.pdf
8. straitstimes.com/asia/south-asia/india-nobel-winner-in-new-campaign-for-abused-and-trafficked-children
9. Sonia Faleiro, «Why Do So Many Indian Children Go Missing?», in *The New York Times*, 20 novembre 2017, nytimes.com/2017/11/19/opinion/missing-children-india.html

Qualcuno punta il dito
1. childrights.in/2013/07/fir-in-all-cases-of-missing-children.html

La protagonista del manifesto per una nuova India
1. spiegel.de/international/world/exploring-the-lives-of-the-rape-victim-and-suspects-in-india-a-879187.html
2. nytimes.com/2020/03/19/world/asia/india-bus-rape-convicts-hanged.html

La grande occasione di un giornalista
1. indianexpress.com/article/business/business-others/sbis-arundhati-bhattacharya-icicis-chanda-kochhar-among-forbes-most-powerful-women/
2. ndtv.com/photos/business/fortunes-list-of-most-powerful-women-in-asia-pacific-has-8-indians-18511#photo-238490
3. https://cpj.org/reports/2016/08/dangerous-pursuit-india-corruption-journalists-killed-impunity-Foreword-Sainath/
4. Ellen Barry e Harsha Vadlamani, «After Farmers Commit Suicide, Debts Fall on Families in India», in *The New York Times*, 23 febbraio 2014, nytimes.com/2014/02/23/world/asia/after-farmers-commit-suicide-debts-fall-on-families-in-india.html
5. livemint.com/Money/VL5yuBxydKzZHMetfC97HL/Richest-1-own-53-of-Indias-wealth.html

Arriva il primo personaggio politico
1. archive.indianexpress.com/news/cong-leader-in-dock-for--sheltering--wanted-man/1012833/
2. youtube.com/watch?v=IvnTluEriQs

Il caso andava chiuso
1. timesofindia.indiatimes.com/city/meerut/outgoing-meerut-sp-caught-in-video-beating-commuters-protesters-at-demolition/articleshow/63886903.cms
2. edition.cnn.com/2009/WORLD/asiapcf/05/25/india.skulls/?iref=nextin
3. timesofindia.indiatimes.com/city/agra/Five-years-after-gay-AMU-profs-death-lover-breaks-silence-on-affair/articleshow/50224046.cms

Qualcuno che risolva i loro problemi
1. nytimes.com/2019/12/20/world/asia/india-muslims-citizenship.html; ft.com/content/8e5bf5a2-1c34-11ea-97df-cc63de1d73f4
2. twitter.com/narendramodi/status/471512748119957504?lang=en
3. hrw.org/world-report/2019/country-chapters/india#d91ede
4. indianexpress.com/article/india/crime/dalit-youth-killed-for-talking-to-upper-caste-girl-in-pune/
5. theguardian.com/world/2014/oct/19/lynching-boy-underlines-curse-caste-still-blights-india
6. cnews.trust.org/item/20140813124950-sxqal
7. economictimes.indiatimes.com/news/politics-and-nation/sp-bsp-slugfest-getting-worse-by-the-day/articleshow/3229721.cms
8. wikileaks.org/plusd/cables/08NEWDELHI2783_a.html
9. ndtv.com/wikileak/assange-belongs-in-mental-asylum-says-angry-mayawati-466799
10. rchiips.org/nfhs/FCTS/UP/UP_Factsheet_149_Budaun.pdf
11. Balwant Singh, *Gazetteer of India, Uttar Pradesh* (Govt. of Uttar Pradesh, Dept. of District Gazetteers, 1986)
12. myneta.info/up2007/candidate.php?candidate_id=59
13. myneta.info/compare_profile.php?group_id=eRi9a25Kv2APZQSeuJQ8
14. rediff.com/election/2002/feb/20_upr_prem_spe_1.htm

L'assistente dell'uomo politico
1. sciencespo.fr/mass-violence-war-massacre-resistance/en/document/hindu-muslim-communal-riots-india-ii-1986-2011
2. census2011.co.in/census/district/520-budaun.html

Lotte fra tv via cavo nei campi di Katra
1. bprd.nic.in/WriteReadData/userfiles/file/201607121235174125303FinalDATABOOKSMALL2015.pdf
2. lens.blogs.nytimes.com/2014/07/24/a-india-photo-hanging-reflection/
3. aajtak.intoday.in/video/sisters-gangraped-and-killed-in-uttar-pradesh-budaun-three-police---officers-suspend--1-765991.html
4. indianexpress.com/article/india/india-others/dalits-flee-haryana-village-after-four-women-raped-seek-justice-in-delhi/
5. caravanmagazine.in/vantage/times-now-processes-embarrassing-debacles
6. openthemagazine.com/article/india/the-world-according-to-india-tv

L'uomo delle pulizie e la dottoressa «indifesa»
1. propublica.org/getinvolved/how-to-investigate-coroners-and-medical-examiners/

L'autopsia
1. https://main.mohfw.gov.in/reports/guidelines-and-protocols-medico-legal-care-survivors-victims-sexual-violence
2. scroll.in/pulse/851783/health-centres-are-still-failing-rape-survivors-three-years-after-guidelines-on-unbiased-treatment

Addio, Padma Lalli
1. ft.com/content/dadfae24-b23e-11e4-b380-00144feab7de

Il posto peggiore del mondo
1. Gardiner Harris e Hari Kumar, «Rapes in India Fuel Charges of Conspiracy by a Caste», in *The New York Times*, 29 maggio 2014, nytimes.com/2014/05/30/world/asia/in-india-rape-and-murder-allegations-of-a-caste-conspiracy.html
2. huffingtonpost.co.uk/2014/05/29/gang-rape-teen-india_n_5411634.html
3. hindustantimes.com/india/un-chief-ban-ki-moon-slams-Budaun-gang-rapes/story-EhFYtPbgFpFNhQnpjD6BtJ.html
4. in.reuters.com/article/g20-women/canada-best-g20-country-to-be-a-woman-india-worst- idINDEE85C00420120613
5. *Ibid.*
6. youtube.com/watch?v=k7fApfVIyhg
7. youtube.com/watch?v=k7fApfVIyhg/; indiatoday.in/india/

north/story/mayawati-Budaun-visit-children-working- heli-pad-samajwadi-party-195259-2014-06-01
8. youtube. com/watch?v=3CFsz4DlRVk
9. *Ibid.*
10. ndtv.com/video/news/news/badaun-gang-rape-am-i-not-a-citizen-of-india-father-of-girl-asks-samajwadi-mp-323851
11. livemint.com/news/india/india-s-police-force-among-the-world-s-weakest-1560925355383.html
12. commoncause.in/uploadimage/page/Status_of_Policing_in_India_Report_2019_by_Common_Cause_and_CSDS.pdf
13. *Ibid.*
14. *Ibid.*
15. ncrb.gov.in/sites/default/files/crime_in_india_table_additional_table_chapter_reports/Chapter%205_2014.pdf
16. blogs.wsj.com/indiarealtime/2015/08/20/abduction-of-women-for-marriage-is-on-the-rise-in-india/
17. timesofindia.indiatimes.com/india/Girl-gang-raped-in-UPs-Azamgarh-district/articleshow/35777331.cms
18. indianexpress.com/article/india/india-others/another-woman-found-hanging-from-tree-in-up-gangrape-suspected/
19. Malavika Vyawahare, «Another Case of Hanging in Indian State», in *The New York Times*, 12 giugno 2014, nytimes.com/2014/06/13/world/asia/in-india-another-woman-is-hanged-from-tree.html

Le donne che hanno cambiato l'India
1. ncrb.gov.in/sites/default/files/crime_in_india_table_additional_table_chapter_reports/Chapter%205_2014.pdf
2. epw.in/engage/article/deep-social-bias-marks-indias-response-rape
3. rchiips.org/nfhs/NFHS-4Reports/India.pdf
4. livemint.com/Politics/AV3sIKoEBAGZozALMX8THK/99-cases-of-sexual-assaults-go-unreported-govt-data-shows.html
5. cjr.org/analysis/india_rape_journalism.php
6. *Ibid.*
7. ncrb.gov.in/sites/default/files/crime_in_india_table_additional_table_chapter_reports/Chapter%206_2014.pdf
8. npr.org/sections/goatsandsoda/2017/01/13/509650251/study-what-was-the-impact-of-the-iconic-photo-of-the-syrian-boy
9. www.livemint.com/Politics/0UV23rXo2Z3zdJdB8qV8IK/Anatomy-of-rape-protests-in-India.html
10. indiankanoon.org/doc/1092711/

11. pldindia.org/wp-content/uploads/2013/03/Open-Letter-to-CJI-in-the-Mathura-Rape-Case.pdf
12. indiankanoon.org/doc/1586025/
13. theguardian.com/world/2017/feb/16/jyoti-singh-parents-call-for-honorary-museum-nirbhaya-to-use-her-real-name
14. bbc.co.uk/news/ world-asia-india-39265653

La politica della tolleranza zero
1. ndtv.com/india-news/mayawatis-assets-worth-111-crores-she-has-380-carats-of-diamonds-471455
2. mewatch.sg/en/series/undercover-asia-s2/ep7/321996
3. indiatoday.in/india/north/story/Budaun-rape-murder-whats-keeping-akhilesh-away-from-victims-kin-195450-2014-06-02
4. indianexpress.com/article/india/politics/mulayam-singh-yadav-questions-death-penalty-for-rape-says-boys-make-mistakes/
5. youtube.com/watch?v=0XZ7YeLni1c/; ndtv.com/india-news/you-are-safe-arent-you-defiant-akhilesh-on-being-questioned-over-law-order-564718
6. timesofindia.indiatimes.com/india/Narendra-Modi-pained-by-Budaun-rape-techie-killing-in-Pune/articleshow/36412050.cms
7. indiatoday.in/elections/story/delhi-polls-modi-attacks-congress-on-graft-security-of-women-219290-2013-12-01
8. news.gallup.com/poll/168956/indian-election-highlights-women-personal-safety-concerns.aspx
9. indiatoday.in/india/north/story/narendra-modi-government-violence-against-women-criminal-justice-system-bjp-196312-2014-06-09
10. bbc.co.uk/news/world-asia-india-28799397
11. https://economictimes.indiatimes.com/news/politics-and-nation/narendra-modi-hits-out-at-delhi-govt-over-security-of-women-issue/articleshow/26707377.cms?from=mdr

Denuncia di un sistema che non funziona
1. hindustantimes.com/india/Budaun-gang-rape-case-5-main-accused-arrested-two-still-at-large/story-cL8sbIqBKTlYfNALUpP54L.html
2. ndtv.com/india-news/66-ias-42-ips-officers-transferred-in-uttar-pradesh-after-spate-of-rapes-576203
3. *Ibid.*
4. Nel 2017, la Corte suprema precisò che l'emendamento riguardava tutte le figlie, a prescindere dal fatto che fossero

nate prima o dopo il 5 settembre 2005 (la data in cui entrò in vigore l'emendamento stesso). egazette.nic.in/WriteReadData/2005/E_45_2012_114.pdf

5. s24756.pcdn.co/wp-content/uploads/hsaa-study-report.pdf
6. bbc.co.uk/news/world-asia-india-20944633
7. https://digitalcommons.law.yale.edu/cgi/viewcontent.cgi?referer=&httpsredir=1&article=1137&context=yhrdlj
8. washingtonpost.com/world/asia_pacific/an-indian-gang-rape-victim-went-to-court-for-11-years-but-her-ordeal-continues/2016/08/15/c92075ce-5757-4073-b8c2-b0dc42f54ed0_story.html?postshare=2371471326459064&tid=ss_mail
9. lawcommissionofindia.nic.in/101-169/Report120.pdf
10. timesofindia.indiatimes.com/india/Courts-will-take-320-years-to-clear-backlog-cases-Justice-Rao/articleshow/5651782.cms
11. *Ibid.*
12. caravanmagazine.in/vantage/postings-cops-bureaucrats-sit-members-godhra-2002-investigation
13. timesofindia.indiatimes.com/india/Yadavisation-of-UP-cops-behind-anarchy/articleshow/36165826.cms

Separare il latte dall'acqua

1. youtube.com/watch?v=JDYGO506VNw2
2. cbi.gov.in/history.php
3. legislative.gov.in/sites/default/files/A1946-25.pdf
4. india.blogs.nytimes.com/2011/11/09/inside-the-c-b-i-well-the-building-anyway/
5. *Routledge Handbook of Corruption in Asia*, a cura di Ting Gong e Ian Scott, Routledge, 2017
6. livemint.com/Politics/1LYhKM5HP0aBFxmQH3VvGN/CBI-may-collapse-due-to-lack-of-staff-Anil-Sinha.html
7. old.tehelka.com/some-call-us-congress-bureau-of-investigation-but-also-ask-for-a-cbi-inquiry-ap-singh/
8. timesofindia.indiatimes.com/india/CBI-arrested-only-nine-persons-in-anti-graft-cases-in-2014/articleshow/38928682.cms; ndtv.com/india-news/cbi-may-collapse-due-to-lack-of-manpower-says-its-chief-anil-sinha-1399701
9. economictimes.indiatimes.com/news/ politics-and-nation/conviction-rate-of-cbi-dipped-in-last-3-years-govt/articleshow/58148427.cms
10 persmin.gov.in/AnnualReport/AR2015_2016(Eng).pdf
11. ndtv.com/india-news/cbi-may-collapse-due-to-lack-of-manpower-says-its-chief-anil-sinha-1399701
12. economictimes.indiatimes.com/news/politics-and-na-

tion/not-easy-for-cbi-to-be-independent-agency/articleshow/19980389.cms
13. Neha Thirani Bagri, «India's Top Court Revokes Coal Leases», in *The New York Times*, 25 settembre 2014, nytimes.com/2014/09/25/business/international/indias-supreme-court-revokes-hundreds-of-coal-concessions.html
14. timesofindia.indiatimes.com/india/cbi-a-caged-parrot-heart-of-coalgate-report-changed-supreme-court/articleshow/19952260.cms
15. *Ibid.*
16. livemint.com/Politics/mspqgmEEizhIFGplsoiFqM/CBI-files-FIR-against-Ranjit-Sinha-in-a-coal-scam-case.html
17. in.reuters.com/article/cbi-supreme-court-parrot-coal/a-caged-parrot-supreme-court-describes-cbi-idINDEE94901W20130510
18. hindustantimes.com/delhi-news/cbi-conviction-rate-stands-at-a-lowly-4-reveals-study/story-wfZ2GgFUuGIeH4M9SAwIjM.html
19. in.reuters.com/article/cbi-supreme-court-parrot-coal/a-caged-parrot-supreme-court-describes-cbi-idINDEE94901W20130510

Purezza e contaminazione
1. timesofindia.indiatimes.com/india/Forensic-expert-seeks-end-to-abattoir-style-post-mortems/articleshow/45959581.cms
2. timesofindia.indiatimes.com/city/kolkata/175-year-old-dissection-papers-unearthed/articleshow/7272410.cms

«Avvezza ai rapporti sessuali»
1. news.bbc.co.uk/1/hi/england/devon/ 7426821.stm
2. news.bbc.co.uk/1/hi/england/devon/8067134.stm
3. theguardian.com/world/2019/jul/19/man-sentenced-to-10-years-hard-labour-over-death-of-scarlett-keeling
4. indiankanoon.org/docfragment/76278/?formInput=%22habituated%20 to%20sex%22%20%20sortby%3A%20leastrecent
5. thehindu.com/news/national/No-two-finger-test-for-rape-SC/article12141055.ece
6. nytimes.com/2019/11/07/health/ti-daughter-virginity-test.html?searchResultPosition=2

Una madre ha «perduto la testa»
1. youtube.com/watch?v=Gr2rG5trGw4

Visitatori alla prigione
1. archive.org/stream/in.ernet.dli.2015.48010/2015.48010.Budaun---A-Gazetteer_ djvu.txt
2. *Ibid.*
3. timesofindia.indiatimes.com/city/bareilly/-100-inmates-from-district-jails-to-be-shifted-to-bareilly-central-jail/articleshow/64324511.cms
4. timesofindia.indiatimes.com/articleshow/35625314.cms?utm_source=contentofinterest&utm_medium=text&utm_campaign=cppst
5. timesofindia.indiatimes.com/city/lucknow/Rape-accused-murdered-in-Budaun-jail-report-says/articleshow/35612681.cms

Il mistero dei telefoni scomparsi
1. scotsman.com/news/world/anger-boils-indian-power-cuts-fuel-heat-misery-1534751
2. hbs.edu/faculty/Publication%20Files/14-067_45092fee-b164-4662-894b-5d28471fa69b.pdf
3. scotsman.com/news/world/anger-boils-indian-power-cuts-fuel-heat-misery-1534751
4. *Ibid.*

«Hai ucciso tu Padma e Lalli?»
1. timesofindia.indiatimes.com/city/mumbai/Two-forensic-labs-from-outside-state-called-upon-to-collect-fresh-evidence/articleshow/22083726.cms
2. Ellen Barry e Mansi Choksi, «Gang Rape, Routine and Invisible», in *The New York Times*, 27 ottobre 2013, nytimes.com/2013/10/27/world/asia/gang-rape-in-india-routine-and-invisible.html
3. *Ibid.*
4. timesofindia.indiatimes.com/city/mumbai/Shakti-Mills-gang-rape-accused-assaulted-10-women-in-6-months/articleshow/22273845.cms
5. *Ibid.*
6. timesofindia.indiatimes.com/articleshow/22273845.cms?utm_source=contentofinterest&utm_ medium=text&utm_campaign=cppst

«Le macchine non mentono»
1. bbc.com/news/magazine-22467640

INONDATE!
1. youtube.com/watch?v= 3ygizX5AAQE

2. youtube.com/watch?v=Y-p5KWhEoOU
3. youtube.com/watch?v=whTAj0L0jAU

Voci e dati di fatto
1. ndtv.com/video/news/the-buck-stops-here/watch-complete-u-turn-in-Budaun-case-335409
2. indianexpress.com/article/india/india-others/girls-family-to-challenge-cbi-conclusion-in-court/
3. nytimes.com/2019/01/30/opinion/india-arms-deal-corruption-modi.html
4. reuters.com/article/india-politics-cbi-coalgate/government-meddled-in-cbi-probe-says-supreme-court-idINDEE9470DZ20130508?irpc=932
5. independent.co.uk/news/world/outcry-in-delhi-over-kashmir-massacre-1477194.html
6. indianexpress.com/article/india/india-others/in-up-modi-takes-on-mulayam-says-sp-misleading-people-under-veil-of-secularism/

Il poliziotto malvagio
1. timesofindia.indiatimes.com/city/delhi/Aarushi-and-Hemraj-were-in-objectionable-position-CBI/articleshow/19698674.cms
2. hindustantimes.com/india-news/aarushi-hemraj-murder-case-rajesh-nupur-talwar-walk-free/story-VM79MJ2cDNA67OGJltIZsN.html
3. firstpost.com/india/aarushi-murder-case-allahabad-hc-judgment-answers-how-cbi-tampered-perjured-itself-and-wrecked-trial-against-talwars-4164221.html

Amici, non sconosciuti
1. indianexpress.com/article/india/india-others/girls-family-to-challenge-cbi-conclusion-in-court/
2. *Ibid.*
3. bbc.co.uk/news/world-asia-india-29062228

Pappu e Nazru faccia a faccia
1. statetimes.in/epaper/uploads/2014/10/19/2.pdf

«Le ragazze sono l'onore della famiglia»
1. indiacode.nic.in/bitstream/123456789/2079/1/201232.pdf#search=Protection%20of%20Children%20from%20Sexual%20Offences%20Act

2. iitk.ac.in/wc/data/TheCriminalLaw.pdf
3. iitk.ac.in/wc/data/TheCriminalLaw.pdf; bbc.co.uk/news/world-asia-india- 21950197

Amore, speranza, voto
1. bbc.co.uk/news/world-asia-india-39403778
2. *Ibid.*
3. timesofindia.indiatimes.com/city/surat/ncrb-fails-to-publish-crime-in-india-report-even-after-year/articleshow/67445165.cms
4. newsclick.in/NCRB-DATA-Crime-India
5. poll2018.trust.org/stories/item/?id=e52a1260-260c-47e0-94fc-a636b1956da7
6. poll2018.trust.org/country/?id=india
7. ft.com/content/c697cf60-1813-11ea-9ee4-11f260415385
8. reuters.com/article/us-india-economy-jobs/indian-jobless-rate-at-multi-decade-high-report-says-in-blow-to-modi-idUSKCN1PP0FX
9. https://www.dnaindia.com/india/report-modi-government-says-no-to-rape-crisis-centres-in-every-district-2063977
10. https://www.dnaindia.com/india/report-modi-government-says-no-to-rape-crisis-centres-in-every-district-2063977
11. timesofindia.indiatimes.com/india/nearly-90-of-nirbhaya-fund-lying-unused-govt-data/articleshow/72421059.cms
12. https://www.business-standard.com/article/pti-stories/atrocities-on-womenhave-spiked-under-bjp-govt-women- organisations-119031400951_1.html
13. huffingtonpost.in/2018/10/25/modi-doval-manipulating-and-misusing-cvc-and-cbi-says-ex-bjp-leader-yashwant-sinha_a_23571426/; huffingtonpost.in/2018/10/24/modi-govt-affecting-independence-of-cbi-ousted-director-alok-verma-tells-supreme-court_a_23570596/
14. nytimes.com/2019/07/31/world/asia/unnao-india-rape-case.html?searchResultPosition=2
15. hindustantimes.com/india-news/six-year-old-girl-found-hanging-from-tree-on-outskirts-of-lucknow/story-svO8B11hDnoWmUoxFHfj4N.html

Bibliografia

Ravi Agrawal, *India Connected*, Oxford University Press, 2018

Bachpan Bachao Andolan, *Missing Children of India: A Pioneering Study*, Vitasta Publishing, 2012

Sunita Aron, *Akhilesh Yadav: Winds of Change*, Westland, 2013

Abhijit V. Banerjee e Esther Duflo, *Poor Economics: A Radical Rethinking of the Way to Fight Global Poverty*, Penguin Random House India, 2011 [*L'economia dei poveri: capire la vera natura della povertà per combatterla*, trad. di A. Olivieri, Feltrinelli, Milano 2012]

Ajoy Bose, *Behenji: A Political Biography of Mayawati*, Penguin India, 2009

Manoranjan Byapari, *Interrogating my Chandal Life: An Autobiography of a Dalit*, Sage Samya, 2018

Diane Coffey e Dean Spears, *Where India Goes: Abandoned Toilets, Stunted Development and the Costs of Caste*, Harper Litmus, 2017

G.N. Devy, *The Crisis Within: On Knowledge and Education in India*, Aleph Book Company, 2017

Wendy Doniger, *The Hindus: An Alternative History*, Speaking Tiger, 2015 [*Gli indú: una storia alternativa*, trad. di A. Bertolino, Adelphi, Milano 2015]

Jean Drèze e Amartya Sen, *An Uncertain Glory: India and its Contradictions*, Allen Lane, 2013 [*Una gloria incerta: l'India e le sue contraddizioni*, trad. di T. Cannillo, Mondadori, Milano 2014]

Diana L. Eck, *India: A Sacred Geography*, Random House, 2012

Sujatha Gidla, *Ants Among Elephants: An Untouchable Family and the Making of Modern India*, Harper Collins, 2017

Beatrice Jauregui, *Provisional Authority: Police, Order, and Security in India*, The Orient Blackswan, 2017

Robin Jeffrey e Assa Doron, *Cell Phone Nation: How Mobile Phones have Revolutionized Business, Politics and Ordinary Life in India*, Hachette India, 2015

Josy Joseph, *A Feast of Vultures: The Hidden Business of Democracy in India*, Harper Collins India, 2016

Ravish Kumar, *The Free Voice: On Democracy, Culture and the Nation*, Speaking Tiger, 2019

Val McDermid, *Forensics: The Anatomy of Crime*, Profile Books, 2015 [*Anatomia del crimine: storie e segreti delle scienze forensi*, trad. di F. Rende, La Biblioteca di Repubblica-L'Espresso, Roma 2017]

Jawaharlal Nehru, *An Autobiography*, Oxford University Press, 1936 [*Autobiografia*, trad. di P. Canepa, Feltrinelli, Milano 1955]

Veena Talwar Oldenburg, *Dowry Murder: Revisiting a Cultural Whodunnit*, Penguin Books India, 2010

Angela Saini, *Geek Nation: How Indian Science is Taking Over the World*, Hodder Paperbacks, 2012

Amartya Sen, *The Country of First Boys*, Oxford University Press India, 2015 [*Un desiderio al giorno per una settimana: sulla libertà, lo sviluppo e la formazione*, a cura di Antara Dev Sen e Pratik Kanjilal, Mondadori, Milano 2017]

Amartya Sen, «Millions of Missing Women», in *The New York Review of Books*, 20 dicembre 1990

Avirook Sen, *Aarushi*, Penguin Books India, 2015

Mala Sen, *Death by Fire: Sati, Dowry Death and Female Infanticide in Modern India*, Phoenix, 2002

Mala Sen, *India's Bandit Queen: The True Story of Phoolan Devi*, Pandora, 1995 [*La regina dei banditi*, trad. di A. Terzi, Rizzoli, Milano 1995]

Ringraziamenti

Grazie a Eduardo e Muriel Faleiro, a Shaila e Nirmala Faleiro, a Raoul e Samara Makkar.

Grazie anche a Negar Akhavi, Anne Alden, Anshul Avijit, Manica Singh Avijit, Bipin Pradip Aspatwar, Vikas Bajaj, Abhijit Banerjee, Sidharth Bhatia, Fatima Bhutto, Fanny Cabrera, Julia Churchill, Chandrahas Choudhury, Tom Daniel, Sujeet Singh Deo, Elisabeth Dodds, Jean Drèze, Stephan Faris, Sarah Faulding, McKenzie Funk, Rajni George, Monica Gandhi, Vanessa Gezari, Marc Herman, Samar Halarnkar, Mira Kamdar, Adrian Levy, Phil McKnight, Katherine Kodama, Mary Mount, Pankaj Mishra, Sunil Menon, Shalini Menon, Richa Nigam, Vik Sharma, Arunava Sinha, Michael Shilman, Mary Shilman, Ruchika Soi, Rajesh Sharma, Amit Varma, Jasmine ShahVarma, Priyanka Vadra e Astrid Van Weyenberg.

Per aver generosamente condiviso con me le loro informazioni, voglio ringraziare Soutik Biswas, Jason Burke, Shashank Bengali, James Crabtree, Shoaib Daniyal, Naresh Fernandes, P. Kerim Friedman, Annie Gowen, Sarah Hafeez, Rustom Irani, Hari Kumar, Gargi Rawat, Daisy Rockwell, Betwa Sharma, Shashwati Talukdar e Abhishek Waghmare. Ringrazio Bhaskar Tripathi per le trascrizioni e le traduzioni.

Grazie a Rahul Bhatia, Isaac Chotiner e Angela Saini per aver letto le prime stesure del libro e per molto altro.

E grazie a te, Nikita Lalwani, per tutto ciò che fai.

Tracy Bohan è l'agente dei miei sogni: sono molto grata anche a Jin Auh e all'intero staff della Wylie Agency.

Ho un debito di riconoscenza con la mia fantastica editor, Alexandra Pringle, che mi ha incoraggiata a usare la mia voce. In India, ho potuto contare sul sostegno costante di Meru Gokhale, Manasi Subramaniam e Shiny Das. Negli Stati Uniti ho avuto la fortuna di collaborare con Elisabeth Schmitz. Devo anche una profonda gratitudine a Faiza Sultan Khan e Saba Ahmed per aver migliorato e reso piú efficace questo libro. E sono riconoscente ad Angelique Tran Van Sang, Allegra Le Fanu, Lauren Whybrow, Yvonne Cha, Anne Collins, Amanda Betts e ai loro numerosi colleghi straordinari alla Bloomsbury Uk, alla Grove Atlantic, alla Penguin Random House India e alla Penguin Random House Canada.

In questi anni la mia buona sorte mi ha portata a collaborare con molti redattori bravissimi. In particolare, desidero esprimere la mia gratitudine a Ravi Agrawal, Rosie Blau, Emily Cooke, John Freeman, Yuka Igarashi, Bobbie Johnson, Joe Kent, Rachel Poser, Kit Rachlis, Parul Sehgal, Sasha Polakow-Suransky, Sankarshan Thakur, Altaf Tyrewala e Simon Willis. Ringrazio poi Tom Hundley e il Pulitzer Centre, oltre all'Investigative Fund, per il loro sostegno.

Infine, grazie a Ulrik McKnight, Indira Freya McKnight e Zoey Faleiro McKnight: è una tale fortuna potervi chiamare miei.

Questo libro è dedicato alla memoria del dottor Rakesh Mishra, studioso d'eccezione e amico prediletto.

Glossario

Aate ka dabba, barattolo della farina.

Adda, covo, ritrovo.

Ambassador, robusto modello della casa automobilistica inglese Austin Morris, prodotto in India dalla Hindustan Motors di Kolkata tra il 1958 e il 2014. È ancora oggi assai diffuso e popolare in India.

Arre, esclamazione confidenziale usata per attirare l'attenzione, soprattutto all'inizio di un discorso; corrisponde press'a poco ai nostri «oh!», «ehi!».

Babu, appellativo di rispetto.

Badmash, teppista, malvivente.

Bahujan Samaj Party (Bsp), Partito della società maggioritaria.

Beedi, economica sigaretta indiana, scura e a forma di cono, costituita da una foglia di tabacco arrotolata intorno al trinciato.

Bhai, fratello; il termine può essere usato anche come appellativo di rispetto.

Bhaiya, vedi la voce *Bhai*.

Bharatiya Janata Party (Bjp), Partito nazionalista indù (letteralmente «Partito del popolo indiano»).

Bigha, misura di superficie usata per le proprietà terriere. Corrisponde a un quarto di ettaro circa, o a un terzo di acro.

Bindi, puntolino ornamentale che le donne si disegnano o si applicano sulla fronte.

Bjp, vedi la voce *Bharatiya Janata Party*.

Bollywood, parola scherzosa nata dall'incrocio tra «Bombay» e «Hollywood», usata per indicare il cinema commerciale indiano.

Caste, in India esiste da secoli una rigida struttura socioeconomica che suddivide la popolazione in cinque gruppi principali in base alla nascita: i Bramini (sacerdoti e insegnanti), gli Kshatriya (guerrieri), i Vaishya (commercianti), gli Shudra (servitori) e gli intoccabili, o fuoricasta. I cinque gruppi principali sono divisi a loro volta in numerosissime sottocaste.

Chai, tè all'indiana, fatto bollire nel latte, speziato e con molto zucchero.

Chakkar, imbroglio.

Chalo, via, andiamo.

Charpoy, letto tradizionale indiano costituito da una struttura in legno con una rete di corda intrecciata.

Chowki, stazione, posto.

Chup kar, stai zitto/a.

Chutney, salsa indiana agrodolce a base di frutta, spezie, aceto.

Crore, termine dell'inglese parlato in India che significa «dieci milioni».

Dal, legumi, specie lenticchie; stufato piccante di lenticchie o di legumi in genere.

Dalit, gli oppressi o, in senso piú letterale, «i vinti». È il termine cui si preferisce ricorrere oggi in India per indicare quelli che una volta erano definiti «intoccabili» (vedi anche la voce *Caste*).

Darpok, pavido, codardo.

Dasaratha, padre di Ram.

Dhoti, la parola indica un pezzo di stoffa rettangolare, privo di cuciture, di solito bianco, di lunghezza variabile tra i quattro metri e mezzo e i sei metri e mezzo, che gli uomini indossano facendoselo passare tra le gambe e legandolo in vita; il Mahatma Gandhi usava sempre la *dhoti* al fine di incoraggiare i suoi compatrioti ad abbandonare le abitudini inglesi per adottare i costumi nazionali.

Didi, sorella; appellativo spesso usato per indicare una donna piú anziana di chi parla, o per rivolgerle la parola.

Diwali, festa delle luci; celebra la luna nuova e l'anno nuovo, ed è dedicata a Lakshmi, sposa di Vishnu e dea della fortuna e della ricchezza. Secondo una delle tradizioni, Diwali commemora il ritorno di Ram (principe di Ayodhya e protagonista del *Ramayana*) dall'esilio durato quattordici anni. Tutte le case vengono ornate di suggestive lampade di terracotta per illuminare la strada al principe. Oggi si festeggia anche con lo scambio di doni, soprattutto dolci, con il gioco d'azzardo e lo scoppio di mortaretti e fuochi artificiali.

Diya, lampada a olio di terracotta.

Dupatta, lunga sciarpa che le donne portano sul capo o drappeggiata sul petto per nascondere il seno; viene indossata soprattutto con il *salwar-kameez* (vedi).

Gangwar, sottocasta della piú numerosa casta Kurmi, diffusa nell'India settentrionale e costituita da agricoltori.

Golgappa o *panipuri*, stuzzichino salato che consiste di sferette di pane fritto riempite con una mistura di acqua aromatizzata, *chutney* (vedi) di tamarindo, peperoncino in polvere, spezie, patate schiacciate, cipolle, ceci.

Hijra, transessuale, eunuco, ermafrodito.

Holi, festa indú che celebra l'arrivo della primavera; cade nel mese lunare che va da metà febbraio a metà marzo. Per consuetudine, il giorno di Holi si lanciano per gioco polveri e acqua colorate addosso ad amici e passanti.

Jalebi, dolce fritto di un vivido color arancione, coperto da un denso sciroppo di zucchero.

-ji, suffisso di rispetto.

Kajol, piú comunemente *kajal*: pasta nera a base di sostanze vegetali usata per contornare gli occhi.

Kameez, camicia lunga, tunica.

Karif, autunno.

Katori, ciotola di metallo.

Kurta-pyjama, abito soprattutto maschile, costituito da un *kurta* (camicia lunga) abbinato a un paio di pantaloni ampi (*pyjama*).

Lakh, termine dell'inglese parlato in India che significa «centomila».

Lathi, bastone di bambú.

Lota, piccolo contenitore di ottone per l'acqua.

Lungi, indumento maschile costituito da una striscia di stoffa che si avvolge intorno alle reni e si lega in vita, il cui aspetto è quello di una gonna al polpaccio.

Mahatma, il piú noto appellativo di Gandhi; significa «grande anima».

Mela, fiera, festival.

Mithai, dolci, dolciumi.

Namaskar o *namasté*, il tipico saluto indiano, eseguito congiungendo i palmi delle mani all'altezza del petto, subito sotto il collo.

Paan, foglia di betel (*Piper betle*), condita con una pasta a base di tabacco e spezie.

Paani, acqua.

Pakoda o *pakora*, frittelle di verdure preparate con una pastella di farina di ceci.

Pallu, il lembo del sari che si porta drappeggiato sulla spalla o sul capo, spesso ornato di ricami e decorazioni.

Panchnama, letteralmente «cinque nomi», per alludere ai cinque testimoni richiesti dalla legge per redigere la descrizione della scena del crimine necessaria in caso di morti violente.

Pandit, maestro.

Parantha o *paratha*, pane integrale non lievitato e farcito di formaggio o verdura.

Rabi, primavera; raccolto primaverile.

Ram, settima incarnazione di Vishnu e protagonista del *Ramayana*, il poema epico di Valmiki. Il poema racconta le vicende di Ram, l'erede al trono di Ayodhya, che viene dapprima mandato in esilio e poi, dopo molte vicissitudini e varie lotte con i demoni, torna per essere incoronato insieme alla moglie Sita. Ram è adorato come un dio dagli indú.

Ramlila, rappresentazione teatrale del *Ramayana* (vedi la voce *Ram*).

Roti, pane tondeggiante non lievitato, preparato con farina integrale.

Rupia, la valuta indiana; oggi la rupia vale circa dodici centesimi di euro.

Sabzi, verdure, cucinate generalmente con le spezie; contorno.

Sahib, signore; appellativo di rispetto per un uomo.

Salwar, pantaloni ampi indossati da donne e ragazze sotto la *kameez.*

Salwar-kameez, abito costituito da una *kameez* indossata su un paio di *salwar.*

Samosa, crêpes triangolari o a forma di mezzaluna, farcite con un ripieno speziato a base di verdure, carne o formaggio e poi fritte.

Sari, il piú comune abito femminile indiano; è una striscia di tessuto priva di cuciture, lunga da cinque a otto metri, che le donne si avvolgono intorno al corpo. Tenuto fermo all'altezza della vita con una serie di pieghe infilate nella sottoveste, lo si indossa sopra un corpetto corto e aderente, con o senza maniche.

Shakya, sottocasta degli Kshatriya che in Uttar Pradesh è inserita nelle cosiddette Obc (Other Backward Classes, «Altre classi arretrate»).

Sipahi, agente, poliziotto.

Spartizione, termine che si riferisce alla divisione dell'India (avvenuta nel 1947) in due Stati: l'Unione indiana, a maggioranza indú, e il Pakistan, a maggioranza musulmana.

Tamancha, revolver, pistola.

Theek hai, va bene, d'accordo.
Tonga, carretto trainato da un cavallo.
Urdu, lingua ufficiale del Pakistan; è anche la lingua colta dei musulmani nel subcontinente indiano. Corrisponde a una forma persianizzata di hindi, scritta con l'alfabeto persiano.
Veda, significa «sapere»; indica il complesso di testi sacri indú che comprende i libri di inni, i *Brahmana*, gli *Aranyaka*, i *Sutra*. I Veda sono ripartiti in *Rig Veda*, *Sama Veda*, *Yajur Veda* e *Atharva Veda*.
Yaar, amico; a volte ha un semplice valore di interiezione.
Yadav, pastori, contadini, allevatori di bestiame e lattai; appartengono alla piú bassa delle quattro caste principali indiane.

Stampato per conto di Neri Pozza Editore
da Grafica Veneta spa di Trebaseleghe (Padova)
nel mese di settembre del 2022
Printed in Italy

Questo libro è stampato col sole

Fabbricato da Grafica Veneta S.p.A. con un processo di stampa e rilegatura
certificato 100% carbon neutral in accordo con PAS 2060 BSI